Chefsache

Reihe herausgegeben von
Peter Buchenau, The Right Way GmbH, Waldbrunn, Deutschland

EBOOK INSIDE

Die Zugangsinformationen zum eBook Inside finden Sie am Ende des Buchs.

Die Management-Reihe „Chefsache" beschäftigt sich mit Führungsthemen und Aufgabengebieten, die für die Führungskräfte von Morgen wichtig sind. Neben klassischen Themen wie Organisation, Führung, Human Ressource Management oder Vertrieb nehmen Gender-, Diversity- und Gesundheitsthemen oder Soft Skills eine besondere Stellung ein – laut dem Institut für Führungskultur im digitalen Zeitalter sind dies jene wichtige Faktoren für ein erfolgreiches Agieren am Markt. Das Führungsverhalten wird sich demnach in den nächsten Jahren massiv verändern. Künftige Chefs, die sich deren Relevanz bewusst sind, sie verstehen und berücksichtigen, werden zu den Gewinnern von Morgen gehören. Die Chefsache-Reihe besteht aus Autoren- und Herausgeberwerken. Erfolgreiche Manager bringen ihre Erfahrungen ein und bieten den Leserinnen und Lesern die Möglichkeit, sich Fachwissen anzueignen und im eigenen beruflichen Kontext umzusetzen. Peter Buchenau als Initiator der Chefsache-Serie lädt regelmäßig Führungskräfte aus unterschiedlichsten Institutionen ein, ihre Expertise in der Buchreihe auf verständliche und anschauliche Weise umsetzungsorientiert einzubringen. Die Fachbücher sind Werke von Profis für Profis, aus der Praxis für die Praxis. Zur Zielgruppe zählen Führungskräfte der zweiten und dritten Führungsebene in Konzernen, Unternehmer im klein- und mittelständischen Bereich sowie Selbstständige.

Weitere Bände in der Reihe http://www.springer.com/series/16162

Falk S. Al-Omary · Suzanne Grieger-Langer ·
Gerald Kleer · Oliver Wildenstein ·
Hendrik Habermann · Jürgen Linsenmaier

Chefsache Management 4.0

Wie sich Führung verändern wird

Unter Mitarbeit von Peter Buchenau

Falk S. Al-Omary
Al-Omary Medien-Management &
Consulting Group
Siegen, Deutschland

Gerald Kleer
TA Cook Consultants
Duisburg, Deutschland

Hendrik Habermann
Agentur für gegenständliche Kommunikation
Habermann Hoch Zwei GmbH
Dormagen, Deutschland

Suzanne Grieger-Langer
Grieger-Langer Gruppe
Frankfurt am Main, Deutschland

Oliver Wildenstein
Mühlhausen, Deutschland

Jürgen Linsenmaier
Schorndorf, Deutschland

Chefsache
ISBN 978-3-658-14663-4   ISBN 978-3-658-14664-1   (eBook)
https://doi.org/10.1007/978-3-658-14664-1

Die Deutsche Nationalbibliothek verzeichnet diese Publikation in der Deutschen Nationalbibliografie; detaillierte bibliografische Daten sind im Internet über http://dnb.d-nb.de abrufbar.

Springer Gabler
© Springer Fachmedien Wiesbaden GmbH, ein Teil von Springer Nature 2019
Das Werk einschließlich aller seiner Teile ist urheberrechtlich geschützt. Jede Verwertung, die nicht ausdrücklich vom Urheberrechtsgesetz zugelassen ist, bedarf der vorherigen Zustimmung des Verlags. Das gilt insbesondere für Vervielfältigungen, Bearbeitungen, Übersetzungen, Mikroverfilmungen und die Einspeicherung und Verarbeitung in elektronischen Systemen.
Die Wiedergabe von allgemein beschreibenden Bezeichnungen, Marken, Unternehmensnamen etc. in diesem Werk bedeutet nicht, dass diese frei durch jedermann benutzt werden dürfen. Die Berechtigung zur Benutzung unterliegt, auch ohne gesonderten Hinweis hierzu, den Regeln des Markenrechts. Die Rechte des jeweiligen Zeicheninhabers sind zu beachten.
Der Verlag, die Autoren und die Herausgeber gehen davon aus, dass die Angaben und Informationen in diesem Werk zum Zeitpunkt der Veröffentlichung vollständig und korrekt sind. Weder der Verlag, noch die Autoren oder die Herausgeber übernehmen, ausdrücklich oder implizit, Gewähr für den Inhalt des Werkes, etwaige Fehler oder Äußerungen. Der Verlag bleibt im Hinblick auf geografische Zuordnungen und Gebietsbezeichnungen in veröffentlichten Karten und Institutionsadressen neutral.

Einbandabbildung: fotolia.de

Springer Gabler ist ein Imprint der eingetragenen Gesellschaft Springer Fachmedien Wiesbaden GmbH und ist ein Teil von Springer Nature
Die Anschrift der Gesellschaft ist: Abraham-Lincoln-Str. 46, 65189 Wiesbaden, Germany

Geleitwort

Führungsintelligenz – Was Chefs von Morgen bei Management 4.0 brauchen!

Hört man sich auf Führungskongressen um, ist meist der Mitarbeiter das Übel für Misserfolg. Ist das so? Sind Mitarbeiter wirklich so schwer zu führen? Immer wieder stelle ich fest, dass häufig nicht die Mitarbeiter das Problem sind, sondern die Vorgesetzten. Viele von ihnen haben nie Führung gelernt. Und weil vom ersten Tag an erfolgreich gearbeitet werden musste, haben diese Chefs selten eine Weiterbildung in Mitarbeiterführung bekommen. So erstaunt es nicht, dass während überall von Industrie 4.0 und von Gesellschaft 5.0 gesprochen wird, viele Chefs nicht über Führung 1.0 hinausgekommen sind.

Dabei ist Führung einfach. Vor 22 Jahren, zu Beginn meiner Führungskarriere, hat mir mein damaliger Chef die Frage gestellt: „Peter, wann ist eine Führungskraft erfolgreich?". Meine Antwort kam wie aus der Pistole geschossen: „Natürlich, wenn die Zahlen stimmen." Daraufhin warf mich Jorge aus seinem Büro und sagte: „Komm morgen mit einer anderen Antwort wieder!". Das hatte ich noch nie erlebt. Mein Weg führte immer bis anhin steil nach oben. Und nun so eine Abfuhr? Am nächsten Tag stürmte ich in Jorges Office und sagte: „Jorge, tut mir leid. Meine Antwort war gestern zu schnell und unüberlegt. Natürlich, wir sind eine Aktiengesellschaft und wir als Chefs sind erfolgreich, wenn unsere Aktionäre erfolgreich sind." Genauso schnell wie ich mein Statement sprach, kam Jorges Antwort: „Geh nach Hause und komme Morgen mit einer anderen Antwort wieder!". Wow, noch schlimmer. Nicht nur, dass mich Jorge seines Büros verwies, nein heute hat er mich sogar nach Hause geschickt. Wer in US-Konzernen jemals gearbeitet hat weiß, die nächste Antwort muss sitzen. Sonst würde meine Karriere einen Stillstand bekommen. Als ich am nächsten Morgen zu Jorge ging, entschied ich mich für die Flucht nach vorne. Auch einen Fehler zuzugeben oder um gar Hilfe zu bitten, ist eine Führungseigenschaft. Ich sagte zu Jorge: „Jorge, tut mir leid, hilf mir. Anscheinend bin ich gerade auf einem falschen Weg unterwegs." Daraufhin sagte mir Jorge: „Peter, als Führungskraft bist du dann erfolgreich, wenn alle deine Mitarbeiter erfolgreich sind. Arbeite nie für deinen eigenen Erfolg. Arbeite immer für den Erfolg deiner Mitarbeiter. Mach jeden deiner Mitarbeiter erfolgreich!". Diese Lektion, die mir Jorge 1997 erteilte, habe ich bis heute nicht vergessen. „Mache, jeden deiner Mitarbeiter erfolgreich!", wurde zu meinem Leitmotto in all meinen Führungspositionen. Diese Aussage hat eine hohe Zukunftsrelevanz. Das Institut für Führungskultur im digitalen Zeitalter hat in einer Metastudie herausgefunden, was die zukünftigen Erfolgsfaktoren der Führung sind. Erstens, eine werteorientierte Sozialkompetenz. Zweitens, exzellentes Verhandlungsgeschick und drittens eine hohe Motivationsfähigkeit. Und sind diese drei zukünftigen Erfolgsfaktoren der Führung nicht in der Aussage von Jorge: „Mache jeden deiner Mitarbeiter erfolgreich!" vorhanden?

Und so freue ich mich, dass die Autoren dieses Buches Management 4.0, Falk S. Al-Omary, Suzanne Grieger-Langer, Hendrik Habermann, Gerald Kleer, Jürgen Linsenmaier und Oliver Wildenstein, genau diese Lücke von Führung 1.0 auf Management 4.0 schließen werden. Alle Autoren geben praktische Tipps was ein modernes Management heute braucht und zukünftig brauchen wird. Ich wünsche Ihnen, liebe Leser, viele neue Sichtweisen in Bezug auf Management und Führung sowie den Autoren viel Erfolg.

Ihr Peter Buchenau
www.peterbuchenau.de
Quelle: https://ifidz.de/digital-leadership-beratung/#metastudie

Inhaltsverzeichnis

**1 Das neue Management braucht starke Charaktere –
Warum Manager mehr als bisher an ihrer Positionierung
arbeiten sollten** 1
   1.1   Kreatives Potenzial und Persönlichkeit 3
   1.2   Management 4.0 benötigt Generalisten 6
   1.3   An die Stelle von Hierarchien treten künftig
         verstärkt Funktionen 10
   1.4   Führungskräfte benötigen ein verstärktes
         Kommunikationsverhalten nach innen und nach außen. 14
         1.4.1   Führungsarbeit in weitgehend
                 transparenten Systemen 15
         1.4.2   Positionierung als innerer Kompass 17
   1.5   Über den Autor 19
   Literatur 20

**2 Chefsache Management – Über den einen Ring,
Performer zu finden und auf ewig zu binden!** 21
   2.1   Frischzellenkur 21
   2.2   Aller Anfang 22
   2.3   Symbiotischer Kreis 24
   2.4   Orientierung 25
   2.5   Über die Autorin 29
   Literatur 30

**3 Management 4.0 – In der Bewahrung liegt die
Kraft der Veränderung** 31
   3.1   Der Blick nach vorne braucht die Kraft der Erinnerung 31
   3.2   Wieso, weshalb, warum? Nein: Wozu? 34
   3.3   Kundennutzen als oberste Priorität 36
   3.4   Vom Produktanbieter zum Lösungsanbieter 38
   3.5   Prinzip der Effektivität 39

	3.6	Steigende Komplexität und Anspruch	41
	3.7	Das Marketing – die Keimzelle des Unternehmens	42
	3.8	Innovationen und Wissensmanagement – die Antriebskräfte im Unternehmen	45
	3.9	Veränderung als Überlebenskonzept	47
	3.10	Der Manager in eigener Sache	49
	3.11	Vertrauen und Denken über das Rationelle hinaus	53
	3.12	Die Welt im Wandel	56
	3.13	Relevantes erhalten und in die Zukunft überführen	57
	3.14	Über den Autor	59
	Literatur		60
4	**Morgen erfolgreich?**		**61**
	4.1	Methoden der Zusammenarbeit, wenn Mitarbeiter gleichzeitig Chefs sind	66
	4.2	*Digitalisierung:* Die größte Herausforderung junger Führungskräfte	68
	4.3	Über den Autor	80
	Literatur		81
5	**Old School oder Zukunft denken? Manager, bewegt euch!**		**83**
	5.1	Der Trend ist eindeutig	83
	5.2	„Drei Arbeitsplätze sind wichtiger als mein Profit"	85
	5.3	Old School: Product, Price, Place, Promotion	86
	5.4	Zukunft denken: People, Planet, Profit	88
	5.5	Erfolg geht auch ohne Lüge	93
	5.6	Wir wissen, wie es geht. Wir sollten handeln	94
	5.7	Sieben Leitsätze für Unternehmer und Manager	96
		5.7.1 Die Wirtschaft ist für uns da	96
		5.7.2 Manager müssen Mut zur Fairness haben	98
		5.7.3 Jeder ist mit seinem Handeln Vorbild für andere	99
		5.7.4 Unternehmen tragen eine gesellschaftliche Verantwortung	101
		5.7.5 Nachhaltige Unternehmen investieren	101
		5.7.6 Region hat Priorität	103
		5.7.7 Nachhaltigkeit ist kein Marketing-Gag	104
	5.8	Zukunft denken? Manager, bewegt euch	105
	5.9	Über den Autor	107
	Literatur		108

6 Manager ohne Mitarbeiter 4.0 ist wie Erfolg ohne Geld.................. 109
    6.1   Unaufhaltbarer Wandel 111
    6.2   Erfolgreich Netzwerken... 114
    6.3   Zweck der Existenz 115
          6.3.1   Erkennen Sie Ihren Zweck der Existenz oder suchen Sie wenigstens danach! 116
          6.3.2   Angst ist ein schreckliches Gefühl – lassen Sie sich nicht davon beherrschen! 116
          6.3.3   Entweder wir leben als ein Abklatsch in bedeutungsloser Existenz oder wir verleihen unserem Leben einen Sinn! 117
          6.3.4   Verstehen, dass etwas uns erfüllt, weil wir uns entscheiden, dass es erfüllend ist, nicht weil jemand anderes uns sagt, dass es so ist!................ 117
          6.3.5   Seien Sie dankbar und nutzen Sie die Vorteile, die Ihnen das Leben in diesem Land bietet! 117
          6.3.6   Schauen Sie auf das kleine Bild, aber mit einem weiten Blickwinkel! 117
          6.3.7   Machen Sie Nah-Lebenserfahrungen!.................. 118
          6.3.8   Wählen Sie Ihren eigenen Maßstab für Erfolg!........... 118
          6.3.9   Handeln Sie, als ob Ihr Leben von Ihren Entscheidungen abhängt, denn es ist so!................ 118
          6.3.10   Wählen Sie Tätigkeiten, die Sie begeistern, und Ihre Leidenschaft wird immer dabei sein! 118
    6.4   Big Five for Life 119
    6.5   Management 4.0 braucht Mitarbeiter 4.0.............................. 120
          6.5.1   Recruiting in einer digitalisierten Welt 120
          6.5.2   Mobiles Arbeiten: Biete Flexibilität – erhalte Flexibilität 121
          6.5.3   50 plus 122
          6.5.4   Personalarbeit erfordert strategisches Denken............ 123
    6.6   Cultural Fit – Der richtige Weg? 125
          6.6.1   Leitbild als Vorbild................................. 126
          6.6.2   9 Levels of Value Systems........................... 126
    6.7   Machine Learning 130
    6.8   Die Zukunft sinnvoll mitgestalten 134
    6.9   Über den Autor.. 137
    Literatur.. 137

Über den Initiator der Chefsache-Reihe............................... 139

1

Das neue Management braucht starke Charaktere – Warum Manager mehr als bisher an ihrer Positionierung arbeiten sollten

Zusammenfassung

Automatisierung, Big Data, Industrie 4.0 – die Unternehmenswelt verändert sich rasant und wird neue Formen der Führung und des Managements erforderlich machen. Die Arbeitswelt unterliegt einem dramatischen Wandel, im dem nur die bestehen werden, die als Persönlichkeit zu punkten in der Lage sind. Fachwissen und Kompetenzen werden nur mehr die Pflicht sein. Entscheidend aber ist die Kür, die in Haltungen, Charaktereigenschaften und eigener Persönlichkeitsinszenierung besteht. Wer sich nicht mit seinen menschlichen Eigenheiten und Stärken positioniert – in der eigenen Abteilung, im eigenen Unternehmen und in der Öffentlichkeit, wird leicht für ersetz- und austauschbar gehalten werden in der neuen Arbeitswelt. Management 4.0 erfordert auch eine Selbstinszenierung 4.0. Wer zukünftig noch einen Job haben möchte oder gar eine steile Karriere plant, muss zwangsläufig zum Markenbotschafter in eigener Sache werden – und das in einer Welt, in der Maschinen, künstliche Intelligenzen, Roboter und Algorithmen den Alltag bestimmen. Das Buchkapitel gibt dazu wertvolle Gedanken, Impulse und Handlungsempfehlungen.

Die technologischen Veränderungen, die insbesondere durch den Einsatz Künstlicher Intelligenz stattfinden, verändern nicht nur das Konsumverhalten in immer drastischerer Weise, vielmehr und viel stärker noch befindet sich dadurch die Zukunft der meisten Berufsgruppen im Umbruch.

Den Algorithmen von Amazon, Facebook, Google und Co. folgt eine neue Management- und Arbeitsstruktur in den Unternehmen. Dem Kauf- und Konsumverhalten 4.0 folgt die Industrie 4.0 und dieser das Management 4.0. Oder ist die Reihenfolge andersherum? Es spielt keine Rolle. Die Veränderungen werden dramatisch sein.

Management 4.0 bedeutet, sehr viele Arbeitsprozesse werden nicht nur von Maschinen gesteuert, sondern gleich weitgehend von diesen übernommen. Bereits heute sitzen in den U-Bahnen und ICE-Zügen dieser Welt nur noch Menschen am Steuer, um den Passagieren lediglich das Gefühl zu vermitteln, sie würden diese tonnenschweren Zugmaschinen steuern. Mitte 2015 zog mit „Alexa", einer Entwicklung von Alexa Internet Inc., einem Tochterunternehmen von Amazon, eine neue Generation digitaler Assistenten in die privaten Haushalte ein. Zuerst in den USA, dann, ein Jahr später, schwappte diese Welle nach Deutschland über. Diese Art von Onlinediensten, die dem Anwender einen ersten Eindruck Künstlicher Intelligenz in seinem persönlichen Umfeld als nutzenstiftendes Assistenzsystem präsentiert, stellt jedoch lediglich den Beginn einer neuen Generation von hilfreichen Programmen dar. Inzwischen wissen soziale Medien mehr über ihre Nutzer als diesen lieb sein kann. So speichert beispielsweise Facebook Daten in 98 Kategorien, um diese selektiv an Werbekunden zu verkaufen. Darunter fallen Informationen und Daten wie Alter, Einkommen, politische Einstellungen, Ethnie, Arbeitgeber oder Anzahl der Kredite. Und auch Google sammelt eine Menge an Daten, abhängig davon, welche Dienste des Konzerns genutzt werden. Die Speicherung von Bewegungsmustern zählt ebenso dazu wie die Terminplanung, Schlaf- und Wachrhythmen und natürlich sämtlicher Seitenverlauf der eigenen Google-Suchanfragen sowie E-Mail-Nachrichten.

So erstellen intelligente Algorithmen ein passgenaues Abbild der Personen, das wiederum für Unternehmen oder politische Parteien hochgradig interessant ist. Was jedoch passieren kann, wenn diese Datenanalysen zu falschen Schlussfolgerungen führen, zeigt ein Vorfall am 23. April 2013. Da meldete ein gehackter Twitter-Account der Nachrichtenagentur AP: „Explosion im Weißen Haus, Obama tot." Vollautomatische Handelscomputer, die unablässig die Nachrichtenlage scannen, witterten eine Krise, reagierten sofort und verkauften Millionen von Aktien, ohne die Richtigkeit der Meldung zu prüfen. Als die amerikanische Börsenaufsicht den Fehler schließlich erkannte, setzte sie den Handel aus und machte alle Deals rückgängig.

Zukünftig kann jedoch von weitaus intelligenteren Programmen ausgegangen werden. Diese betreffen in erster Linie die Arbeitswelten. Berufszweige wie das Transportwesen werden von künstlichen Intelligenzen vielleicht gar komplett übernommen. Beispielsweise LKW- oder Taxifahrer, die in den kommenden Jahren mit hoher Wahrscheinlichkeit von selbstfahrenden Fahrzeugen ersetzt werden. Ebenso wie Radiologen oder Rechtsanwälte, die sich ebenfalls damit anfreunden müssen, künftig durch hyperkomplexe Algorithmen ausgebootet zu werden. Zu diesen Ergebnissen kam jedenfalls eine Studie der Stanford University (2016) aus dem Jahr 2015.

Selbstlernende Computersysteme revolutionieren somit die Wirtschaft und machen dadurch viele Jobs überflüssig.

Die neue Datenintelligenz soll vorhersagen „was der Kunde will, bevor er weiß, dass er es will", so Microsoft-Chef Satya Nadella. Dabei soll die Maschine auf „natürliche Weise" mit dem Menschen kommunizieren. In den Laboren von Microsoft, Google und Apple arbeiten die Forscher mit großem Aufwand daran, dass der Computer bald endlich in der Lage ist, Sprache perfekt zu beherrschen und flüssige Unterhaltungen über alle Details der Arbeit zu führen. Fast wie ein menschlicher Kollege, nur ohne Pensionsansprüche und Krankheitstage.

Doch was bedeuten diese Veränderungen für die Führungskräfte von morgen?

An vier zentralen Kernthesen soll dargestellt werden, wie sich der neue Arbeitsalltag für die Führungskräfte künftig verändern wird und wie es diese Manager trotzdem schaffen können, sich als wertvolle und auch weiterhin gefragte Arbeitskraft zu positionieren.

Die vier Kernthesen lauten wie folgt:

1. Kreatives Potenzial und Persönlichkeit gewinnen umso mehr an Bedeutung, desto mehr sich Künstliche Intelligenz in der Arbeitswelt ausbreitet. Gleichzeitig bedeutet dies die Abkehr von reinen Leistungserbringern, da deren Tätigkeiten künftig weitgehend von Maschinen erledigt werden kann.
2. Management 4.0 benötigt mehr Generalisten als Spezialisten. Wenn immer mehr Tätigkeiten von Maschinen und Algorithmen erledigt werden können, führt dies automatisch zu einer ständigen Veränderung, die entsprechend angeleitet, moderiert und in kreativer Weise koordiniert und interpretiert werden muss.
3. An die Stelle von starren Hierarchien treten künftig verstärkt flexible Funktionen, die projekt- oder tätigkeitsbezogen geschaffen werden. Die jungen Generationen Y sowie Z erleben digitale Vernetzung völlig anders als die Generationen davor. Die Ausübung solcher Funktionen wird ihnen deswegen leichter fallen. Das bedingt gleichzeitig eine neue Positionierung und Kommunikationskompetenz für die Führungskräfte von morgen, die insbesondere die Führungskräfte lernen müssen, die nicht zu den Generationen Y und Z gehören.
4. Führungskräfte benötigen ein neues Kommunikationsverhalten nach innen und nach außen, wenn sie weiterhin erfolgreich und gefragt bleiben wollen. Die Kommunikation wird mehrdimensionaler, komplexer, multimedialer, formloser und hierarchieübergreifender.

1.1 Kreatives Potenzial und Persönlichkeit

In Zukunft setzen sich menschliche Arbeitskräfte gegen ihre künstliche Konkurrenz voraussichtlich wohl nur noch in Bereichen und Berufsgruppen durch, die hoch qualifizierte Tätigkeiten mit entsprechender Weitsicht sowie hohen kreativen und kommunikativen Fähigkeiten verlangen. Beispielsweise wird in Zukunft der Unterricht an den Schulen vollkommen anders ablaufen als heute. Künftig begeben sich die Schülerinnen und Schüler sämtlicher Schulstufen in virtuelle Klassenzimmer und der Lehrstoff wird – inhaltlich und didaktisch – beinahe ausschließlich mittels hoch entwickelter Lernsoftware vermittelt, wie der Autor Arne Ulbricht in seinem Buch „Schule ohne Lehrer" (2015) ausführlich beschreibt. Dabei holen sich die Schüler sämtliches Wissen aus dem Internet, angeleitet von Künstlicher Intelligenz, die diese Schülergruppen entsprechend führen, um dann den Lernfortschritt mittels eines Wissensquiz zu überprüfen. So sitzen die Kinder von morgen zu Hause, während sie sich – ausgestattet mit den Nachfolgegenerationen der bereits heute erhältlichen Datenbrillen – interaktiv mit den anderen Schulkameraden austauschen. Natürlich befindet sich in diesem virtuellen Klassenzimmer – dank Augmented Reality, die computergestützte Erweiterung unserer Realitätswahrnehmung – eine Lehrkraft, jedoch handelt es sich dabei lediglich um eine Künstliche Intelligenz, einen Avatar, der vollkommen von einer Software gelenkt wird und dabei auf die Fragen und Bedürfnisse der Schüler eingeht. Die Lehrkraft von heute zählt somit ganz klar zu den aussterbenden Berufsgruppen und nur jene Vertreter dieser Berufsgruppe werden noch eine Anstellung finden, die es schaffen, einen Vorsprung gegenüber ihrer computergesteuerten Intelligenz zu bewahren. Etwa, indem sie den Schülern hochgradig kreative Lernprozesse anbieten, die durch keine Software zu ersetzen ist. Eine Möglichkeit wäre die Wissensvermittlung durch reale Erlebnisse, beispielsweise von Übungen mit den Schülern, die nur durch Körperkontakt möglich werden, doch selbst hier kann durch Augmented Reality bereits vieles abgedeckt werden. Gefragt ist der Lehrer der Zukunft da, wo es über die Grenzen der reinen Wissensvermittlung hinausgeht, wo soziale Kompetenzen und menschliche Interaktion in einer Weise gefragt sind, die von Künstlicher Intelligenz nicht mehr abgebildet werden können. Das gilt zumindest so lange, bis diese künstlichen Intelligenzen in der Lage sein werden, Emotionen abzubilden und zu zeigen. Das Wissen ist wertlos geworden, weil es überall online verfügbar ist.

Ein anderes Beispiel stellt ein System zur Verbrechensbekämpfung dar, das inzwischen seit dem Jahr 2011 in einigen Bundesstaaten in den USA – etwa in Kalifornien – erfolgreich eingesetzt wird. Dabei handelt es sich um Big-Data-gestützte Analysen zur Vorhersage menschlichen Verhaltens – ähnlich derer, die auch in der Verbraucherforschung angewandt werden. „Predicitve Analytics" nennt sich in der Privatwirtschaft dieses Verfahren, von dem Konzerne wie Amazon profitieren, indem sie ihren Kunden nur noch jene Produkte anbieten, für die sich diese auch tatsächlich interessieren. „Predictive Policing" lautet dessen polizeiliches Äquivalent, das die Polizei mit Modellen der computergestützten Verbrechensvorhersage unterstützt, um im Idealfall vor den Tätern vor Ort präsent zu sein. Dabei werden Computer mit statistischen Daten zu sämtlichen Verbrechen in bestimmten Städten sowie den Wohnorten von bereits straffällig gewordenen Personen gefüttert, bis hin zu allgemeinen Informationen wie Wetterdaten, der aktuellen Verkehrslage und Aktienkursen. Auf diese Weise lassen sich nicht nur Verbrechensschwerpunkte berechnen, also bestimmte Gebiete in Städten, in denen Verbrechen weitaus häufiger vorkommen als in anderen Gegenden, sondern auch, wann exakt der nächste Bankraub stattfinden wird oder ob ein bereits polizeibekannter Straftäter erneut rückfällig wird. In der Stadt Santa Cruz – ebenfalls im US-Bundesstaat Kalifornien – fand das erste Pilotprojekt aus der Kooperation zwischen der dortigen Polizei und Wissenschaftlern der University of California statt. Schon nach kurzer Zeit konnten eindrucksvolle Verbrechensstatistiken präsentiert werden: So sank im ersten Jahr die Zahl von Einbrüchen im Vergleich zum Vorjahr um 11 %, die von Raubüberfällen sogar um 27 % (Predpol 2017).

Die diesem Projekt zugrunde liegende Analyse-Software mit dem Namen „PredPol" wird seitdem mit großem Erfolg in einigen Ländern weltweit eingesetzt. An diesem Beispiel lässt sich erkennen, wie hochgradig wirksam komplexe Algorithmen arbeiten, sofern sie mit den richtigen Daten verknüpft werden. Schließlich erkennen Maschinen Zusammenhänge, die der Mensch niemals in seiner Gesamtheit zu analysieren in der Lage wäre. So staunte etwa ein Familienvater aus den USA nicht schlecht, als ein Supermarkt für Babybedarfsartikel dessen minderjährigen Tochter Rabattcoupons per Post zuschickte. Als der Vater den Geschäftsführer des Marktes um Erklärung für diese geschmacklose Werbeaktion bat, entschuldigte sich dieser für dieses Missgeschick. Kurze Zeit später informierte die Tochter ihre Eltern jedoch tatsächlich über ihre Schwangerschaft. Der Grund für diese unvorstellbare Treffsicherheit des Supermarktes lag in einem neuen Marketing-Werkzeug, das die Werbeabteilung dieser Marktkette einsetzte, nämlich ein Vorhersage-Modell für Schwangere. Dieses entwickelten Konsumforscher nach der Beobachtung des Einkaufsverhaltens junger Frauen. Beispielsweise könnten unparfümierte Cremes und Nahrungsergänzungsmittel einen entsprechenden Indikator darstellen, und genau dieser traf bei der minderjährigen Tochter auch zu (Haufler 2014).

Doch obwohl sich Maschinen den Menschen gegenüber in der Analyse von Daten um ein Vielfaches im Vorteil befinden, versagen sie häufig, wenn es darum geht, anschließend die richtigen Entscheidungen zu treffen. So werden mittels der Software „PredPol" Listen von potenziellen Straftätern erstellt. Auf diese Weise befinden sich in den USA bereits mehr als eintausend Unschuldige in einem Verzeichnis von Personen, die mit einer hohen angenommenen Wahrscheinlichkeit künftig Straftaten begehen werden. Selbst wenn diese bislang noch nie mit dem Gesetz in Berührung kamen, alleine durch ihr Verhalten und weil sie Muster an den Tag legten, die – nach Analyse unzähliger Daten – mit denen von bereits bekannten Straftätern vergleichbar waren. Dadurch kommt es zu einer Stigmatisierung dieser Menschen, denn es ist anzunehmen, dass sich ein Polizist – etwa bei einer Verkehrskontrolle – anders verhalten wird als gegenüber einer Person, die in keiner derartigen Liste erscheint. Um also die richtigen Entscheidungen zu treffen, kann auf den Faktor Mensch letztlich doch nicht verzichtet werden, denn wenn es um das Abwägen von Alternativen geht, wenn Einzelfälle beurteilt werden müssen, erweisen sich wiederum Faktoren wie Intuition, Kreativität oder schlicht einfach Erfahrung als unverzichtbar – von den Ebenen Moral, Ethik und wertebasierten Einschätzungen ganz zu schweigen, die Maschinen bislang schlicht nicht abbilden können.

Umgelegt auf die künftigen Arbeitswelten des Management 4.0 zeigt das Beispiel „Predictive Policing", wohin die Reise wohl gehen wird: Künftig werden nur noch sogenannte „Kopfarbeiter" einen Wert für die Arbeitswelt besitzen. Menschen, die in besonderer Weise besondere Talente aufweisen. Die vorhin angesprochenen Faktoren „Kreativität" und „Intuition" schlagen sich dabei insbesondere in Flexibilität, Weitsicht und Mut nieder, den die Arbeitnehmer von morgen an den Tag legen müssen. Mut, Entscheidungen zu treffen,

Regeln zu brechen, sofern sich diese Regelbrüche zugleich im Einklang mit dem ethischen und moralischen Kontext, dem Werte- und Verhaltenskodex des Arbeit- oder Auftraggebers befinden.

Die Kreativität dieser hoch qualifizierten Arbeitskräfte wird dann gefordert, wenn es gilt, Entscheidungen abweichend sämtlicher Normen zu treffen. Und dabei bewegen sich diese Menschen künftig in einem weitaus größeren Maße auf unsicherem Terrain, als sich das die meisten Arbeitnehmer heute auch nur ansatzweise vorstellen können. Denn nur dann grenzen sich diese Personen von Künstlicher Intelligenz ab. Oder, anders ausgedrückt, bieten diese den Unternehmen von morgen einen Mehrwert, der von einer Maschine nicht geleistet werden kann. Am Beispiel der Berufsgruppe der Lehrer wären es möglicherweise bestimmte Coaching-Techniken, die bei den Schülern angewandt werden, um deren Fähigkeiten in kognitiven oder sozialen Bereichen individuell zu verbessern. Das bedeutet gleichzeitig, künftig dominieren hochgradig kreative Lehrkräfte das Schulwesen, die sich auf Interaktion, Kommunikation, Psychologie und Systemik verstehen, die also in Bereichen eingesetzt werden, die künstliche Intelligenzen (noch) an ihre Grenzen bringen.

1.2 Management 4.0 benötigt Generalisten

Unter Management 4.0 wird sich fast alles um die Führungskräfte herum verändern. Künstliche Intelligenz, vollautomatische Abläufe, die früher weitgehend von Menschen durchgeführt wurden, hyperintelligente Algorithmen, die Bedürfnisse und Wünsche bereits erkennen, bevor die Menschen selbst sich ihrer gewahr werden. Aber auch vollkommen neue Kommunikationssysteme oder innovative systemische Strukturen benötigen Generalisten, die diesen Anforderungen gerecht werden. Während Spezialisten künftig immer mehr von Maschinen ersetzt werden, weil deren Spezialwissen eben auch den Maschinen und künstlichen Intelligenzen zur Verfügung steht und jederzeit online abgerufen werden kann, sieht dieses Zukunftsszenario vor, dass sich die Generalisten, die Universalgenies, jene Manager mit einem überwiegend strategischen Fokus über alle unternehmerischen Bereiche hinweg in dieser künftigen Berufswelt auch nur unter bestimmten Voraussetzungen durchsetzen können. Nämlich, indem Sie sich zu Experten in den Bereichen Führung, Kreativität, Delegation und Kommunikation entwickeln. Nicht mehr diejenige Führungskraft, die am meisten Sach- und Fachkenntnisse vorweisen kann, wird zukünftig reüssieren, sondern die, die an ihren idealerweise jetzt bereits schon starken kommunikativen und kreativen Fähigkeiten arbeitet, diese weiterentwickelt und lernt, sich auf das Wesentliche zu konzentrieren, auf das, was eben die Maschinen nicht können – holistische Entscheidungen treffen, sich die richtigen Berater und Sparringspartner ins Haus holen und an neuen Ideen und Maßnahmen feilen, die jenseits der Logik und damit der Welt der Daten, Zahlen und Algorithmen liegen.

1.2 Management 4.0 benötigt Generalisten

Diese Manager müssen nicht nur Trends erkennen und aus gemachten Erfahrungen ableiten können, auf der Grundlage von hochintelligenten Softwareprogrammen Marktentwicklungen identifizieren und interpretieren und mit hohem Tempo das Unternehmen danach auf diese ausrichten, mehr noch, diese Generalisten benötigen neben der Weitsicht, belastbare Vorhersagen zu treffen, auch den Mut zu Entscheidungen, und zwar auf einer Basis von vielen Unsicherheiten, schließlich leben wir bereits heute in der sogenannten VUCA-Welt.

VUCA steht dabei als Akronym für die Begriffe „Volatility", „Uncertainty", „Complexity" und „Ambiguity". Auf Deutsch übersetzt bedeutet die VUCA-Welt eine Realität, die unbeständig, unsicher, komplex und mehrdeutig ist (Wikipedia 2018d).

Dieser Begriff entstand in den 1990er Jahren am U.S. Army War College in Carlisle im Bundesstaat Pennsylvania direkt nach dem Zerfall der ehemaligen Sowjetunion und dem Mauerfall nach dem Kalten Krieg. Damals herrschte eine Unsicherheit und Unklarheit bei den militärischen Kräften. Man kann es kaum glauben, aber die Jahrzehnte des Kalten Krieges waren relativ stabil. Beide Seiten wussten, wer der Feind ist und wie er sich verhält. Nachdem der bewährte und gewohnte Feind weggefallen war, wusste man nicht so recht, wer, auch in Folge der Auflösung des Ostblocks, zukünftig eine Bedrohung darstellen könnte. Die Lage erwies sich als unbeständig, unsicher, komplex und mehrdeutig. Der Begriff VUCA wurde schließlich in den Wirtschaftskontext übernommen und verbreitete sich dort sehr schnell. VUCA fasst auf eine kurze sowie leicht verständliche Art und Weise die Dinge zusammen, die in den letzten Jahren an Veränderung in der Unternehmenswelt und auch innerhalb der Gesellschaft erlebt werden.

Im Einzelnen lassen sich die Begriffe folgendermaßen beschreiben:

Volatilität (Instabilität)
Es lässt sich heute nicht mehr gesichert vorhersagen, wann sich eine Marktsituation fundamental und sprunghaft ohne vorherige eindeutige Hinweise verändert. Innovationen tauchen ebenso plötzlich auf wie neue Wettbewerber, die das Preisgefüge kurzfristig verändern. Diese Schwankungen und die Geschwindigkeit der Veränderung werden durch die Vielzahl an Mitbewerbern und vor allem durch neue technologische Möglichkeiten ausgelöst, die ebenfalls sehr schnell auftauchen, optimiert werden oder wieder verschwinden.

Unsicherheit
Ganze Märkte entstehen neu und Veränderungen geschehen scheinbar aus dem Nichts. Vorhersagen erweisen sich immer öfter als unzuverlässig. Die Berechenbarkeit des Marktes zählt inzwischen immer stärker zu einem Relikt längst vergangener Zeit. Und trotzdem müssen Unternehmen und deren Manager Entscheidungen treffen und Vorhersagen wagen – immer in dem Wissen, dass diese falsch sein können.

Komplexität
Viele und teilweise unbekannte Variablen in einem Netzwerk treffen mit vielfältigen Wirkungen aufeinander. Die Welt ist durch die Globalisierung mittlerweile so stark miteinander vernetzt, dass eine Handlung heute weit mehr Auswirkungen hat als es früher der Fall war. Interdependenzen sind so komplex geworden, dass sie kaum mehr erfasst werden können.

Ambiguität (Mehrdeutigkeit)
Es besteht buchstäblich die Qual der Wahl. Zu jedem Produkt und zu jeder Dienstleistung gibt es eine Vielzahl an Alternativen. Für Unternehmen gibt es unzählige Möglichkeiten, sich weiterzuentwickeln. Informationen können mannigfaltig interpretiert werden und sind in schier unendlich vielen Varianten verfügbar. Einzelne Parameter zu verändern löst dabei in der Regel eine noch größere Mehrdeutigkeit aus, erlaubt viele weitere Interpretationen.

Diese Begriffe zusammengefasst und das, was aus ihnen entsteht, insbesondere in technologischer Hinsicht und in Bezug auf die unternehmerischen Treiber dieser Entwicklung, die nicht allein im Silicon Valley sitzen, sondern überall in den internationalen Konzernzentralen, beschreiben nur ansatzweise das, was als neues Schlagwort jedes Unternehmen und die gesamte Gesellschaft erfasst: den Begriff der Disruption.

Die Dynamik innerhalb der VUCA-Welt wird in Zukunft weiter zunehmen und dadurch zu einer immer komplexeren Vernetzung führen, deren Auswirkungen auf das Handeln im Wirtschaftskreislauf noch weniger abgeschätzt werden kann als es bereits heute der Fall ist. Diese Form der Komplexität gab es zuvor noch nie in der Wirtschafts- und Menschheitsgeschichte und sie wird weiter zunehmen. Inmitten dieser Struktur treffen die Generalisten des Management 4.0 Entscheidungen und müssen sich gleichzeitig in der Lage befinden, diese Unsicherheiten entsprechend abwägen, beurteilen und interpretieren zu können.

Diesen Herausforderungen muss sich ein Manager dieser neuen Epoche stellen, möchte er ein Teil des Management 4.0 werden und nicht als dessen ausgemustertes Artefakt enden.

Um noch einen Moment lang am Beispiel der Lehrkräfte zu bleiben: Diese kreativen Lehrerinnen und Lehrer, die sich dank ihrer Persönlichkeit und ihrer Anpassungsfähigkeit als hochgradig wirksam in ihrem Beruf erwiesen haben, erwarten automatisch Schul- oder Teamleiter, die sich auf einem vergleichbaren Niveau befinden. Die Ansprüche an die Führungskraft wachsen im gleichen Maße, in dem man sich selbst weiterentwickelt, oder besser gesagt, rasant weiterentwickeln muss.

Als Führungskraft genügt es dann nicht mehr, durch herausragende Skills und das Beherrschen von Managementkompetenzen aufzufallen. Die Führungskraft muss deutlich machen können, auf ihrem Gebiet unersetzlich zu sein, inhaltlich sowieso, und natürlich in der Rolle als Führungskraft selbst. Das bedeutet, diese Führungskraft muss sich mit ihren Mitarbeitern – allesamt kreative Köpfe mit einer starken eigenen Persönlichkeit – auf Augenhöhe befinden, besser noch, ihnen immer ein Stück voraus sein. Wettbewerb und Anspruch steigen.

Zusätzlich notwendig ist Expertenwissen, das vor dem Hintergrund der Digitalisierung und den damit verbundenen Anforderungen einen hohen Wert für ein Unternehmen darstellt. Das aber ist nur die Pflicht. Die Kür sind die längst beschriebenen Eigenschaften Kreativität, Anpassungsfähigkeit, Mut und Entscheidungskompetenz.

Nicht nur das: Die Märkte der Zukunft werden sich in rasanter Geschwindigkeit immer weiterentwickeln, eben vor allem unter dem Gesichtspunkt der Digitalisierung, wie etwa das Unternehmen Carl Zeiss AG in seinem Geschäftsbericht von (2016) feststellt. Auch einer neuen Form disruptiver Märkte müssen sich künftige Manager stellen, die ebenso mit immer höherer Geschwindigkeit sämtliche Marktteilnehmer auf die Probe stellen werden. Die Anforderungen an Wissen rund um die digitale Welt, die eigene Fachwelt und die persönlichen Kompetenzen und Eigenschaften steigen. Alle drei Ebenen werden ein Maß an Weiterentwicklung, Lernbereitschaft und persönlichem Wachstum erfordern wie nie zuvor im Erwerbsleben.

Doch wie bewältigt nun die Führungskraft von morgen diese immer steigenden Anforderungen?

Sie muss erstens exakt wissen, welchen Herausforderungen sie sich prioritär zu stellen hat, zweitens diese inhaltlich bewältigen und drittens durch ebenso gezielte wie intelligente Profilierung sowie Positionierung den relevanten Entscheidungsträgern in ihrem Unternehmen auffallen – dahin gehend, dass ihre Vorschläge und Ideen ernst genommen, wertgeschätzt und idealerweise als besonders herausragend und wertvoll angesehen werden.

Dies wird nur jenen Führungskräften gelingen, die sich permanent weiterbilden und die sich gleichzeitig intensiv und ununterbrochen mit ihren Märkten und deren Veränderungen beschäftigen. Das bedeutet, Führungskräfte müssen sich nicht nur in ihrem fachlichen Bereich Wertvolles beitragen, sie benötigen außerdem ständig einen Überblick darüber, wie sich das gesamte Marktumfeld verändert. Durch diese immer schneller werdende Veränderung der Märkte bleibt diesen Managern nichts anderes übrig, als sich zu sogenannten „Trendexperten" zu entwickeln. In welche Richtung muss sich das Unternehmen bewegen, möchte es wettbewerbsfähig bleiben? Jene Führungskräfte, die diese Frage beantworten können – und zwar als Teil der alltäglichen Arbeitsroutine – positionieren sich als wertvolle Mitglieder innerhalb ihrer Organisation. Auf diese Weise wird Wissensmanagement noch mehr an Bedeutung zunehmen als es bereits heute der Fall ist. Hinzu kommt als unverzichtbare Fähigkeit das Erkennen von Marktentwicklungen und neuen Trends. Beides müssen Führungskräfte unter Management 4.0 beherrschen – als Ergänzung zu den künftig immer stärker notwendigen Fähigkeiten wie Weitsicht, hohe Kommunikationsbereitschaft, Kreativität und exzellente Teamführung.

Die dafür notwendigen Daten, Zahlen und Fakten, die Big Data, aus denen sich etwaige Trends und Innovationen ableiten lassen, werden vorhanden sein. Deren individuelle Interpretation, das auf deren Basis Treffen der richtigen Entscheidungen, die optimalen Weichenstellungen und kreative Vorschläge für die Zukunft werden es sein, die entscheiden, wie wertvoll eine Führungskraft von morgen ist. Die Führungskraft 4.0 wird zum Datenanalysten werden müssen – vielleicht nicht immer technisch, aber auf jeden Fall strategisch. Die individuelle Interpretation vorhandener Informationen wird zum

Erfolgsfaktor. Danach folgt das Verkaufen der eigenen Interpretation im Wettbewerb mit anderen Interpretationen anderer Führungskräfte. Neben dem Leistungswettbewerb wird auch der Ideenwettbewerb forciert. Die Deutungshoheit über die Informationen wird entscheidend sein – für das Unternehmen und die eigene Zukunft als Führungskraft.

1.3 An die Stelle von Hierarchien treten künftig verstärkt Funktionen

Um es gleich vorweg zu nehmen: Auch in Zukunft wird es in den Unternehmen hierarchische Strukturen geben, doch diese werden künftig anders ausgeübt, als es heute der Fall ist. Das Institut für Arbeitsmarkt und Berufsforschung (IAB 2015) geht in einer im Jahre 2015 veröffentlichten Studie davon aus, dass der größte Teil der sozialversicherungspflichtig Beschäftigten in Berufen mit einer mittleren Substituierbarkeit arbeitet. Demnach gehen die Autoren dieser Studie davon aus, dass aus heutiger Sicht zwischen 30 und 70 % der Tätigkeiten eines Berufes künftig potenziell durch Computer erledigt werden können. Berücksichtigt man nun die voraussichtliche Entwicklung Künstlicher Intelligenz, kann man davon ausgehen, dass sich dieser Wert in den kommenden Jahren weiter nach oben verändern wird.

Es kann also grundsätzlich davon ausgegangen werden, dass künftig sämtliche Routinetätigkeiten digitalisiert werden, während jene Tätigkeiten mit einem hohen individuellen Anspruch auch in Zukunft menschliche Arbeitskräfte benötigen. Das bedeutet, dass vermutlich alle Arbeiten wie Personalabrechnung, Fuhrparkverwaltung oder Buchhaltung in absehbarer Zeit ausschließlich von intelligenten Algorithmen erledigt werden, während hoch individualisierte Verkaufsprozesse, technische Servicetätigkeiten etc. auch zukünftig von menschlichen Arbeitnehmern wahrgenommen werden. Dazu kommt, dass in Unternehmen das derzeit noch gängige System der fest vergebenen Arbeitsplätze künftig durch temporäre oder projektbezogene Funktionen mehrheitlich abgelöst wird.

Während heute die meisten Positionen durch eine bestimmte Person besetzt werden, beispielsweise ist Techniker A für ein festgelegtes geografisches Einsatzgebiet zuständig, werden in Zukunft die Zuständigkeiten im Unternehmen jeweils beschrieben und dabei von unterschiedlichen Personen ausgeführt. Demnach existiert zwar eine Rollenbeschreibung für einen Servicetechniker in einem bestimmten Verkaufsgebiet, doch ist diese Rolle nicht mehr an eine einzige Person gekoppelt. Wird ein Techniker benötigt, setzt das Unternehmen eine momentan entsprechend verfügbare Arbeitskraft – mit der passenden Spezialisierung – für die Ausführung dieser Aufgabe ein.

Daraus folgt ein Führungsansatz, der an diese künftige Situation angepasst werden muss. Mehr noch: Diese Entwicklung erfordert Führungskräfte, die mit diesem Aspekt des Managements 4.0 umgehen können.

Diese neue Führungssituation wird eine große Ähnlichkeit mit dem System der Holokratie besitzen, einer Organisationsstruktur, die vom US-amerikanischen Unternehmer Brian Robertson 2003 geprägt und erstmalig in seiner eigenen Firma namens „Ternary

Software Corporation" eingeführt wurde (Wikipedia 2018c). Darin sehen sich Führungskräfte unter anderem einer hohen Transparenz sowie einer gewissen Entmachtung und einer verstärkten gemeinschaftlichen Entscheidungsfindung ausgesetzt.

Wenn bis dato die Führungsrolle, insbesondere deren Bezeichnung, dessen Inhaber eine gewisse Macht im Unternehmen verlieh, dann müssen die Vorgesetzten von morgen zunächst einmal lernen, mit Machtverlust umzugehen. Schließlich wird Macht künftig in Unternehmen ganz anders verteilt und das führt dazu, dass Organisationen viel systemischer werden, eben weil jeder mit jedem bedingt durch das Aufweichen der Hierarchien und durch schnelle Nachrichten per WhatsApp oder andere Messanger-Dienste ohne Dienstwege direkt kommunizieren kann, wodurch ein hoher Grad an Transparenz bereits zwangsläufig entsteht.

An dieser Stelle kommt ein weiterer Faktor hinzu. Dabei handelt es sich um eine völlig neue Form von Mitarbeitern, die es in der Vergangenheit so noch nicht gab. Die Rede ist von den Digital Natives, also jener Generation, die um die Jahrtausendwende geboren wurde und einen technologieaffinen Lebensstil aufweist. Diese Personen – vielfach als Generationen Y und Z bezeichnet – arbeiten bevorzugt in virtuellen Räumen statt in tiefen Hierarchien (Wikipedia 2018a, b), da sie durch ihre Erlebniswelt, die sich in erster Linie auf Kommunikation über elektronische Medien beschränkt, eine Art Filterblase aufgebaut haben. Demnach umgeben sich diese jungen Potenziale primär mit jenen Kontakten, die ihren persönlichen Werten und Vorlieben entsprechen. Mit anderen Worten ausgedrückt fördert der Umgang über Medien wie WhatsApp oder Facebook weniger eine gesellschaftliche Reife noch eine Konfliktkultur, wenn man diejenigen, die beispielsweise eine andere Meinung besitzen, mit einem Klick aus dem eigenen Umfeld entfernt. Diese Einstellung steht damit beinahe diametral zu Situationen, die in – heute noch – klassischen Unternehmensstrukturen vorgefunden werden, wo sich die Arbeitskollegen untereinander arrangieren müssen, selbst wenn sie unterschiedliche Ansichten haben und füreinander wenig bis keine Sympathie hegen. Damit kann ein Digital Native weder umgehen, noch wird er sich in die bisher vorherrschenden hierarchisch geprägten Systeme integrieren lassen. Dies wird noch zusätzlich durch den Umstand verstärkt, dass es sich bei dieser Generation vorwiegend um Einzelkinder handelt, die dementsprechend von ihren Eltern „verhätschelt" wurden. Deren Erziehungsberechtigten waren meist berufstätig und verbrachten mehr Zeit damit, ihren Kindern Wünsche zu erfüllen, statt ihnen Grenzen aufzuzeigen. Helikopter-Eltern also, die den Nachwuchs vom Geigenunterricht zum Ballett fuhren und wieder abholten. Diese Kinder mussten nicht einmal bei Grün über die Ampel gehen, da sie überall hingefahren wurden. Daraus entstand bei diesen Digital Natives häufig der Eindruck, der einzige Fixpunkt in ihrem Universum bestehe aus ihnen selbst. Diese Ansicht verstärkt sich noch zusätzlich durch die bereits vorhin beschriebene Filterblase, wie der Medienwissenschaftler Michael Haller in seinem Buch „Was wollt ihr eigentlich? Die schöne neue Welt der Generation Y" (2015) darlegte.

Mit dieser Lebenseinstellung der Digital Natives müssen sich die Führungskräfte im Management 4.0 nun auseinandersetzen. Doch wie schaffen es Führungskräfte allein mit einem Team von fünf bis sechs Personen ein Ergebnis zu produzieren, wenn diese

Personen zwar über eine hohe Awareness, ein starkes (Selbst-)Bewusstsein verfügen, sich jedoch nicht mehr aneinander reiben können, also weitgehend konfliktunfähig sind, weil sie Konflikte nie erlebt und den Umgang mit Konflikten nie gelernt haben? Menschen, die allesamt im Mittelpunkt der Welt stehen möchten, während gleichzeitig jegliche Diskussion sofort auf die persönliche Ebene abzugleiten droht, eben weil sich diese jungen Menschen gar nicht mehr auf einer Metaebene bewegen können, wodurch die bis dato erlernten Konfliktlösungsmodelle der Führungskräfte alten Stils nur noch ausgesprochen eingeschränkt greifen. Der unliebsame Kollege lässt sich schließlich nicht per Mausklick entfreunden und somit aus dem eigenen Kosmos entfernen. Das Modell Facebook, bei dem man Kollegen einfach „adden" und bei Missfallen wieder „entfreunden" kann, greift nicht in Unternehmen und Teams, die gemeinschaftlich eine Ergebnisverantwortung tragen und zugleich im Wettbewerb untereinander und mit anderen Teams stehen.

Das kann nur gelingen, wenn die Mitarbeiter letztlich weitgehend über Identifikation gesteuert werden – Identifikation mit dem Unternehmen, dem Team und der eigenen Aufgabe im Team. Im Umkehrschluss bedeutet dies, jeder Mitarbeiter im Unternehmenssystem verlangt nach einem Sinn in seiner Arbeit, vollkommen unabhängig, welche Funktion er im Unternehmen einnimmt. Gleichzeitig benötigt auch die Führungskraft selbst eine Identifikation und nicht nur das, sie benötigt sogar mehrere Identifikationen. Nämlich eine mit ihrem eigenen Team, eine mit dem gesamten Unternehmen und eine Identifikation, die ihr dabei hilft, die ihr übertragenen Aufgaben so zu steuern, dass diese auch die Unternehmensziele erreichen beziehungsweise diesen dienen. Identifikation wird mehrdimensionaler und vielschichtiger. Wo es früher reichte, sich mit „seinem Job" zu identifizieren, ist heute mehr notwendig, ein Commitment gegenüber allen Teilen des Systems Unternehmen.

In erster Linie muss die Führungskraft in der Welt des Management 4.0 ihr Team hinter sich haben. Schließlich sind es künftig die Mitarbeiter, die ihr Autorität verleihen und nicht mehr ihre Stellung oder Position innerhalb der Organisation. Durch diese – nun wirklich wahrhaftig „verliehene" – Autorität entsteht eine Identifikation innerhalb des Teams und erst dann entwickelt sich ein Commitment, das letztlich die Position der Führungskraft nach oben und nach unten – um es hierarchisch auszudrücken – sowie nach außen, also in der öffentlichen Wahrnehmung, stärkt.

So etwas gelingt einer Führungskraft nur dann, wenn sie es schafft, Entscheidungen durchzusetzen – und zwar Entscheidung für Entscheidung. Durchsetzen deshalb, weil sie sich letztlich ja immer noch in einer formalen Verantwortung befindet. Damit das funktioniert, muss sie jedem einzelnen Mitglied ihres Teams das Gefühl geben, es habe selbst entschieden oder es muss zumindest ein Entscheidungsprozess stattfinden, der in einem Wir-Entschluss mündet. Das bedeutet parallel, die Führungskraft muss alle – in einem solchen Entscheidungsprozess involvierten – Personen überzeugen, den neu definierten Weg mitzutragen. Jedes Mal, und dabei existieren keine Abkürzungen. Gleichzeitig werden diese Entscheidungen von den Mitarbeitern nur getragen werden, wenn sich diese im Einklang mit deren Identifikationen befinden. Das bedeutet, Führungskräfte müssen unter diesen neuen Rahmenbedingungen hochgradig mehrdimensional agieren, weit mehr, als es heute bereits der Fall ist. Somit erscheint auch nachvollziehbar, dass jegliches Leadership, das auf Durchsetzungskraft und Durchregieren setzt, künftig zwangsläufig scheitern wird. Management 4.0 wird demokratischer werden und damit anstrengender. Die maximale Transparenz, die schnörkellose Kommunikation und das allgegenwärtige Infragestellen von fast allem, was um einen herum geschieht, werden Entscheidungsprozesse verändern. Dabei dürfen diese Entscheidungsprozesse aber keinesfalls langsamer werden, was oft die Folge von mehr Demokratie und Mitbestimmung ist, sondern im Gegenteil, Entscheidungen müssen immer schneller getroffen werden. In der digitalen Welt ist Geschwindigkeit alles. Der Spruch „Zeit ist Geld" wird nicht obsolet, sondern mutiert zum Mantra in Zeiten der Disruption.

Für eine Führungskraft ist ein derartiger Weg natürlich alles andere als trivial. Denn es bedeutet, dass ihre Funktion, ihr Amt, ihre Position an Bedeutung verliert, weil es keine Garantie mehr gibt, Dinge einfach oder überhaupt durchsetzen zu können. Zugleich aber werden Ergebnisse erwartet. Auch hier steigen die Ansprüche. Durchsetzungskraft und Konfliktbeherrschung in Zeiten des Management 4.0 verlangen viel mehr als es heutige Führungskräfte gewohnt sind.

Selbstverständlich werden die Betriebe der Zukunft auch weiterhin Ergebnisverantwortung tragen und es existieren unter Management 4.0 betriebswirtschaftliche Ziele, die den wirtschaftlichen Erfolg eines Unternehmens messen. Doch die Führungskräfte müssen sich darauf einstellen, dass die Parameter zur Beurteilung der Menschen in diesen Organisationen künftig vollkommen anders definiert werden, als es heute der Fall ist. Faktoren wie Mitarbeiterzufriedenheit, Kreativität oder Nachhaltigkeit werden die vorherrschenden Gradmesser von Leistungsbeurteilungen darstellen. Dieser Prozess hat bereits begonnen, er wird sich aber extrem verstärken, wenn die Ansprüche weiter steigen und die kritischen Mitarbeiter, die noch kritischere Öffentlichkeit und die vollständig transparente Arbeitswelt immer höhere Erwartungen auch an diese Themen stellen.

Im Umkehrschluss hängt die Qualität der Führungskraft davon ab, wie erfolgreich sie ihre Mitarbeiter mit diesen vorrangig „weichen Faktoren" zu führen versteht, selbst wenn durch die Automatisation im Unternehmen fast nur noch binäre Prozesse ablaufen.

Diese Manager befinden sich dann noch stärker als bisher in einer Sandwich-Position zwischen drei Ebenen: Nach oben in Richtung der eigenen Vorgesetzten, nach unten in Richtung der eigenen Mitarbeiter und des Teams und eben – als neue Ebene – zwischen Mensch und Maschine. Damit alle Systeme stabil ineinandergreifen, „dirigiert" die moderne Führungskraft die Digital Natives. Dabei berücksichtigt sie all ihre Erlebniswelten und das gemeinsam mit den Abläufen der Maschinen und der Künstlichen Intelligenz – die den Kern der Organisationen ausmachen werden – und den Zielen des Unternehmens.

Durch den hohen Grad an Transparenz, der hierarchieübergreifenden Kommunikation und der notwendigen Kreativität muss sich die Führungskraft unter Management 4.0 stärker als bisher positionieren, damit sie sich im internen Wettbewerb behaupten kann. Schließlich werden menschliche Arbeitskräfte immer rarer werden und die noch vorhandenen Positionen werden am Arbeitsmarkt hohe Begehrlichkeiten wecken. Diese Positionierung erfolgt insbesondere durch eine kluge Kommunikation auf den genannten drei Sandwich-Ebenen. Und eine vierte kommt hinzu: die Öffentlichkeit und deren Wahrnehmung. Denn auch hier werden Führungskräfte zukünftig mit ihren Entscheidungen immer kritischer beäugt.

1.4 Führungskräfte benötigen ein verstärktes Kommunikationsverhalten nach innen und nach außen

Wenn also fast alle gewöhnlichen Arbeitsprozesse demnächst weitgehend selbstständig ablaufen – weil sie entweder von Maschinen erledigt werden oder von Mitarbeitern, die über ein sehr hohes Maß an Eigenverantwortung und Selbstbewusstsein sowie technischem und fachlichem Sachverstand verfügen – muss die Führungskraft ihre Rolle neu definieren, um selbst nach außen hin sichtbar zu bleiben und sich sowohl in ihrer Rolle als Führungskraft als auch als wertvoller und unverzichtbarer Ideen- und Impulsgeber zu profilieren.

Diese Profilierung beginnt mit der Frage, wer man als Führungskraft überhaupt sein möchte, als was man angesehen werden und für was man stehen möchte. Es geht um nicht weniger als die Frage nach der eigenen Identität und Positionierung, nicht nur für die Aufgabe, die man zu erfüllen hat, sondern vielmehr um den Ausdruck einer ganzheitlichen Haltung, mit der man diese wahrzunehmen gedenkt – dauerhaft, konsequent und berechenbar auch für Dritte wie die Kollegen, das Team, die Vorgesetzten und die Öffentlichkeit. Ist man, plastisch gesprochen „der oberste Maschinenlenker", also der menschliche Kopf der Roboter und brilliert mit perfektem Prozessmanagement und maximaler Ratio? Oder definiert man sich als Schnittstelle zwischen den im System verbleibenden Menschen und den Maschinen, versucht einen Ausgleich und moderiert virtuos menschliche Aspekte im Konzert einer weitgehend automatisierten Produktion von Ergebnissen? Möchte man der menschlichste Chef sein oder der outputorientierte Macher? Und für wen? Denn in komplexen Systemen ist es nur selten mit einer einzelnen Rolle getan.

Aus den Antworten auf diese Fragen als Resultat einer eigenständig und individuell entwickelten Positionierung für sich als Führungskraft resultiert am Ende eine neue Frage: Welche kommunikativen Fähigkeiten brauche ich genau für meine Positionierung im System? Und genau diese müssen dann auch gestärkt und entwickelt werden. Freilich ist eine derartige Positionierung nicht völlig frei wählbar. Sie muss zum eigenen Charakter, zum eigenen Wesen und den individuellen Werten und Antreibern passen – und in die Unternehmenskultur, die es auch im Zeitalter des Management 4.0 noch immer geben wird. Stärker noch als bisher wird auch in der neuen Arbeitswelt Inhomogenität und ein Nichtpassen in den Unternehmenskanon abgestraft werden.

Eines erscheint klar: Im Zeitalter von Management 4.0 wird die Führungskraft weit weniger Zeit damit verbringen müssen, Daten in Analysen und Berichte zu transformieren, als dies heute noch der Fall ist. Im Zeitalter von Big Data mit hochkomplexen Algorithmen werden Aufgaben wie das Reporting künftig von Künstlicher Intelligenz übernommen, wodurch der benötigte Zeitaufwand stark abnimmt. Diesen Zeitgewinn können die Führungskräfte sinnvoll einsetzen, um die Mitarbeiter der Generationen Y und Z im eigenen Arbeitskosmos, salopp gesagt, „bei Laune zu halten" und sich mehr um die eigentlichen Führungsaufgaben zu kümmern. Das wird sicher einer der positivsten Aspekte des Management 4.0 werden – weniger oft als lästig empfundene Berichte verfassen und weiterleiten, dafür mehr Raum für die Entwicklung des Teams und, idealerweise, für die Team- und Persönlichkeitsentwicklung – auch keine einfache Aufgabe in einer technisierten Arbeitsumgebung mit Mitarbeitern, die weit mehr Selbstbewusstsein haben werden als das heute noch der Fall ist. Auch in Sachen Führungsqualität und Persönlichkeit werden die Anforderungen steigen. Die Automatisierung der Arbeit geht mit der Individualisierung und Partikularisierung der Gesellschaft und damit auch eines Kollegiums einher. Das Wort Team wird in vielen Fällen neu definiert werden.

1.4.1 Führungsarbeit in weitgehend transparenten Systemen

Früher gab es eine klare Befehlskette, eine Hierarchie. Da wurde an einen Vorgesetzten berichtet und dieser stand wiederum seinem Chef Rede und Antwort. Das funktioniert heute schon immer weniger – und in Zukunft wohl gar nicht mehr – wenn die Digital Natives weitgehend über WhatsApp, Messenger, Intranet und Cloudlösungen direkt und unmittelbar kommunizieren. Wenn ein Mitarbeiter für ein Problem eine Lösung benötigt, wird dieser künftig nicht mehr seinen Vorgesetzten danach fragen, sondern gleich eine Nachricht an die dafür relevante Stelle schicken. Sollte es sich dabei um eine strategische Frage handeln, dann sendet der Digital Native eben eine Message vielleicht direkt an den CEO des Unternehmens. Punkt. Denn die hierarchischen Schranken und mentalen Barrieren werden aufweichen. Die Dienstwege gibt es nicht mehr. Das „Ober sticht Unter" wird nicht mehr die Unternehmensstruktur prägen. Diese Erkenntnis bedeutet nicht weniger als das Ende des Herrschaftswissens. Jenes Herrschaftswissen, welches bislang viele Vorgesetzte in ihrer Rolle legitimiert und, entsprechend angewendet, abgesichert hat.

Während es heute vielleicht noch möglich wäre, einem Mitarbeiter diesen Weg direkt zum Vorstand über mehrere Hierarchieebenen hinweg zu untersagen, wird der Digital Native zum einen keinen Sinn darin erkennen, sich an derart komplizierte Wege halten zu müssen, zum anderen schickt er dem CEO höchstwahrscheinlich sogleich eine weitere Nachricht mit der Frage, warum ihn sein unmittelbarer Vorgesetzter mit einer dermaßen prozessstörenden Anweisung aufhält.

Informationen, die bislang bestimmten Führungskräften vorbehalten waren und die sich dadurch zur Schalt- und Schnittstelle machten, verlieren an Wert. Informationen als Mittel und Instrumentarium der Macht, der Wissensvorsprung gegenüber anderen im Unternehmen wird schmelzen. Überhaupt werden Aspekte wie Macht und Einfluss an Bedeutung verlieren. In einem System, in dem jeder jegliches Wissen schnell und unkompliziert bekommen kann, kann auch jeder Einfluss nehmen.

Durch diese massive Transparenz und Demokratisierung werden die eigenen Mitarbeiter und Kollegen vielmehr darüber mitentscheiden, ob deren Vorgesetzter tatsächlich Autorität besitzt oder nicht. Autorität geht nicht mehr mit einer beruflichen Stellung und dem dazugehörigen Status einher, sondern sie wird verliehen, wenn man vorher beweisen hat, dass man sie auch verdient, sich ihr würdig erweist. Autorität wiederum ist weitgehend das Ergebnis der bereits beschrieben Positionierung. Wer berechenbar, standfest, verlässlich und prinzipientreu agiert, seine Führungs- und Sachaufgaben sowohl menschlich als auch fachlich optimal erledigt und sich sowohl als Chef als auch als primus inter pares beweisen kann und sich unter all den genannten Herausforderungen als Persönlichkeit beweist, der hat auch Autorität, die er legitimerweise durchsetzen kann. Die Persönlichkeit wird wichtiger, wird das reine Können dominieren.

Andersherum gedacht können Mitarbeiter ihre Vorgesetzte also künftig viel besser scheitern lassen, wenn diese ihnen nicht passt. Die Macht des Einzelnen wird zur Macht des Kollektivs. Es wird ein Paradigmenwechsel, wie es ihn bislang noch nie gab. Der Treiber dafür wird das überall verfügbare Wissen sein. Wissen bleibt Macht, nur wird weder das Eine noch das Andere konzentriert in den Händen weniger Vorgesetzter liegen.

Damit sich Manager in ihren Positionen halten können, müssen sie sichtbar sein – auch in Richtung deren Vorgesetzter. Bis dato klappt das insofern, als das Führungskräfte normalerweise entscheiden, welche Informationen sie „nach oben" berichten und interpretiert weitergeben. Reporting funktioniert heute also in eindimensionaler Form, bedingt durch das noch originäre Herrschaftswissen eines Abteilungs- oder Teamleiters. Noch fehlt vielen Mitarbeitern oft das Wissen, welche Zahlen, Daten und Informationen die Geschäftsführung erhält. Die Abteilungs- oder Teamleiter bestimmen, welches Wissen „nach oben" geleitet wird und niemand anderes. Gleichzeitig trauen sich viele Mitarbeiter alten Typs nicht, direkten Kontakt zur Geschäftsleitung aufzunehmen. Die neue Zeit ist in vielen Unternehmen noch nicht angekommen, aber sie steht schon vor der Tür. Bis zum Übergang zum umfassenden Management 4.0 bleiben also die meisten Missstände weitestgehend in den Abteilungen selbst und nur wenig dringt nach außen. Das gelingt bislang auch deswegen, weil noch ein gewisser Korpsgeist in den Abteilungen herrscht, wodurch sich Team- und Abteilungsleiter trotzdem profilieren können, auch wenn nicht alles rund läuft. Die Abteilungen halten im Prinzip zusammen. Das funktioniert heute noch ganz gut, noch.

Der Manager von morgen wird seine Kommunikationsstrategie in Richtung der eigenen Vorgesetzten grundlegend anpassen müssen. Um dies zu realisieren, braucht er parallel eine Kommunikationsstrategie in Richtung des eigenen Teams, also bezogen auf die eigenen Mitarbeiter.

Damit nicht genug, muss diese Führungskraft auch eine Rolle nach außen entwickeln. Darunter wird die Wahrnehmung innerhalb des Unternehmens – über Abteilungen hinweg – verstanden, aber auch die Art der Sichtbarkeit und Wahrnehmung durch die Öffentlichkeit. Zunehmend mehr Externe, Behörden, Medien und Aufklärer aller Art schauen hinter die Kulissen eines Unternehmens. Immer weniger bleibt hinter den Firmenmauern – auch dies dank vorhandener Daten und daraus folgenden Daten-Leaks.

Darin stecken nun neue Risiken für die eigene Inszenierung als Führungskraft. Ungereimtheiten und Inkongruenzen werden aufgedeckt, wahrgenommen und zu Konsequenzen führen – noch mehr als heute schon – durch Autoritätsverlust, eine negative Reputation, negative Beurteilungen oder, je nach Stellung, schlechte Berichte in den Medien oder internen Kanälen. Es wird künftig nicht mehr funktionieren, den sprichwörtlich „harten Hund" in eine Richtung zu markieren, der für den Unternehmenserfolg gnadenlos über Leichen geht und der dem Erfolg alles unterordnet, und gleichzeitig auf der anderen Seite innerhalb der eigenen Abteilung zu versuchen, als „gütiger Kümmerer" aufzutreten, während man – zu guter Letzt – abteilungsübergreifend als hochgradig sachlicher und rationaler Gesprächspartner bekannt ist, der ausschließlich faktenbasiert zu Urteilen kommt. Wo früher noch verschiedene Positionierungs- und Profilierungsstrategien möglich waren, wenn auch um den Preis von Inkonsequenz, wird dies zukünftig unmöglich werden. Das Gesamtbild wird viel entscheidender werden. Abweichungen werden weniger akzeptiert werden.

Das bedeutet auch, die Führungskraft muss künftig sehr konsequent vieles transparent machen, was sie selbst angeht, auch das, was sie nicht verbergen kann. Sie muss sich mit den eigenen schlechten Eigenschaften, vielleicht sogar dunklen Seiten befassen, kann und darf diese nicht mehr unter den Teppich kehren, sondern muss sie als Teil der eigenen Persönlichkeit akzeptieren, ja sogar kultivieren und soweit es geht gewinnbringend kommunikativ einsetzen.

1.4.2 Positionierung als innerer Kompass

Eine Positionierung zu finden bedeutet übrigens nicht nur eine taktische Positionierung im System Unternehmen, sondern es handelt sich dabei auch um einen inneren Kompass, an dem sich alle Entscheidungen und Verhaltensweisen ausrichten lassen. Erst durch eine klare Positionierung kann die Führungskraft in ihrem Handeln selbst Erfolge messen – und sich von anderen messen lassen. Das bedeutet gleichzeitig, ständige Meinungswechsel und auch offen ausgelebte Stimmungsschwankungen konterkarieren an dieser Stelle die Verlässlichkeit und die Berechenbarkeit einer Führungskraft, schaden der Positionierung und machen diese unglaubwürdig, ebenso wie mehrdeutige oder „schwammige" Arbeitsanweisungen an die Mitarbeiter. Klarheit, Eindeutigkeit und Konsequenz schaffen Vertrauen und verleihen die notwendige Autorität.

Nach einer von Amy Cuddy, einer Professorin an der Harvard Business School, veröffentlichten Studie aus dem Jahr 2015 (Goudreau 2016) treffen die Menschen die Entscheidung für eine künftige Zusammenarbeit auf Basis zweier Komponenten: Vertrauen und Respekt. Erst wenn beide Faktoren positiv bewertet werden, kann Mitarbeiterführung überhaupt entstehen und zwar als Prozess, in dem sich beide Seiten auch tatsächlich wohl fühlen. Damit Vertrauen entsteht, müssen einige Faktoren erfüllt werden und dazu zählt eben auch die bereits zitierte Meinungsstärke, die Konsequenz in einer Haltung und der Positionierung. Aber auch die Förderung einer angstfreien

Gesprächskultur innerhalb des Teams sowie ein ehrliches Interesse am Gegenüber, in diesem Fall an den Mitarbeitern, sind Basis des Führungserfolgs.

Die Führungskraft muss also charakterstark sein. Sie muss ihre Prinzipien verteidigen, nachdem sie diese zunächst erst einmal entwickelt hat. Alles andere, jegliche Form von Nachgiebigkeit gegenüber den eigenen Maximen, wird dann nämlich sehr schnell als Wankelmütigkeit identifiziert und führt zwangsläufig zu einem Verlust der Berechenbarkeit, die die schon genannte Autorität begründet. Das bedeutet gleichzeitig, jegliche kommunizierte Information darf weder zurückgenommen noch relativiert werden und das weder in Worten noch in Taten. Grundsätze müssen gelebt werden, ohne Wenn und Aber. Selbst wenn diese Anforderungen auf den ersten Blick eindimensional erscheinen: Die Positionierung der Führungskraft von morgen muss auf einem grundsoliden Gerüst stehen, denn jegliches Aufweichen von selbst definierten Prinzipien führt zwangsläufig zu einem Verlust von Vertrauen. Künftig werden Führungskräfte nur dann zu einem dauerhaften Leistungsträger innerhalb des Unternehmens aufsteigen, wenn sie eben diese genannten Charakteristika aufweisen. Die Positionierung als innerer Kompass dient dabei sozusagen als Gradmesser der persönlichen Orientierung und gleichzeitig zur Absicherung der beruflichen Position.

Wenn nämlich künftig die Mitarbeiter in diesem transparenten System die Fähigkeiten ihrer Führungskraft mehr oder minder permanent auf den Prüfstand stellen, verlieren unsichere Manager, die beispielsweise schnell dazu neigen, Aussagen kurzfristig wieder zu revidieren, an Glaubwürdigkeit. Da man davon ausgehen kann, dass unter Management 4.0 keinerlei Jobsicherheiten mehr vorhanden ist, rationalisieren sich diese Führungskräfte dann sozusagen selber weg.

Die Positionierung in Richtung der eigenen Vorgesetzten einer Führungskraft erfolgt idealerweise in ähnlicher Form wie in der Zusammenarbeit mit den eigenen Mitarbeitern, doch hier gilt es umso mehr, eine verlässliche Position zu beziehen. Schließlich müssen sich Unternehmenslenker unter Management 4.0 weit mehr auf ihre Führungskräfte verlassen können als es heute bereits der Fall ist. Durch die zunehmende Dynamik in den Märkten, die zahlreichen Unsicherheiten, die in der bereits erwähnten VUCA-Welt zum normalen Arbeitsalltag zählen, wird künftig zögerliches Verhalten oder sogar eine lediglich gering ausgeprägte Entscheidungskompetenz unweigerlich zu fatalen Kettenreaktionen führen. So kann beispielsweise eine durch die Führungskraft zu spät getroffene oder weitergeleitete Entscheidung nach oben oder eine unzureichend formulierte Anweisung an die Mitarbeiter bereits zu entsprechenden Wettbewerbsnachteilen führen. Mehr noch: Unter bestimmten Voraussetzungen können die Folgen hier sehr gravierend sein. Selbstverständlich existiert dieser Effekt bereits heute. Er wird sich aber drastisch verschärfen und beschleunigen. Nicht zuletzt auch aus dem Grund, da der gesamte Markt – also auch sämtliche Mitbewerber – mit hoher Geschwindigkeit Vorhersagen treffen können. Zeitgewinn wird somit zum Zünglein an der Waage werden, jedenfalls in vielen Situationen, und hier muss die Führungskraft in der Kommunikation eine ganz klare Linie verfolgen können. Schnell muss sie sein, verlässlich, meinungsfest – und dabei aber eben doch alle einbinden und mitnehmen. Die kommunikative Quadratur des Kreises.

Inmitten dessen steht nun die Führungskraft und es stellt sich die Frage, wie findet sie in diesem Kontext Halt?

Die Antwort auf darauf erhält sie, sobald sie damit beginnt, sich mit sich selbst zu beschäftigen. Eben weil sich in dieser Welt alles rasant verändert, muss sie für sich den einen inneren Kompass finden, die eigene Persönlichkeit entwickeln und sich klarmachen, was sie verkörpern und sein möchte in der neuen Arbeitswelt. Erst wenn sie sich selbst definiert hat und absolut klar ist in ihrer Haltung, kann sie auch andere Menschen führen und anleiten. Management 4.0 beginnt bei sich selbst, mit einer radikalen Selbstfindung. Ist diese abgeschlossen, gibt es Handlungsmaximen und Prinzipien, die auch konsequent gelebt und in gewisser Weise zur Schau gestellt werden müssen – nicht um der Inszenierung willen, aber um sichtbar zu sein auch als Leitfigur für andere. Eine Funktion, die in einer Welt der Maschinen, Roboter und Algorithmen umso relevanter wird. In einer Welt der binären Logik sollte der Mensch nicht durch Inkonsequenz und Unberechenbarkeit glänzen, sondern muss umso mehr durch Haltungen und Persönlichkeit überzeugen, um vor sich selbst und anderen zu bestehen. Auch bei Management 4.0 gilt – nach wie vor – klappern gehört zum Handwerk. Eigene Erfolge dürfen sichtbar werden und gehören kommuniziert – auf allen Ebenen. Nur werden die Erfolge nicht mehr nur einem einzelnen gehören. Führungskräfte müssen lernen, Ruhm zu teilen. Auch das wird Teil einer Positionierung als Manager sein müssen. Man bekommt nur noch Teile des Erfolgskuchens zugeschrieben. Was bleibt ist die Verantwortung – für sich, die Mitarbeiter und das Unternehmen. Der gerecht zu werden wird nicht leichter. Es lohnt sich zu fragen, wie man dieser auch morgen noch gerecht werden kann. Die Antwort muss jeder für sich selbst finden.

1.5 Über den Autor

Falk S. Al-Omary ist der Experte für Selbstinszenierung, Medienreichweite und Egoselling. In mehr als 20 Jahren in politischen Ämtern und Mandaten und mehr als 50 Funktionen in Verbänden, Organisationen und Unternehmen hat er gelernt, wie strategisches Denken und Handeln in einem komplexen und meist rauen Umfeld funktioniert, wie sich starke Persönlichkeiten an die Spitze kämpfen und dort auch bleiben. Mit diesem Wissen leitet er heute seine eigene Unternehmensgruppe. Er ist Mentor, Marken- und Identitätsentwickler sowie zupackender Markenbotschafter für all diejenigen, die vor allem sich selbst verkaufen, sich mit ihrem Namen und ihrer Expertise durchsetzen und auf ein positives Meinungsklima sowie auf ein ihnen vorauseilendes Renommee angewiesen sind. Der Autor von „Bescheidenheit zieht Armut an" und anderen Werken rund um die Themen Marketing, PR und Selbstinszenierung arbeitet für viele prominente Persönlichkeiten sowie für namhafte Unternehmen und Eventveranstalter. Er sorgt dafür, dass Experten höhere Honorare mit ihrem Wissen und Können sowie maßgeschneiderten Produkten erzielen, ohne diese rechtfertigen zu müssen. Dafür spielt er die Klaviatur der Medien: von Print und Online über Radio und TV bis hin zu crossmedialen Kampagnen transportiert er Botschaften, Themen und Meinungen und sorgt so für starke Anziehungskräfte des Marktes. Der PR-Profi, Wirtschaftsjournalist, Autor, Top 100 Unternehmer, ausgebildete Business-Coach und professionelle Vortragsredner ist zudem gefragter Keynote-Speaker. Seine Vorträge und Workshops sind frech und spritzig, maximal provokant und ein schonungslos ehrlicher Blick hinter die Kulissen der Erfolgreichen.

Weitere Infos unter www.al-omary.de.

Literatur

Goudreau, J. (2016) A Harvard psychologist says people judge you based on 2 criteria when they first meet you. http://www.businessinsider.de/harvard-psychologist-amy-cuddy-how-people-judge-you-2016-1?r=US&IR=T. Zugegriffen: 20. Febr. 2018.

Haller, M. (2015). *Was wollt ihr eigentlich? Die schöne neue Welt der Generation Y*. Hamburg: Murmann.

Haufler, D. (2014). Der Supermarkt weiß mehr. http://www.fr.de/politik/meinung/daten-der-supermarkt-weiss-mehr-a-587159. Zugegriffen: 20. Febr. 2018.

IAB (Hrsg.). (2015). Digitalisierung wird nur sehr wenige Berufe verschwinden lassen. http://www.iab.de/de/informationsservice/presse/presseinformationen/kb2415.aspx. Zugegriffen: 20. Febr. 2018.

Predpol (Hrsg.). (2017). Proven crime reduction results. http://www.predpol.com/results/. Zugegriffen: 20. Febr. 2018.

Stanford University (Hrsg.). (2016). Artificial intelligence and life in 2030. https://ai100.stanford.edu/sites/default/files/ai100report10032016fnl_singles.pdf. Zugegriffen: 20. Febr. 2018.

Ulbricht, A. (2015). *Schule ohne Lehrer?: Zurück in die Zukunft*. Göttingen: Vandenhoeck & Ruprecht.

Wikipedia (Hrsg.). (2018a). Generation Y. https://de.wikipedia.org/wiki/Generation_Y. Zugegriffen: 20. Febr. 2018.

Wikipedia (Hrsg.). (2018b). Generation Z. https://de.wikipedia.org/wiki/Generation_Z. Zugegriffen: 20. Febr. 2018.

Wikipedia (Hrsg.). (2018c). Holokratie. https://de.wikipedia.org/wiki/Holokratie. Zugegriffen: 23. Okt. 2018.

Wikipedia (Hrsg.). (2018d). VUCA. https://de.wikipedia.org/wiki/VUCA. Zugegriffen: 23. Okt. 2018.

Zeiss (Hrsg.). (2016). Geschäftsjahr 2016/2017 Zeiss Gruppe. https://applications.zeiss.com/C1257C27004C0C5D/0/CCC107A8485BF4C9C12581F4004A6EF9/$FILE/geschaeftsbericht_2016_17_langfassung.pdf. Zugegriffen: 20. März. 2018.

2. Chefsache Management – Über den einen Ring, Performer zu finden und auf ewig zu binden!

> **Zusammenfassung**
>
> Wie Sie Ihr Unternehmen mit der Frischzellenkur neuer Generationen aufladen, dabei die Blender aussortieren und die Begabten finden und dauerhaft an sich binden.

2.1 Frischzellenkur

Die Zukunft lässt sich nicht vermeiden, sie findet statt! – Sind Sie dabei? Und wie wird es gelingen?

So wie ein Computer beständig seine Updates braucht, brauchen Menschen ständig neue Information, um sich auf dem Laufenden zu halten und auch Unternehmen brauchen regelmäßige Frischzellenkuren, um nicht zu veralten. Doch mit wem wollen wir uns verjüngen, wenn die Generation Y so angeblich gar nicht taugt für den Erfolg?

Sicherlich ist Ihnen schon aufgefallen, dass ständig über die Generation Y genörgelt wird? Sie sind faul, sie sind unfähig, sie fordern nur … hört sich gar nicht gut an, oder?

Schauen wir doch mal genauer hin. Fällt Ihnen auch auf, dass es nur die Alten sind, die über die junge Generation mosern? Und spricht da nicht vielleicht der Blinde von den Farben? Und fällt uns da nicht auch auf, dass diese Vorwürfe damals auch an unsere Generation gerichtet waren?

Bleiben wir fair und richten den Blick in die Vergangenheit, meist bringt einen das in der Zukunft voran. Ich habe spaßeshalber recherchiert, wie schlimm es in der Vergangenheit mit der Jugend war und Folgendes gefunden:

- „Die Jugend zeigt keine Lernbereitschaft" (3000 v. Chr., Tontafel der Sumerer).
- „Unsere Jugend ist heruntergekommen. Das Ende der Welt ist nahe" (Keilschrifttext, Chaldäa, um 2000 v. Chr.).

- „Die heutige Jugend ist von Grund auf verdorben, böse, gottlos und faul" (1000 v. Chr., Babylonische Tontafel).
- („Die Jugend von heute besteht aus Tyrannen, hat schlechte Manieren und verachtet die Autorität" Sokrates, 470–399 v. Chr.).
- „Wenn ich die junge Generation anschaue, verzweifle ich an der Zukunft der Zivilisation" (Aristoteles, 384–322 v. Chr.).
- „Die Welt macht schlimme Zeiten durch. Die jungen Leute denken an nichts anderes als an sich selbst" (Mönch Peter, 1274).
- Und „Die Welt" schreibt im Jahr 2014: „Auszubildende – faul, ohne Disziplin, kein Interesse."

Tja, laut gewissenhafter Recherchen – zurück bis 3000 vor Christus – wird es von Generation zu Generation scheinbar nur schlimmer. Doch da drängen sich mir Fragen auf:

Müssten wir denn nicht alle in dreckige Felle gehüllt in Erdhöhlen leben, wenn das stimmte? Wie kann es sein, dass die Menschheit sich in allen Bereichen rasant weiterentwickelt, in Medizin, Technik und Bildung, wenn die jeweilige Jugend angeblich alles zunichtemacht?

Ich verrate Ihnen etwas aus der Welt des Profiling: Unsere neuesten Errungenschaften, sind unsere größten Herausforderungen. Und ich wage es, ganz unwissenschaftlich Captain Jack Sparrow zu zitieren: „Dein Problem ist nicht das Problem. Dein Problem ist Deine Einstellung zum Problem!" Ganz ehrlich? Wann war denn jemals die Jugend einfach? – Also, ich war damals, in meiner Sturm- und Drangzeit, gewiss nicht einfach. Wirklich nicht.

Und darum freue ich mich über jede neue Generation, ob Y, X oder Z: Endlich! Endlich! Endlich eine Generation, die uns abverlangt, was wir immer schon zu leisten hatten: Sinn in eine Sache zu bringen!

2.2 Aller Anfang

Doch beginnen wir am Anfang von Mensch, nicht bei Adam und Eva, sondern beim Beginn eines einzelnen Menschen: Es ist zutiefst menschlich, die Welt zu erkunden und die Welt verstehen zu wollen. Spätestens ab dem dritten Lebensjahr fragen Kinder: Warum? Warum, warum, warum… Und darum benannten wir sogar schon eine ganze Generation nach diesem Warum, die Generation Y.

Diese noch junge Generation ist keinesfalls eine Yuppie-Yoga-Generation, sondern eine, die sich und Sie fragt: Warum eigentlich?

Warum sollte jemand seine Lebenszeit in diesem Büro verschwenden?

Warum sollte jemand unangenehme Gefühle ertragen, weil Miesmacher die Stimmung verderben?

Warum sollte jemand um 8.00 Uhr mit der Arbeit beginnen, wenn doch sein Biorhythmus einen anderen Trott verlangt?

Warum… Ich könnte ewig so weitermachen. Warum, warum, warum. … Wie ein Dreijähriger, der die Welt entdeckt und sein Umfeld in den Wahnsinn treibt.

Übrigens werden nicht alle wahnsinnig bei dieser Fragerei – nur die, die selbst keine befriedigenden Antworten haben. Und hier zeigt sich schon das Verbindende, oder das Trennende: Ich frage Sie: Haben Sie die Antworten auf die Fragen der Generation Y? Denn wer keine Antworten hat, der hasst diese neue Generation Y. Nicht weil diese Generation so schwierig wäre, sondern weil derjenige an sich selbst scheitert.

Bitte denken Sie immer daran, Sie kommen mit Ihren Mitarbeitern so weit, wie Sie für sich selbst gekommen sind. Sofern Sie also keinen Sinn in der Sache – dem Unternehmen, dem Projekt, diesem Kundenkontakt – sehen, werden sie ihn logischerweise nicht motivierend vermitteln können. Sie erkennen dieses Problem bei sich und anderen daran, dass sie keine Antworten auf die leidige Warum-Frage haben, und mit hohlem „Das ist eben so!" und „man" und „sollte" reagieren. Aber warum ist das denn nun so? – Weil… sie selbst keine Ahnung haben.

Hand aufs Herz, warum sollte ich jemandem vertrauen, mich führen zu lassen, wenn derjenige keine Ahnung, also keine befriedigenden Antworten auf meine Fragen hat? Ich kann Ihnen sagen – ich würde nicht vertrauen, im Gegenteil würde mein Widerstand auf volle Kraft gehen und ich würde zusehen, dass ich Land gewinne. Und ich bin nicht einmal ansatzweise so jung, dass ich zur Generation Y gehöre.

Und darum noch einmal zurück auf Anfang: Wer und was ist die Generation Y?

Generation Y bezeichnet all die, die zwischen 1990 bis 2010 Teenager waren. Gerne werden sie auch als Millennials, also Jahrtausender, bezeichnet. Sie gelten als vergleichsweise gut ausgebildet, oft mit Fachhochschul- oder Universitätsabschluss. Da sie die erste Generation stellen, die in einem medialen Umfeld von Internet und mobiler Kommunikation aufwuchsen, zeichnen sie sich durch eine technologieaffine Lebensweise aus. Typisch für sie ist, lieber in Teams zu arbeiten als in Hierarchien, dass die Sinnhaftigkeit im Zentrum ihrer Arbeit steht und Status und Prestige vernachlässigbare Werte sind. Sie fordern mehr Freiräume und die Möglichkeit zur Selbstverwirklichung: „Nicht erst nach der Arbeit beginnt für die Generation Y der Spaß, sondern sie möchte schon während der Arbeit glücklich sein – durch einen Job, der ihr einen Sinn bietet." (Wikipedia 2015) Wer könnte ihnen da widersprechen?

Die Generation Y verkörpert den von uns angestrebten gesellschaftlichen Wertewandel und trägt ihn nun aktiv in die Welt. Und was machen wir? Viele von uns beschweren sich, dass diese Generation so unhandlich sei. Ja, das ist sie, denn sie fordert uns heraus. Sie fordert uns heraus, endlich so erwachsen zu sein, wie es die Situation verlangt. Sie fordert uns heraus, endlich so respektabel zu handeln, wie wir uns selbst gern sehen. Sie fordert uns heraus, endlich so souverän zu sein, wie wir es selbst gern hätten.

Fällt Ihnen etwas auf? Was sich hier offenbart, ist in der Psychiatrie ein offenes Geheimnis: Es sind die Kinder, die die Silhouette durchschauen und die wahre Substanz sehen. Und ja, das tut diese junge Generation. Sie durchschauen.

Und dass das vielen nicht gefällt, war doch klar. Aber wer muss sich nun anpassen? Der, der durchschaut? Oder der, der sich selbst etwas vormacht?

Diese Generation ist genau das, was wir brauchen, eine Frischzellenkur. Wir dürfen uns nicht nur selbst überprüfen, wir müssen es endlich auch. Und wir können ihnen wohl kaum vorwerfen, uns aus unserer Komfortzone zu treiben, wenn wir es doch waren, die sie genau dorthin erzogen haben. Gemeinsam sind wir ein…

2.3 Symbiotischer Kreis

Wir verlieren, wenn die Generation Y verliert. Es gibt dann keine Gewinner. Wir sind ein symbiotischer Kreis. Für uns Alte gilt: Das, was wir ablehnen, wird uns auch genommen. Das bedeutet, dass es vor allem Verlierer gibt und nur wenige Gewinner.

Ich will es mal ganz frech formulieren, es sind die Globalisierungsverlierer, die versuchen Generationsverlierer zu schaffen, um in ihrer Illusion zu verharren. Das dürfen wir nicht zulassen.

Die Generation Y fühlt sich zu Recht unverstanden. Denn sie spürt, dass die Kritik an ihr in erster Linie eine klassische Verallgemeinerung ist, die auf den Großteil der Generation gar nicht zutrifft. Natürlich gibt es auch in der Generation Y Low Performer und Leistungsverweigerer, aber die gibt es ja in jeder Generation. Es kann aber nicht sein, dass die Zurückgeblieben unserer Generation zur Selbstrechtfertigung ihrer Stagnation die Generation Y in Sippenhaft nehmen.

Wir müssen streng darauf achten, dass die schwarzen Schafe der Generation Y uns nicht für die wunderbaren Performer dieser Generation verderben. Es wäre das alte Spiel: Die Bremser stoppen die Leister.

Die High Performer der Generation Y sehen sich in momentan in drei Teufelskreisen gefangen:

- Zugangsblockade (Wir suchen händeringend dringend nach Fachkräften, bauen sie aber selbst nicht auf. Die Generation Y wird nicht eingestellt, weil sie keine Erfahrung hat – das ist ja logisch bei Berufsanfängern. Doch wie sollen sie sich beweisen, wenn sie nicht dürfen?)
- Endlosschleife Praktika (Um Geld zu sparen und angeblich auch Risiko, werden die Performer der Generation Y als Praktikanten eingestellt. Dort, im Praktikum, sollen sie sich als Performer erweisen. Doch anstatt dann Wort zu halten, regiert die Ökonomie. Statt den Performer einzustellen, holt man sich den nächsten billigen Praktikanten ins Haus. Das ist nicht Führung, das ist Ausnutzung.)
- widersprüchliche Aussagen (Sei selbstbewusst, aber nicht gegen mich. Sprich offen, aber konfrontiere mich nicht. Sei innovativ, stelle aber nichts infrage. – Das ist nicht Führung, das ist eine toxische Beziehung.)

Liebe Performer, lasst uns unsere Angst ablegen und uns auf die Chance mit dieser neuen Generation einlassen. Dies ist kein Problem mit einer bestimmten Generation, sondern mit der aktuellen Situation jedes Einzelnen von uns. Und ich behaupte Folgendes:

Persönlichkeitsprobleme schaffen Personalprobleme. Die Lösung lautet: Love your Irritations. Uns irritiert immer das, was wir für uns noch nicht verstanden haben.

Ich frage Sie: Was können Sie aus Ihrer persönlichen Irritation mit dieser Generation lernen, um sich selbst weiter zu entwickeln?

Verstehen Sie mich nicht falsch. Wir suchen keinen Schuldigen. Wir suchen:

2.4 Orientierung

Willkommen zum Anker in stürmischer Zeit. Es ist das Hauptüberlebensinstrument der Sondereinsatzkommandos! Erstaunlicherweise wurde es erst spät und nur von wenigen Unternehmern entdeckt. Warum eigentlich?

Ah, da ist sie schon wieder, die böse Frage. Erinnern Sie, wie nervig kleine Kinder sein können, die gerade die Welt kennenlernen? Warum machst Du das? Und warum das? Und warum das? Und…

Das Warum ist die nervigste aller Fragen. Sie ist so derart nervig, weil sie uns an den Punkt bringt, eingestehen muss zu müssen, dass wir oft genug gar keine Antwort darauf haben, warum wir etwas machen. Doch wenn wir diese wichtige Antwort auf die Frage, warum wir etwas tun, warum wir also unsere Energie dafür einsetzen, warum wir uns damit beschäftigen, noch nicht einmal einem Kind geben können? Wie können wir uns dann selbst rechtfertigen unsere Zeit damit zu verschwenden?

Und wenn Sie es als einzelne Person nicht einmal sagen können, wie ist es dann mit ganzen Unternehmen? Meiner Beobachtung nach sieht es da oft noch schlechter aus. Natürlich kann jedes Unternehmen erklären, *was* es macht. Die meisten sind auch in der Lage zu sagen, *wie* sie es machen. Doch nur die wenigsten wissen wirklich, *warum* sie etwas machen. Und dabei ist genau das die Frage, die für den Menschen zählt: Warum.

Das Warum inspiriert Menschen und vereint sie durch eine gemeinsame Mission.

Sobald Sie mit Ihrem Warum inspirieren, geben Sie den Menschen um sich herum ein Gefühl der Sinnhaftigkeit und damit auch der Zugehörigkeit. Diese besondere Motivation hat wenig mit Anreizen oder zu erwartenden Vorteilen zu tun.

Wer mit dem Warum führt, ist in der Lage, eine Gefolgschaft aus Menschen zu bilden, die nicht handeln, weil sie überredet, sondern weil sie inspiriert wurden. Und für diejenigen, die inspiriert sind, ist diese Motivation etwas sehr Persönliches. Weder lassen sie sich durch Anreize davon weglocken, noch von Unannehmlichkeiten abschrecken. Wer Mitarbeiter mit einem Warum inspiriert, wird eine Gefolgschaft von Menschen bilden, die nicht zum Wohl des Ganzen handeln, weil sie es sollen, sondern weil sie es wollen!

Und die Nebeneffekte lassen sich sehen:

- Das Warum ist eine gute Prophylaxe gegen die Abwerbung durch die Konkurrenz.
- Das Warum lässt inspirierte Mitarbeiter härter arbeiten, Durststrecken überwinden und Rückschläge verkraften.

Dabei ist Ihr Warum keine Anleitung zum Handeln, sondern eine Begründung zum Handeln. Und wie geht das? Wie lautet die Anleitung zur Inspiration?

Beginnen wir dort, wo 99,9 % der Führungskräfte ansetzen, am falschen Ende. Sie erklären den Mitarbeitern, was zu tun ist. Das ist auch nicht völlig verkehrt, aber sehr wohl verfrüht. Denn das Was holt die Mitarbeiter nicht ins Boot. Im schlimmsten Fall wird dann seelenlos, weil emotional sinnlos, getan, was der Chef gesagt hat. Das führt zu Fehlern, das führt zu Verschleiß, das führt bei allen anderen, die engagiert sind, zu Verzweiflung.

Typischerweise setzt die Führungskraft jetzt nach, indem sie dem Mitarbeiter erklärt, wie exakt er das Was machen soll. Alles schön und gut, aber das inspiriert den Mitarbeiter immer noch nicht. Und Sie kennen vielleicht auch das Phänomen, dass Mitarbeiter nach dem Urlaub komplett resettet zur Arbeit erscheinen? Nichts ist mehr abrufbar, was vor dem Urlaub noch beherrscht wurde.

So manche Führungskraft behilft sich dank rudimentärer psychologischer Kenntnisse mit dem Pavlowschen Reflex: Gute Leistung = der Mitarbeiter wird gelobt. Schlechte Leistung = der Mitarbeiter wird zusammengestaucht. Aber über die Jahre machen Manager die Erfahrung, dass Mitarbeiter exakt dort eine Art Horthaut bilden, wo die Führungspeitsche auftrifft. Es wird also zunehmend mehr und härter gepeitscht. Das knallt auch prima, doch die Performer sind längst auf und davon und die Pfeifen werden auch nicht schneller.

Wie wäre es, wenn Sie ganz ohne Druck führen könnten?

Wie wäre es, wenn Ihre Mitarbeiter ungeduldig vor Ihrem Schreibtisch stünden, weil sie schneller weiter wollen?

Wie wäre es, wenn Ihnen Ihre Mitarbeiter aus ihrer Freizeit die Lösung eines Problems simsen, weil ihnen gerade eben beim Grillen die zündende Idee kam?

Wenn Sie Ihre Mitarbeiter nicht manipulieren, sondern inspirieren wollen, dann müssen Sie von innen nach außen kommunizieren. Lassen Sie uns dazu in den Goldenen Kreis nach Simon Sinek eintauchen und an zwei Beispielen testen:

Martin Luther King Jr. lockte 1963 eine halbe Million Amerikaner im heißesten August über Tausende von Meilen nach Washington. Das war zu einer Zeit, in der es weder Klimaanlagen für Automobile gab, noch viralen Informationsaustausch im Internet.

King war sogar in der Lage viele Weiße zu mobilisieren. Das war geradezu verrückt – ein Drittel seiner Zuhörer war weiß. Das war quasi die Obama-Präsidentschaftswahl im letzten Jahrtausend.

Warum nur sind alle zu einer einzigen Rede von gerade mal einer Stunde von so weit angereist? Weil Martin Luther King Jr. darüber sprach, was er glaubte. Er sprach über sein Warum. An diesem Tage hielt er seine berühmte „I have a dream"-Rede. Sie hat Massen mobilisiert und bis heute sind er und seine Rede ein Begriff. Denn er hatte begriffen, dass es um das Warum geht. Das Warum ist es, das Menschen zu einer Community, besser noch einem Tribe, zusammenschweißt – bis heute.

Mit einer „I have a plan"-Rede kann niemals gelingen, was eine „I have a dream"-Rede erreicht!

2.4 Orientierung

Und ein zweites Beispiel: Steve Jobs verkaufte uns – und tut es post mortem noch immer – ziemlich teure digitale Geräte. Und nicht nur das. Er revolutionierte drei Branchen: 1984 begann er in der Computerbranche mit dem Mac, dann drang er mit dem iPod in die Musikbranche und zuletzt krempelte er die Telekommunikationsbranche mit seinem iPhone um.

Interessanterweise hat er diese Geräte gar nicht selbst erfunden. Wie aber kommt es, dass seine Käufer keine User, sondern Fans sind? Wie kommt es, dass keiner seiner Käufer die hohen Kaufpreise hinterfragt? Und wie kommt es, dass wir ihm abkaufen, sensationelle Geräte aus drei Branchen überhaupt produzieren zu können? Kein anderer Hersteller hat das bisher erreicht!

Nun, AppleUser sind anders. AppleUser sind ein Tribe. Sie sind von dem überzeugt, was Steve Jobs postulierte: „Ich stelle den Status quo infrage!"

Wer also mit Steves Warum etwas anfangen kann, der fühlt sich angezogen.

Das ist emotionale Attraktion auf höchstem Niveau, weil das Warum uns in unserer tiefsten Seele anspricht. Wir spüren – ja, das ist meine Truppe, mein Clan, meine Community. Es gibt ein neues Was-auch-Immer? Ja, los, her damit. Ich bin dabei! Es funktioniert nicht perfekt? Macht nichts. Ich bin dabei! Die anderen lachen uns aus? Was soll's. Wir stellen den Status quo infrage – das kapiert halt nicht jeder. Und ich bin dabei!

Warum aber sprechen dann so wenige von ihrem Warum? Weil es gar nicht so einfach ist, sein WARUM zu finden und klar zu benennen. Im Gegensatz zum Was ist das Warum für viele eine diffuse Sache. Dennoch kommen Sie um das Warum nicht drumherum, wenn sie Performer finden und halten wollen.

Das Warum präsentiert sich in (Sinek 2014) „Goldenem Kreis" (siehe Abb. 2.1) eindeutig als der Kern jeder Angelegenheit.

Darf ich ein Gegenbeispiel zu Apple nennen? Irgendeine x-beliebige und damit austauschbare Computerfirma präsentiert ihre Produkte so (Tab. 2.1).

Apple macht es anders, und zugleich richtig. Apple kommuniziert von innen nach außen (siehe Tab. 2.2).

Abb. 2.1 Goldener Kreis

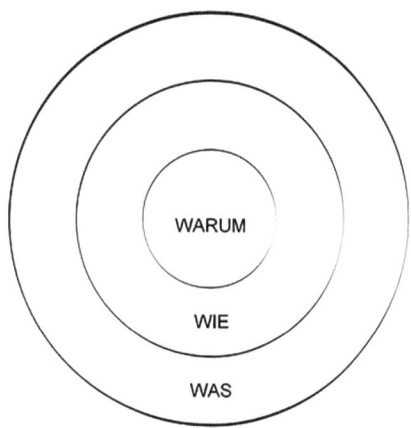

Tab. 2.1 Computerfirma XY

	COMPUTERFIRMA	KUNDE
WAS	Wir verkaufen Computer!	Aha, was geht mich das an?
WIE	Unsere Computer sind schneller und technisch besser als die der Konkurrenz	Na, klar. Das kann jeder behaupten
	Unsere Kunden können aus über 1000 Features wählen	Hey, ich will es in meinem Leben einfacher haben. Geh' mir weg mit den 1000 stressigen Features. Funktioniert Euer Computer oder funktioniert er nicht. Hä? Hallo?
WARUM	…	Wer seid Ihr überhaupt, ich kann mir Euren Namen nicht mal merken

Tab. 2.2 Apple

	APPLE	KUNDE
WARUM	Wir stellen den Status quo infrage. Und wir bemächtigen Jedermann – wir glauben, dass die Technik dem Menschen untertan sein muss	Geil, bin ich dabei!
WIE	Und Du kannst an allem, das wir produzieren prüfen, ob wir unser Versprechen einhalten. Alles, was wir produzieren, ist nicht nur wunderschön designed, es ist intuitiv bedienbar und damit sind unsere Maschinen dem Menschen untertan	Jep, das ist ein gutes Gefühl
WAS	Übrigens, wir verkaufen Computer. Willst Du einen haben?	Puh, eh, ich brauche eigentlich noch keinen neuen, aber zeig' mal her! Ach, kommt, her damit. Brauch' ich nicht, aber kann ich gebrauchen

Ich frage Sie also:

- Warum tritt Ihre Abteilung täglich an?
- Warum sind Sie dort (und nicht woanders)?
- Warum sind Sie und Ihr Team in dieser Welt wichtig?

Deklinieren wir Simon Sineks Goldenen Kreis einmal durch (siehe Tab. 2.3).

Menschen, also Mitarbeiter, kaufen Ihnen nicht ab, was Sie tun, sondern warum Sie es tun. Doch die meisten von uns – und das ist definitiv eine deutsche Macke – fokussieren viel zu stark auf die fachliche Kompetenz. Mir als Kunden oder Mitarbeiter geht es im ersten Schritt aber um Ihre menschliche Kompetenz, denn bei der fachlichen Kompetenz kann ich meist gar nicht mitreden. Da verlasse ich mich auf mein Bauchgefühl. Das reagiert aber nicht auf Theorien, sondern auf Typen, also auf Menschen mit Kontur (meinetwegen auch Ecken und Kanten). Ich will also nicht nur wissen, was es ist, bei dem Sie

Tab. 2.3 Simon Sineks Goldener Kreis

WARUM	Das ist der Beweggrund, warum wir tun, was wir tun
WIE	Dies ist die Differenzierung von der Konkurrenz: Wie wir tun, was wir tun, und wie es uns von anderen unterscheidet
WAS	Das ist was wir tun, also was wir verkaufen

mir helfen können und wie Sie vorhaben, das zu tun. Ich will wissen, wie Sie so „drauf" sind und welche Einstellung Sie haben. Ich will wissen, warum Sie mir helfen wollen. Warum Sie mich führen wollen. Ich will Ihre Beweggründe kennenlernen. Ich will sicher sein, dass es mir etwas bringt und nicht nur Ihnen, wenn wir zusammenarbeiten. Und wenn Ihr Warum zu mir passt, wenn ich mich mit diesem Warum identifizieren kann, dann ist der Preis nicht mehr so wichtig.

Ihr Warum ist meine Inspiration zur Handlung, zum Einsatz, zum Commitment. Ihr Warum ist Ihr Rettungsring gegen Schlechtwetterlagen in der Wirtschaft. Es verwurzelt Sie und Ihre Mitarbeiter und stabilisiert gegen marktbedingte Verwerfungen.

Im Umkehrschluss bedeutet das: Ein Mangel an Motivation ist ein Mangel an Inspiration!

2.5 Über die Autorin

Suzanne Grieger-Langer ist Profiler – Wirtschaftsprofiler. Die Erkennung von persönlichen Potenzialen als auch von Betrug sind ihr tägliches Geschäft. Sie ist die Frontfrau der Grieger-Langer Gruppe und seit 1993 erfolgreiche Unternehmerin.

Als Spezialistin für die Stärkung von Persönlichkeiten instruiert sie seit über zwanzig Jahren weltweit Nachrichtendienstler wie auch Entscheider der Wirtschaft und Wissenschaft. Mit ihrem internationalen Team von Profilern ist sie in der Lage, Charakterprofile auf dem Niveau des psychogenetischen Codes zu erstellen. Die von ihr entwickelte Formula Infiltration® gilt als Meilenstein der Betrugserkennung. Mit dieser Kompetenzbreite und -tiefe ist sie Europas führende Profilingexpertin.

Suzanne Grieger-Langer ist Lehrbeauftragte der bekanntesten Wirtschaftshochschulen Europas (Frankfurt School of Finance and Management, Wirtschaftsuniversität Wien, Universität Bern) und entwickelte u. a. den Studiengang „Certified Profiler" für die Frankfurt School of Finance and Management.

Ihre Kunden rekrutieren sich aus dem Who is Who der Branchen, von Einzelpersonen bis zu internationalen Konzernen.

In ihren Büchern warnt sie vor Manipulationsmechanismen (Die Tricks der Trickser) und plädiert für einen verantwortungsvollen Umgang mit Macht (Die 7 Säulen der Macht).

Weitere Infos unter www.grieger-langer.de.

Literatur

Sinek, S. (2014). *Frag immer erst: WARUM – Wie Topfirmen und Führungskräfte zum Erfolg inspirieren*. München: Redline.

Wikipedia 2015. https://de.wikipedia.org/wiki/Generation_Y

Management 4.0 – In der Bewahrung liegt die Kraft der Veränderung

3

Wie Sie mit Rücksicht und Weitblick Bewährtes erhalten und die Zukunft gestalten

Zusammenfassung

Die Notwendigkeit für Veränderungsprozesse greift mit einer Tendenz zu immer rascherem Wandel um sich. Betrifft dies auch alle Bereiche unserer Gesellschaft, so gilt es doch in besonderer Weise für Unternehmen. Unter dem Einfluss der Globalisierung steht ihre Konkurrenzfähigkeit ständig und in immer komplexerer Weise auf dem Prüfstand. Internationaler Wettbewerb, kürzere Produktlebenszyklen bei gleichzeitig erhöhter Komplexität, dazu ein immer anspruchsvollerer Kunde, verlangen eine glasklare Positionierung auf Unternehmerseite, um sich in der Dynamik dieses härter werdenden Umfeldes zu behaupten. Management und Mitarbeiter sind davon gleichermaßen betroffen. Wie gehen wir in der Zukunft mit diesen modifizierten Arbeitsrollen und -organisationen um? Brauchen wir wirklich neue Unternehmensstrategien und Steuerungsmechanismen? Hendrik Habermann begibt sich gleichermaßen auf Spuren- und Lösungswegsuche.

3.1 Der Blick nach vorne braucht die Kraft der Erinnerung

Wir leben in einer Welt, die sich seit Jahrmillionen gleichbleibend langsam dreht, aber einer immer rasanteren Entwicklung Raum bietet. Die Forschung jeder Wissenschaft macht stündlich neue Erkenntnisse und präsentiert sie als Fortschritt. Neue technische Verfahren sollen das Leben einfacher machen. Der Mensch will immer mehr zum alles beherrschenden Faktor werden; die Unwägbarkeiten des Lebens auszuschließen ist das Ziel. Kann dies überhaupt gelingen? Und wenn ja, was geschieht dann? Werden wir dadurch alle per se schlauer? Durchschauen wir Dinge oder Gesetzmäßigkeiten leichter?

Können wir die Erkenntnisse alle gewinnbringend in unser Leben integrieren? Und was geschieht, wenn wir mal etwas übersehen – wichtige Informationen nicht zu uns durchdringen? Fühlen wir uns dann nicht eher abgehängt als vorangebracht?

Viele von uns kennen die Erfahrung: Die Verwirrung in der alltäglichen Praxis nimmt zu. Menschen im Allgemeinen, Führungskräfte und Manager im Speziellen, sind verunsichert. In der Folge nehmen sie eine primär den Status quo sichernde und somit Veränderungen abwehrende Schutzhaltung ein: Die Bereitschaft, Entscheidungen zu treffen und Verantwortung zu übernehmen nimmt ab. Kommen dann noch größere wirtschaftliche oder gar systemische Umwälzungen dazu, brechen Strukturen, die uns im Alltag eigentlich Sicherheit und Halt geben sollen, auf. Und manchmal sogar ein. Was dann in den Rückzug auf den Tenor münden kann: Die Zukunft war früher auch irgendwie besser!

Diese Unsicherheit, die das Entscheiden und Handeln lähmt, stellt für unsere Wirtschaft und die Zukunft unserer Gesellschaft ein nicht zu unterschätzendes Problem dar. Dabei wage ich die These, dass ein solches Verhalten nicht nur im deutlichen Gegensatz zu den Kernaufgaben einer Führungskraft steht und damit im höchsten Maße verantwortungslos ist, sondern dass es – auch in den schnelllebigen Märkten der heutigen Zeit – in dieser Form unnötig ist. Das Wehklagen, dass sich alles, aber auch wirklich alles, geändert hat, und sich dadurch zukünftige Unternehmensführung und fortschrittliches wirtschaftliches Handeln grundlegend anders gestaltet werden als in der Vergangenheit, ist falsch.

Denn diese Aussage ist nicht nur reaktionär, sondern auch restriktiv! Aus ihr spricht keine innovative Geisteshaltung: Es wird entweder lediglich reagiert, man hinkt also im Grunde immer einen Schritt hinterher oder agiert zu zögerlich. Es ist weder alles schlechter noch ist es besser geworden. Wenn auch oberflächlich betrachtet nichts mehr so zu sein scheint wie es früher war, so hat sich doch Grundlegendes nicht verändert – allen voran die Natur des Menschen! Wir trachten danach, die Fragen, die uns das (Manager-)Leben täglich stellt, zu beantworten. Wir nutzen neue Werkzeuge und Methoden. Doch ist der Fortschritt in erster Linie technischer Natur und schafft mit seinen Möglichkeiten auch immer neues Problem(lösungs)potenzial. Lang vertraute Arbeitsplatzstrukturen geraten in Gefahr, sicher geglaubte Abläufe werden abgelöst von völlig neuen Handlungssträngen, die wiederum Möglichkeiten eröffnen, um Gedanken weiterzudrehen. Nichts scheint mehr unmöglich. Alles zumindest ins Auge fassbar. Die Grenzen am Horizont sind nur noch Makulatur – dahinter geht es immer weiter. Doch die Natur des Menschen ist gleichgeblieben. Das bedeutet für die Ökonomie: die grundlegenden Fragen, mit denen ich mich nachfolgend eingehend beschäftigen werde, sind die gleichen geblieben und beschäftigen uns nachhaltig eher mehr als weniger.

Die Konzentration auf diese Fragen bleibt ein immerwährender Prozess. Das Bestreben nach Orientierung und Struktur ist der Sehnsucht nach Stabilität und Sicherheit geschuldet – bei Mitarbeiter und Führungskraft! Nur führt leider das Streben nach Ordnung dazu, dass wir alte Strukturen nicht ändern – was fatal ist. Wir neigen dazu, das Alte zu bewahren und an der Struktur der Oberfläche haften zu bleiben, statt den

Kern der Dinge zu erfassen. In der Folge zeigt sich dort, also im Zentrum der Unternehmensführung, meistens keine Veränderung und es scheint nur auf den ersten oberflächlichen Blick so, als würde alles anders. Ich wage deshalb die These aufzustellen, dass es falsch ist zu behaupten, die Aufgaben eines Managers oder der Führungskraft hätten sich in den letzten Jahren im Kern stark gewandelt. Oder dass es, auf die Unternehmen übertragen, nicht mehr möglich sei erfolgreich Geschäfte zu machen. Wer das behauptet, missachtet die Erfolgsgeschichten von Unternehmen wie Uber oder Airbnb die innerhalb weniger Jahre nicht nur beträchtliche Börsenwerte aufgebaut, sondern auch die Regeln ihrer Branche fundamental verändert haben. Doch sind diese Unternehmen ja schon in ihrem Ansatz anders gewesen. Haben bereits mit ihrer Gründung das Neue in die Welt gebracht, ohne es erst implementieren zu müssen. Haben aber gleichzeitig auch das gemacht, was immer schon richtig war. Neu geboren ist leichter als alte Muster aufzubrechen. Aber macht es das für etablierte Unternehmen einfacher? Wohl eher im Gegenteil.

Wir bewegen uns auf einen extremen Wettbewerb zu, der Unternehmen dazu zwingt, permanent auf höchstem Niveau Leistung zu erbringen. Das war in der Vergangenheit deutlich entspannter. Wer sein Geschäftsmodell von vorneherein gut geplant und sich entsprechend aufgestellt hatte, für den war es vorrangig wichtig, sich selbst unter Kontrolle zu haben. Selbstdiszipliniert im großen Kontextrahmen eines Unternehmens zu agieren und im Kern gut organisiert zu arbeiten – das genügte als Basis für eine gesicherte Dekade, in der der einzige größere Unruhepol vielleicht der Preiskampf mit den Kunden war. Doch ansonsten konnte man gelassen den Aufbau vorantreiben und hernach das Erreichte verwalten. Das hat zumindest das Überleben gesichert, wenn es das Unternehmen auch nicht außergewöhnlich verändert hat – es war ausreichend. Heute ist das kaum noch möglich. Da schießt eine Konkurrenz aus dem Boden, von der man bis vor kurzem nicht mal im Traum geahnt hätte, dass es sie jemals geben könnte. Und sie ist dabei traumwandlerisch erfolgreich.

Während die Mitarbeiter in Jeans und Turnschuhen durch riesige lichte, offene Lofts laufen, sitzen andere mit ihren Laptops in Schaukelstühlen oder gar auf dem Boden. So stellt man es sich vor und so ist es auch vielfach, doch sind ein Kicker oder eine Tischtennisplatte noch kein Garant für den Erfolg. Es ist viel weniger eine neue Art der lockeren Mitarbeiterführung, die diesen Namen schon manchmal kaum noch verdient, als vielmehr der radikal in den Vordergrund gestellte Kundennutzen. Innerhalb weniger Jahre konnte es neuen Wettbewerbern, wie die erwähnten Airbnb oder Uber gelingen, die alten Geschäftsmodelle aus den Angeln zu heben. Was über Jahrzehnte funktioniert hat, ändert sich zwar nicht über Nacht, doch wird es Zeit, diesen zähen Prozess erheblich zu beschleunigen, sonst holen uns die Entwicklungen allerorten ein.

Der Hyperwettbewerb, der durch die Globalisierung und die stark gestiegene Masse an Wettbewerbern mit allen seinen Facetten, wie offene Grenzen und Abbau von Handelshemmnissen entstanden ist, führt zusammen mit der Digitalisierung im Schlepptau, zu einer Verschiebung im Machtgefüge der Wirtschaft. Die Kunden haben eine viel größere

Macht als früher. Zu weiteren Sourcing-Möglichkeiten kommt die moderne vernetzte Welt, die das Kommunikationsverhalten zwischen Unternehmen und Kunde radikal verändert hat. Früher lief die Kommunikation im Grunde nur in eine Richtung – vom Unternehmen zum Kunden, in Form von Werbung, Reklame und PR. Durch das Internet, das den Kunden die Möglichkeit bietet, direkt und einfach mit dem Unternehmen mittels Kontakt- und Feedbackformularen oder Bewertungs- und Vergleichsplattformen, in Kontakt zu treten, bekommen die Kunden eine besondere Form von Macht. Das gemeinsame Erleben führt nicht nur zu positiven Ergebnissen, sondern auch zu negativ konnotierten Auswüchsen: Ein Shitstorm mag auf tatsächliches Fehlverhalten aufmerksam machen und warnend schützen, doch sind wir im postfaktischen Zeitalter schon lange nicht mehr geschützt vor gestreuten Fake-News, die bewusst infiltrieren, um zu zersetzen. Das ist einer der Gründe dafür, weshalb Markenführung und Positionierung von Unternehmen ihre Werte in Kongruenz mit denen des Kunden bringen und diese glaubhaft transportieren müssen. Hier sehen wir uns einer enormen Steigerung der Komplexität gegenüber: Früher mussten Marken ihr Qualitäts-, später ihr Differenzierungsversprechen einlösen. In Zukunft müssen wir authentisch sein, durch und durch, geradezu gläsern. Wir müssen als Unternehmen vor allem immaterielle Themen umsetzen und operationalisieren. Management 4.0 muss die zeitlosen Grundprinzipien von Unternehmensführung und wirtschaftlichem Handeln deutlich herausstellen und gegen Werkzeuge, Verfahren und Anwendungen abgrenzen, die in ihrer Beliebigkeit zwar ihren Zweck erfüllen, aber nicht zielgerichtet eingesetzt werden. Wir brauchen den klaren Blick für den Kern, den Zweck und die Funktion von Management und Unternehmensführung. Und ich gehe so weit zu behaupten: Wir müssen ihn uns zurückerobern – denn wir haben ihn bereits verloren.

Warum wir dies tun sollten? Weil wir damit etwas Wichtiges verloren haben – ganz einfach. Aber viel wichtiger ist die Antwort auf die Frage: *Wozu* sollten wir es tun? Um zu unserer Zweckrichtung zu finden. Die brauchen wir, um zu unserem Ziel zu gelangen: die Arbeit zu erledigen, für die wir am Ende des Tages unsere Rechnungen stellen können.

3.2 Wieso, weshalb, warum? Nein: Wozu?

Der bekannten Praxis, aus der Frage nach dem „Wie?" heraus zu bestimmen, was in einer bestimmten Situation richtig und erfolgreich ist, wird immer noch mehr Aufmerksamkeit und Bedeutung zuteil als sie verdient. Sie wird insgesamt als stetig richtig postuliert und schon fast trotzig damit dauerhaft gekrönt. Alte Prinzipien werden auf komplett neue Entwicklungen aufgesetzt. Die Konzentration von Ressourcen und Aufmerksamkeit auf Nebensächlichkeiten, Nicht-Wesentliches oder sogar Falsches hat als Basis falsche Grundannahmen. Teilweise ist es noch schlimmer, wenn die althergebrachte Beantwortung der falschen Fragen auch bei zukünftigen und anders gelagerten Problemen helfen soll, Lösungen zu finden und Perspektiven zu eröffnen. Es ist die Konzentration auf das Symptom des Problems statt auf die Ursache. Das führt in eine Sackgasse, denn es verhindert den Blick auf das Wesentliche.

3.2 Wieso, weshalb, warum? Nein: Wozu?

Auch die Frage nach dem „Warum?" ist wenig hilfreich. Diese Frage ist kausal, sie zielt auf den Grund für etwas, des Daseins, einer Bestimmung usw., aber führt auch noch nicht zum wesentlichen Kern. Denn da das ganze Leben eine einzige Kausalkette ist, schlägt diese Frageform die falsche Richtung ein. Nach hinten zu schauen führt sogar über das eigene Leben hinweg! Letztlich kann man mit dem „Warum?" auf jede Antwort sofort die nächste Warum-Frage stellen und so bei Adam und Eva landen und ist noch nicht angekommen. Es ist die falsche Richtung, der falsche Pol oder doch zumindest die falsche Gewichtung, wenn man herausfinden möchte, wo der Weg hinführt oder was zu tun ist, um ein Ziel zu erreichen. Die Vergangenheit in die eigene Zielsetzungsfindung zu integrieren ist nicht grundlegend verkehrt – doch darf man nicht dabei stehen bleiben.

Für die Naturwissenschaften ist die „Warum-Frage" die naheliegendste. Da beobachtet man zunächst und versucht dann, den Grund dafür zu finden, warum die Dinge sind wie sie sind, nach welchen mathematischen Gesetzen sie funktionieren, das Beobachtete zu erklären. Im Unterschied dazu sollte ein Mensch im Alltag nach dem „Wozu?" fragen, wenn es ihm darum geht, die Absicht hinter einem Handeln herauszufinden. Der Grund ist dann nicht unbedingt nebensächlich, aber doch zweitrangig. Der Zweck, der sich dahinter verbirgt, sein Sinn und im Rahmen der zukünftigen Verwendung auch die Absichten, hilft einen Plan zu entwickeln, wie man dahin gelangt. Wie viele Projekte scheitern wohl, weil die Projektbeschreibung von Anfang an schlecht formuliert war und die Maßnahmen von den Zielen nicht klar genug abgegrenzt wurden. Da scheint die Frage nach dem „Wozu das Ganze?" eine wertvolle Hilfe zu sein, um schon in der Planungsphase zu erkennen, ob hier Defizite vorhanden sind.

Aber ich gehe noch weiter: Alles Leben verfolgt einen Zweck! Jede menschliche Intention ist auf Ziele, also Zwecke gerichtet! In enger Verbindung dazu steht der Begriff des Mittels und wird gerne verwechselt. Das eingesetzte Mittel steht als Sache, Tun oder Prozessablauf zwischen dem Menschen und seinem angestrebten Zweck. Es vermittelt zwischen der angestrebten Wirkung und seiner Realisation. Manchmal stehen sie allerdings in einem vermeintlichen Kontinuum. Dann erscheinen die gewählten Mittel zur Realisierung des Zwecks bereits als der Zweck selbst. Nur durch gründliches Nachfragen lassen sie sich auseinanderhalten. Nach dem Mittel fragt man wiederum mittels des „Wie?": „Mit welchen Instrumenten und Maßnahmen, also wie, willst du dein Ziel erreichen?" Nach dem Zweck fragt man nach Sinn, Ziel und Intention: „Wozu machst du das?"

Da fragt man sich: Obwohl doch einzig „Wozu?" zieltaugliche Mittel für die Erreichung unserer Unternehmensziele herausfiltert und es erlaubt, den Menschen, die ursächlich an dieser Erreichung beteiligt sind den Weg zu ebnen, gerne und freiwillig ihre Kompetenzen einzubringen – warum stehen immer noch das „Warum?" und das „Wie?" im Zentrum der Aufmerksamkeit so vieler Manager?

Nun ist es ja schon mal etwas wert, wenn überhaupt gefragt wird. „Wer fragt der führt", soweit so gut, doch in Projektsitzungen hören wir es andauernd: „Wer hat was wann, warum und wieso *nicht* getan?" Im unternehmerischen Alltag wird solange nach dem „Warum?" gefragt, bis die Schuldfrage geklärt ist. Zur Not gibt man einfach den

Umständen die Schuld. Das ist nicht nur zäh, sondern auch unwirksam – und damit unwirtschaftlich. So vernichtet man nicht nur wertvolles monetäres Kapital, sondern auch das noch wertvollere menschliche: die Motivation der Mitarbeiter, die sich wie verhört fühlen. Mit dem einfachen Vorgang, die Frage „Wozu?" auf den Unternehmensalltag zu transformieren, könnte man sich das weitgehend sparen. Und nicht nur das, denn dieses teleologische Denken ist betriebswirtschaftlich logisch, weil es das Überleben des Unternehmens sichern hilft. So ist es doch naheliegend, dass die Frage nach dem Zweck im Unternehmensalltag auch zu erreichende Zwecke generiert. Zum Beispiel zur Erzielung von Kundennutzen, indem dieser in konkrete Ziele gegossen wird und als Mittel zur Zielerreichung die Einbringung bestimmter Sachkompetenzen der verantwortlichen Mitarbeiter dienen.

Die Kostengünstigkeit der Herstellungsverfahren und Kunden die gerne kaufen, bedeuten Gewinn. Kunden kaufen dann gerne ein, wenn sie einen Nutzen im Produkt bzw. der Dienstleistung erkennen. Sein Einsatz erfüllt einen bestimmten Zweck. Diesen herauszufinden, ist der Dreh- und Angelpunkt. Antworten auf das „Warum?" ergeben im Allgemeinen Antworten wie: „Weil es günstiger als beim Wettbewerb ist. Weil Sie verlässlich sind." Eine Auskunft über die vielleicht kritischen Bestandteile sucht man hier vergebens. „Was ist der Zweck dieses Produkts beim Kunden? Welche Wirkung soll erzielt werden? Wozu sollte der Kunde dieses Produkt kaufen wollen?" Diese Antworten erlauben hingegen, zielgerichtet auf den Kundennutzen hinzuarbeiten.

3.3 Kundennutzen als oberste Priorität

Es gibt einige wichtige, beinahe stetig gültige Prinzipien, nach denen sich wirtschaftliches Handeln vor dem Hintergrund der Märkte auszurichten hat. Die Beachtung dieser Prinzipien ist deshalb heute aktueller denn je, weil die Märkte anspruchsvoller und komplexer geworden sind. Sie führen dazu, dass wir zwar beständig mit den gleichen Fragen konfrontiert werden, jedoch immer die aktuell richtigen Antworten darauf finden müssen. Wer diese Prinzipien vernachlässigt, verirrt sich. So als würde man mit einer falschen Landkarte versuchen, den richtigen Ort zu finden. Dies ist nicht möglich oder nur durch Glück und Zufall erreichbar. Wer ein falsches Bild von der Wirklichkeit hat, folgt den falschen Regeln und Gesetzen. Selbst wenn als Konsequenz der nicht von Erfolg gekrönten Bemühungen die Anstrengungen verdoppelt werden, die Mannschaft ausgetauscht oder ein Rebranding durchführt wird, bleibt das Ergebnis nicht zufriedenstellend. Da sie auf Basis falscher Grundannahmen entstehen, werden alle diese Maßnahmen nicht funktionieren und der gewünschte Effekt bleibt aus.

Natürlich können diese Prinzipien alle auf den Prüfstand gestellt werden, obgleich ich sie als fast zeitlos bezeichne. Da sie jedoch im Vergleich zu anderen eingesetzten Methoden und Verfahren wesentlich dauerhafter sind, kann dies in deutlich längeren Abständen erfolgen. Sehen wir uns den Kontext unseres siebzigtausend Jahre alten Betriebssystem an, so haben sich die Grundstrukturen und damit die Funktionsweise unseres Gehirns in

3.3 Kundennutzen als oberste Priorität

den letzten Jahrtausenden nicht verändert. Somit erscheint mir die Überprüfung dieser Prinzipien, die sich an den Bedürfnissen der Spezies Mensch ausrichtet, vernachlässigbar. Sicher wäre es spannend zu fantasieren, wie sich unsere Spezies entwickeln wird. Für die heutige geschäftliche Praxis ist dies jedoch irrelevant. Wir haben es mit Menschen und menschlichen Bedürfnissen zu tun, die sich auf absehbare Zeit nicht ändern werden. Das zählt.

Ganz oben auf meiner Prioritätenliste für alle Unternehmen steht der Kundennutzen. Der einzige Zweck eines Unternehmens muss es sein, Nutzen für seine Kunden zu schaffen. Auch wenn die menschlichen Bedürfnisse so vielfältig sind, wie die Menschen selbst, so lässt sich daraus doch das generelle Prinzip ableiten, dass es in der Wirtschaft um den Menschen, konkreter um die Befriedigung seiner Bedürfnisse geht. Die allgemeine und alleinige Vorstellung, dass es der erste Zweck eines Unternehmens ist, den Profit permanent zu maximieren, ist nicht nur falsch, sondern auch gefährlich. Denn dieser Ansatz sucht und findet den Nutznießer im Innern und macht das Unternehmen damit zu einem Selbstzweck. Dies pervertiert die Idee der Arbeitsteilung, also der Überzeugung, dass wir gemeinsam mehr erreichen können als jeder für sich allein und dass unser Einsatz in eine größere Sache einfließt, die außerhalb unseres Selbst liegt. Die Nutzenstiftung sollte nach außen dringen und priorisiert werden. Der zu erwirtschaftende Gegenwert in Form eines Preises, der notwendig ist, um das Überleben des Unternehmens zu sichern, gerät so zum Nebenschauplatz.

Wir wählen Regierungen ja auch nicht, um Politikern Arbeit zu geben. Genauso wenig gibt es Gerichte, damit Richter einen Job haben. Alle diese Einrichtungen haben nur die eine Daseinsberechtigung: ihren „Kunden" zu dienen. Konkret heißt das, Nutzen zu stiften, Probleme zu lösen oder das Leben einfacher oder angenehmer zu machen. Kunden kaufen Nutzen, keine Produkte!

Da Wert also im Äußeren geschaffen werden muss, kann die Bewertung der Leistung auch nur extern erfolgen. Es sind die Kunden – allgemein gesprochen der Markt – der darüber entscheidet, ob ein Produkt oder eine Dienstleistung gut oder schlecht ist. Es sollte auch nicht das Krankenhaus sein, das darüber Aussagen trifft, ob die Patienten zufrieden sind oder nicht.

Ein Restaurant soll den Hunger der Gäste stillen, ein Kindergarten soll die Kinder auf ihrem Weg zu verantwortungsvollen Persönlichkeiten unterstützen und ein Krankenhaus soll Menschen heilen. Alle genannten Organisationen sind auf den Kundennutzen angelegt und machen sich daher, auf den Einzelfall bezogen vorübergehend oder langfristig, überflüssig. Da im Idealfall der Nutzen befriedigt oder das Problem gelöst ist, hat die Organisation ihre Arbeit getan und ist nicht mehr von Relevanz.

Der Aussage von Selbstständigen oder Managern, die in der Regel mit hohen variablen Vergütungen gelockt werden, der Zweck eines Unternehmens sei es, Geld zu verdienen, liegt eine falsche Frage dieser Personen an sich selbst zugrunde. Der Grund, Geld zu verdienen oder vielleicht sogar reich zu werden, ist die Motivation oder kann der Grund gewesen sein, das Unternehmen zu gründen oder eine spezielle Funktion zu bekleiden. Diese Frage ist aber unabhängig von der Existenzfrage des Unternehmens und deutlich davon abzugrenzen. Auch diese Menschen stimmen mit Sicherheit der Aussage zu, dass sie ohne Kunden kein erfolgreiches Geschäft betreiben und so ihre Gewinn- und Bonusziele nicht erreichen könnten. Die Orientierung am Kunden findet also in beiden Fällen praktisch statt, jedoch mit unterschiedlicher Priorisierung. Das Potenzial zur Schaffung von Kundennutzen ausnutzen und damit das langfristige Überleben sichern, kann nur die Organisation, die diesem Ziel Priorität einräumt und die innovativ denkt und handelt. Stetig weiterzuentwickelnde, komparative Wettbewerbsvorteile und neue Leistungsinnovationen sind deshalb das zentrale Thema der Wirtschaftspraxis und der Wandel vom Produktanbieter zum Lösungsanbieter geboten.

3.4 Vom Produktanbieter zum Lösungsanbieter

Eine innovative Sachleistung oder ein innovativer Service bilden immer den Grundstein für den unternehmerischen Erfolg. Zusätzliche Mehrwerte steigern die Wettbewerbsfähigkeit der entsprechenden Grundleistung. Doch trotz dieser leistungspolitischen Instrumente scheinen viele Anbieter von Produkten oder Dienstleistungen nicht ausreichend wettbewerbsfähig zu sein. Der Wettbewerbsdruck aufgrund der Homogenisierung der angebotenen Produktpalette wächst stetig. Die klassischen Strategien, wie etwa Rückwärtsintegration und damit Fokussierung auf die Erstellung überlegener Produkte und Skaleneffekte, reichen nicht mehr aus. Der Ansatz muss vertikal erfolgen und heißt (Vorwärts-)Integration, indem mittels kundenzentrierter Positionierung, hochwertige kundenindividuelle Lösungen angeboten werden.

Solche Kundenlösungen gehen häufig weit über besonderen Service und Zusatzleistungen hinaus. Doch ist dies gar nicht unbedingt notwendig. Es geht in erster Linie darum, die Anliegen oder gar Probleme der Kunden für beide Seiten wirtschaftlich lösen zu können. Diese integrierten Produkt- und Dienstleistungslösungen bedeuten enorme Herausforderungen eines ganzheitlichen Führungsanspruchs. Deshalb ist mir dieses Thema so wichtig. War früher allein die Innovation des Produkts ausreichend, geht es heute um die ganzheitliche Denke und das Innovieren im Rahmen des Managements. Welche spezifischen Führungsvoraussetzungen ein Unternehmen erfüllen muss und welche Führungsinstrumente es braucht, um das Lösungsgeschäft erfolgreich gestalten zu können, sind dabei grundlegende Fragen auf dem Weg zu einem ganzheitlichen Managementmodell.

Doch ergeben sich durch den Wandel vom Produktanbieter zum Lösungsanbieter auch neue Herausforderungen im Rahmen des Leistungsprozesses. Produkte werden als Leistung bezeichnet und angesehen. Die Bedeutung der klassischen Kundenpflege wandelt sich zur Erreichung von Kundenbindung immer stärker in Richtung Leistungsausbau. Diese Leistungen stehen für Kundenlösungen, die im Gegensatz zum klassischen Produktgeschäft, sukzessiv ausgebaut werden können. Der Fokus auf den reinen Verkaufsabschluss verschiebt sich hin zu dem Geschäftsmodell, das aus dem einmaligen Verkaufsgespräch einen kontinuierlichen Optimierungs- und Verkaufsprozess macht.

3.5 Prinzip der Effektivität

Im heutigen Wettbewerbsumfeld ist es dem Unternehmen jedoch nicht möglich, sich allein durch eine große Kundennähe vom eigenen Wettbewerber abzukoppeln. Die Herausforderung des Lösungsanbieters zur Sicherung nachhaltigen Erfolgs liegt vielmehr darin, den Kundennutzen noch mehr zu erhöhen, indem er kundenindividuelle Produkte effizient und effektiv zugleich anbietet. Um den Mehraufwand in der Leistungserbringung zu kompensieren, müssen Lösungen effizient replizierbar sein, sodass sie höhere Umsätze und Margen einfahren.

Effektivität beschreibt den Grad der Zielerreichung, indem man die richtigen Dinge tut und sie somit ihre Wirkung entfalten. Gleichzeitig haben die Positionen Kosten und Durchlaufzeit eine wichtige Bedeutung und bestimmen die Effizienz in der Leistungserstellung. Die Effizienz beschreibt also die Wirtschaftlichkeit, indem man die Dinge richtig tut.

Das kann zu einem Konflikt zwischen den Bedürfnissen der Kunden und den Bedürfnissen des Lösungsanbieters führen und ist dann eine zentrale Herausforderung im Management von Kundenlösungen.

Eine kundennahe Ausrichtung des Leistungsangebots, kann ein breiteres Sortiment bedingen, aber damit auch in komplexere Produktstrukturen münden — mit weiteren Folgen für den Produktionsprozess. Die Anforderungen der Koordinationsintensität und -präzision im Produktionsprozess werden zunächst steigen. Doch lohnt sich dieser Schritt langfristig, da mit einer klar umrissenen Zielgruppe hernach die Abläufe einfacher werden. Der gewährte Individualisierungsgrad hängt ab vom spezifischen Kundenproblem und von dem kundenseitig wahrgenommenen Wert der Lösung. An die Stelle linearer Fertigungsabläufe treten Prozessstrukturen mit einer hohen Anzahl an Schnittstellen, die in produzierenden Unternehmen normalerweise als kostentreibende Faktoren verpönt sind. Es bleibt eine Gratwanderung, wenn Unternehmen versuchen, hoch individualisierte Lösungen, die für einzelne Kunden einen einzigartigen Mehrwert schaffen, zu realisieren. Denn wenn Einzelkomponenten additiv und nicht als mehrwertstiftende Gesamtlösungen offeriert werden, verursacht das in der Praxis häufig Extrakosten, wenn die Zahlungsbereitschaft des Kunden mit dem gezeigten Engagement nicht mithält. Die Lösung ist effektiv, aber nicht effizient.

Doch sehe ich es als das viel größere Problem an, wenn das Prinzip der Effektivität, also die Wirksamkeit einer Maßnahme, nicht genügend beachtet wird. Damit etwas klappt, muss es funktionieren. Es bildet die Basis dafür, dass ein Unternehmen seine Funktion erfüllen kann. Das Erreichen eines Ziels, für ein Unternehmen das Schaffen von Kundennutzen, ist der wichtigste aller Erfolgsfaktoren. Ich beobachte aber immer öfter, dass das Prinzip der Effektivität heutzutage bedauerlicherweise in den Hintergrund tritt. Was geschieht stattdessen? Die Wirtschaftstreibenden geben der Effizienz, also der Wirtschaftlichkeit ihres Handelns, Priorität.

Das mag sich auf den ersten Blick weise anhören, ist jedoch am Ende des Tages ineffizient. Denn fehlt die Effektivität, fehlt der wichtige Grundstock, die Basis. Die

Frage nach der Effizienz ist deshalb erst dann zu stellen, wenn die Effektivität geklärt ist. Wenn Sie von Köln nach München fahren möchten, aber unterwegs auf der Autobahn Richtung Hamburg sind, dann sind Sie nicht effektiv und Sie werden somit ihr Ziel nicht erreichen. Die Frage, wie viel Sprit Ihr Auto auf 100 km verbraucht, das Kosten-Nutzen-Verhältnis, das wir als Effizienz bezeichnen, ist dann nicht von Bedeutung. Unser Wirtschaftssystem, dem es gelungen ist, Konsum vor wirklicher Nutzenstiftung oder Problemlösung zu setzen, ist dabei diesen Zusammenhang aus dem Auge zu verlieren. Wenn nur einige wenige von einem System profitieren, verliert es seinen Sinn und Zweck – es pervertiert. Die Wirtschaft muss den Menschen dienen, nicht umgekehrt!

Wenn Sie sich darüber freuen, einen effizienten Kauf getätigt zu haben, indem Sie 50 % bei Ihren neuen Schuhen sparten und erst zu Hause, beim Blick in den überquellenden Schuhschrank, mit drei Paar Schuhen gleicher Couleur, bemerken, dass Sie diese Schuhe überhaupt nicht brauchten – verpufft der Effizienzeffekt sofort wieder. Natürlich bleiben die Schuhe als Schuhe effektiv nutzbar. Sie können sie tragen und ihre Funktion als wärmend oder stylisch nutzen. Aber: War diese Entscheidung richtig vor dem Hintergrund Ihrer Ziele? Hat Ihnen der Kauf dabei geholfen, die zu erreichen? Dass zu tun, was einem das Ziel näherbringt und das sein zu lassen, was dabei nicht dienlich ist, ist eine Regel, die leider zu wenig Anwendung findet.

Kurz gefragt: Haben wir hier eine effektive Problemlösung? Die läge doch eher in dem Umstand begründet, dass es einige wenige Paar Schuhe in Ihrem Kleiderschrank gibt, die Ihnen das Gefühl geben, vollkommen effektiv ausgestattet zu sein. Die keine weitere Bedürftigkeit wecken. Nun ist dieses auf den Alltag heruntergebrochene Beispiel vielleicht auf den ersten Blick amüsant, da es gerade Schuhe sind, die heutzutage mehr gesammelt denn getragen werden, aber es dient mir auf das Problem hinzuweisen:

Ich fordere einen Umdenkungs- und somit Transformationsprozess: Die aktuell fokussierte Ausrichtung auf Kundennähe und Service bilden keine elementaren Bestandteile von Kundenlösungen, sondern bleiben bloße Werkzeuge. Vielmehr sollte als Kriterium zur Beurteilung des Grades der Erfüllung der Kundenbedürfnisse die Effektivität der Kundenlösungen herangezogen werden. Die Güte der Bedürfnisidentifikation der Kunden legt dafür den Grundstein und wird damit zu einem wichtigen Bestandteil der strategischen Ausrichtung. Gute Produktintegration und Individualisierung der Produkteinsetzbarkeit bedienen die Bedürfnisse nachhaltig. Heißt auf gut Deutsch: Bring ein Paar Schuhe auf den Markt, die den Konsumenten nicht mal mehr im Traum von einem anderen Paar träumen lassen!

Diese Effektivität von Kundenlösungen ist wirkliche Kundennähe. Sie beschreibt die Fähigkeit flexibel auf die individuellen Kundenbedürfnisse eingehen zu können, aber auch den Willen, zusammen mit der Erfolgsposition Qualität, die Befriedigung des Kundenbedürfnisses zu einem solch hohen Grad herbeizuführen. Klasse statt Masse – auch das verstehe ich unter ganzheitlichem Management. Und auch damit kann man Gewinn erwirtschaften. Denn selbstverständlich ist der Gewinn eines Unternehmens nicht bedeutungslos. Er ist allerdings, wie andere Parameter, ein Mittel zum Zweck. Gewinne sind notwendig – auch im Sinne eines Marktes, der Produkte und Dienstleistungen eines Unternehmens abnimmt und damit offensichtlich wertschätzt – damit ein Unternehmen diese Funktion weiter ausführen kann. Gewinne sind notwendig, um zukünftigen Nutzen zu schaffen. Sie sind aber nicht unbegrenzt notwendig und im Sinne des Markes auch falsch. Es ist richtig nach einem Mindestgewinn zu streben, da er dem Unternehmen und damit seinen Mitarbeitern das Überleben sichert. Es ist hingegen falsch keine Begrenzung nach oben zu kennen. Dies geschieht beim Streben nach Gewinnmaximierung und der Priorisierung der Kapitalinteressen (shareholder value). Diese beiden Ansätze rücken die Interessen der Kapitalgeber an die erste Stelle. Damit beflügeln sie Gier und steuern ein Unternehmen in den Selbstzweck. Sie verlieren die Funktion und den Existenzweck aus den Augen. Solche Ansätze sind nicht dazu geeignet, Systeme in Balance zu halten. Nicht zu Unrecht gilt die Mäßigung als die Mutter aller Tugenden.

3.6 Steigende Komplexität und Anspruch

Damit, die effektive Stoßrichtung in Form der Schaffung eines Kundennutzens zu beachten, ist es jedoch nicht getan. Dieser muss immer auch im Zusammenhang vor dem aktuellen Hintergrund unserer gesellschaftlichen Realität betrachtet werden. Entscheidungen sind nie per se richtig oder falsch. Das richtet sich auch danach, in welcher Lage sich das Umfeld, in dem ein Unternehmen aktiv ist, gestaltet. Das Umfeld und damit zur Verfügung stehende Verfahren und Techniken, aber auch politische oder gesellschaftliche Strömungen, müssen in die korrekte Beantwortung der Frage: „Wie erfüllen wir bestmöglich die Bedürfnisse unserer Kunden?" einbezogen werden. Die Beachtung der Lebenswirklichkeit seiner Kunden ist für Unternehmen daher von großer Bedeutung und wird in Zukunft immer wichtiger werden.

Es wird nicht einfacher werden, an das Geld anderer Leute zu kommen und einen Kunden von sich zu überzeugen. Die Aussage, dass man heute seine Kunden begeistern muss, ist nur die Steigerung des Wettbewerbs um die Erfüllung des Anspruchs. Dieser Trend ist in jeder Nische des menschlichen Lebens zu beobachten. Die Ansprüche der Gesellschaft an den Leistungserbringer steigen deutlich und damit der Energieaufwand, den man betreiben muss, um sich im Wettbewerb durchzusetzen. So war es nach dem zweiten Weltkrieg wahrscheinlich, dass man es mit Fleiß und solider Arbeit zu Wohlstand brachte. Die 68er-Generation rebellierte dagegen und lehnte sich gegen das Establishment auf. Man protestierte, um sich bewusst abzugrenzen. Vor einigen Monaten war es die Occupy-Bewegung, die protestierte. Allerdings aus einem ganz anderen Grund: Jungen Menschen, die eine gute Ausbildung genossen hatten und die bereit waren hart zu arbeiten und sich systemkonform zu verhalten, wird der Zugang zum System verwehrt. Die Eintrittsbedingungen sind härter geworden und sie werden in Zukunft noch radikaler.

Dabei wird zunehmend nebensächlicher, ob man eine gute Leistung erbracht hat oder erbringen könnte. Dies hat eine Selbstverständlichkeit zu sein und bildet kein ausreichendes Differenzierungskriterium am Markt. Gerade in Zeiten globaler Vergleichbarkeit wird jeder Anbieter gezwungen sein, neue Wege zu öffnen, seine selbstverständlich gute Leistung auch gut zu verkaufen. Es gibt Menschen, denen das Verkaufen und Anpreisen der eigenen Leistung nicht liegt. Es kommt ihnen wie Show vor. Sie möchten nicht nur darauf verzichten und einzig die Ergebnisse für sich sprechen lassen, sondern auch auf das aktive Marketing, das ihrer Meinung nach von der Substanz ablenkt. Diese Menschen sollten sich klarmachen, dass sich die Welt dafür nicht interessiert, ob ihnen die neue Realität gefällt. Inszenierung ist ein Baustein, der in Zukunft zwingend verbaut werden muss. Man bekommt nicht das, was man verdient, sondern das, was man verhandelt. Nie stimmte diese Aussage so sehr wie heute.

Mehr noch: Die Entwicklung des unternehmenseigenen Branding wird die Stufe der Inszenierung überwinden und in Zukunft ein Ausdruck des persönlichen Wertegerüstes seiner Kunden werden. Das ursprüngliche Markieren von Vieh um den Ursprung nachzuweisen, entwickelte sich zum Qualitätsnachweis und anschließend zum Ausdruck von Status und Persönlichkeit.

Brandmanagement der Zukunft wird nicht mehr bedeuten, dass sich ein Kunde mit einer Marke schmückt, vielmehr wird die Marke Ausdruck der eigenen Identität und des eigenen Wertekanons. Markenauswahl durch den Kunden wird zu einer hochgradig persönlichen Entscheidung und eine Marke bewirbt sich durch ihre Produkte und Dienstleistungen, aber auch durch ihr Verhalten, ihre Prozesse und ihr Selbstverständnis beim Kunden. Sämtliche Produkte und Abläufe bis hin zu politischen Entscheidungen wie die der Standortwahl, werden in Zukunft darüber entscheiden, ob eine Marke mit der Identität des Käufers in Einklang zu bringen ist.

3.7 Das Marketing – die Keimzelle des Unternehmens

Marketing ist demnach eine der Hauptaufgaben von Unternehmen. Erstaunlich ist, dass sich großflächig die Definition dieses Begriffs von einer marktorientierten zu einer unternehmensorientierten Definition geändert hat. Marketing als Tätigkeit bezieht sich auf die Beschäftigung mit dem Markt, also mit den Kunden. Es schließt Fragen wie „Wer ist unsere Zielgruppe?", „Welche dringenden Bedürfnisse oder Probleme hat unsere Zielgruppe?" oder „Welches Angebot ist für unsere Zielgruppe von Relevanz?" mit ein.

Es scheint ein großes Missverständnis zu sein, dass Marketing etwas mit Verkaufsaktivitäten zu tun hat. Die Tatsache, dass viele Unternehmen „Marketing" und „Sales" in eine Abteilung packen, oder Mitarbeiter mit beiden Aufgaben gleichzeitig betrauen, zeigt, dass diese Unterscheidung nicht klar ist. Marketing beginnt beim Kunden: bei seinen Problemen, seinen Bedürfnissen, seiner wahrgenommenen Lebenswirklichkeit und seinen Perspektiven. Marktforschung ist eine Marketingaktivität, Werbung schalten ist es nicht. Ausdrücklich geht es beim Marketing nicht darum, wie man entwickelte Produkte besser verkaufen oder welche Werbung zusätzliche Zielgruppen erschließen kann.

Um es auf den Punkt zu bringen: Marketing hat nichts mit Verkauf zu tun, es ist sogar etwas ganz anderes. Genau genommen schließen sich diese beiden im Idealfall aus. Verkauf ist das aktive und auf den Menschen ausgerichtete Bemühen, mit diesem ins Geschäft zu kommen. Verkauf ist die persönliche Speerspitze, die notwendig ist, weil sich Produkte nicht von alleine absetzen lassen. Verkauf ist per Definition eine persönliche Sache – von Mensch zu Mensch. Die Tatsache, dass der persönliche Kontakt bei automatisierten Online-Bestellungen ohne Bedeutung ist, also kein Verkäufer mehr zum Abschluss eines Vertrages notwendig ist, macht deutlich, dass man wohl über das Internet vertreiben kann, jedoch nicht verkaufen. Auf der anderen Seite ist es keine verkäuferische Leistung, wenn man beispielsweise per Telefon eine Bestellung eines Kunden annimmt, der angerufen hat um genau diese Bestellung zu platzieren. Zwar handelt es sich um einen persönlichen Kontakt, dieser hätte jedoch auch automatisiert abgewickelt werden können. Verkauf ist es nur dann, wenn die menschliche Komponente notwendig war. Genau das, also der Umgang mit einem anderen Menschen, macht den Beruf des Verkäufers zu einem besonders komplexen und spannenden. Und hält übrigens, da die Art und Weise der Begegnung mit fremden Menschen nicht verlässlich prognostiziert werden kann, nachweislich jung und frisch im Kopf. Die Kunst des Verkaufens verliert aber da an Bedeutung, wo sich der Verkauf, der menschliche Kontakt, überflüssig gemacht hat. Wo er jedoch noch vom Markt gefordert, also notwendig ist, wird er wie alle komplexer werdenden Prozesse mehr Qualität aufseiten des Anbieters, mehr Knowhow und Einsatzbereitschaft erfordern. Jedes Unternehmen muss sich in Zukunft darüber Gedanken machen, ob es Verkäufer durch Vertriebler ersetzen kann – während der Vertriebspart unersetzlich ist, wie ich gleich näher erläutern werde. Dies ist immer da der Fall, wo ein Mensch für den Absatz nicht notwendig ist. Falls dies der Fall ist, muss die Kompetenz der Verkäufer erhöht werden. Verkäufer sind entweder gut oder überflüssig.

Doch ich gehe noch weiter: Richtiges und gutes Marketing hat die Bedürfnisse der Zielgruppe so gut verstanden und umgesetzt, dass es einen Verkauf überflüssig macht, weil die Produkte „von alleine" einen Kunden finden. Aktive Kundengewinnung ist nicht mehr notwendig. Gutes Marketing hat den Kunden immer als Hauptgewinn im Auge. Und das ist alles andere als ein Glücksspiel – es braucht absolute Professionalität und Fokussierung. Gelänge es uns das Ideal in die Realität der Praxis zu überführen, hieße das: Der Verkauf würde überflüssig. Dies wird umso schwieriger zu erreichen sein, als es sich dabei um das Abschneiden eines wirklich alten und festgeflochtenen Zopfes handelt. Alte Verkaufshasen werden vermutlich einwenden: Schneide Rapunzels Zopf ab, und sie muss für immer im Turm verharren. Nein, muss sie nicht – wenn das Marketing dem Kunden aus Seide eine so viel angenehmere Leiter zu den Produkten flicht. Oder um bei dem Bild zu bleiben: Wenn die Produkte aus ihrem Turm herausgeholt und dem Kunden auf eine Weise präsentiert werden, dass er sich unsterblich in sie verliebt. Das gelingt bei richtiger Positionierung des Unternehmens. Eine klare Positionierung bedeutet, dass es für die Zielgruppe keinen vergleichbaren Liebhaber – ähm Wettbewerber – auf dem Markt gibt, der das Bedürfnis erfüllen kann. Eine Positionierung muss so im Detail heruntergebrochen werden, dass man Alleinstellungsmerkmale besitzt. Sie muss eindeutig sein.

Eine Positionierung muss die Nische so verkleinern, dass es in dieser Nische nur noch ein Unternehmen gibt – meins. Kunde und Unternehmen wachsen so untrennbar über das Produkt zusammen. Um es auf den Punkt zu bringen: Wenn ich nicht automatisch neue Kunden generiere, ist das ein ziemlich sicherer Beleg dafür, dass meine Positionierung nicht ausreichend geschärft ist.

Vertrieb als dritte gebräuchliche Vokabel im Zusammenhang des Verkaufsprozesses, ist das Ausrichten der Organisation und der Unternehmensstrategien auf den Absatz. Verkauf kann überflüssig sein, Vertrieb nicht, weil es den gesamten Wertschöpfungsprozess im Sinne des Kunden umfasst. Vertrieb ist in erster Linie prozessorientiert. Damit unterscheidet er sich vom Marketing, das sich mit strategischen und konzeptionellen Fragen beschäftigt, und dem Verkauf, der den Menschen und die Persönlichkeit im Fokus hat und damit stark soziologisch und psychologisch geprägt ist. Vertriebsmanager sorgen dafür, dass die Prozesse einer Organisation den Absatz der Waren und Dienstleistungen wahrscheinlich und wirtschaftlich machen und dass die Ware oder Dienstleistung auch ankommt bzw. vollbracht werden kann. Dies schließt die Automatisierung von Prozessen mit ein. So sind die Digitalisierung und die Verlagerung der Prozesse ins Internet und die Automatisierung von Abläufen eine Aufgabe des Vertriebs, nicht des Verkaufs.

Durch die Tatsache, dass Marketing, Vertrieb und Verkauf ganz andere Aufgaben haben und an ganz anderen Punkten im Unternehmen Wirkung entfalten, wird deutlich, dass es für eine optimale Gewährleistung dieser Aufgaben Mitarbeiter nicht nur mit verschiedenen Aufgaben, sondern mit verschiedenen Kompetenzen bedarf. Wer keine Lust hat, sich mit Menschen auseinanderzusetzen und wer sich nicht als Problemlöser oder Dienstleister sieht, hat im Verkauf nichts verloren.

Die Trennung dieser drei Bereiche ist ebenfalls von Bedeutung, damit jede Abteilung ihren jeweiligen Auftrag fokussiert in Angriff nehmen kann. Marktforschung ist Marketing ebenso wie die Produktentwicklung. Das Platzieren einer Forschungs- und Entwicklungsabteilung außerhalb des Marketings ist falsch, weil es die Zielgruppe aus den Augen verliert. Es geht ja darum, ein neues Problem der Zielgruppe zu lösen oder ein altes Problem besser zu lösen. Koppelt man die Entwicklung davon ab, wird man letztendlich die Notwendigkeit von Verkauf und Vertrieb erhöhen, da eine nicht vorhandene Kundenorientierung mit mehr Verkaufsdruck oder besseren Vertriebsprozessen ausgeglichen werden müssen.

Marketing und Innovation sind somit die beiden Hauptaufgaben von Unternehmen und müssen sich, anders als andere Bereiche, quer durch jedes Unternehmen und jede Abteilung ziehen. Es ist angemessen, diesen den „Status" von Abteilungen, die denen der Abwicklung oder des Einkaufs gleichgestellt sind, abzuerkennen und sie aufzuwerten. Dies geschieht de facto dadurch, wenn durch permanente Kommunikation jedem Mitarbeiter wiederholt deutlich gemacht wird, dass sich seine Tätigkeiten und Verantwortungen direkt oder indirekt auf den Kunden und damit auf diese beiden Aufgaben – Marketing und Innovation – beziehen. Unterstützung findet es darin, dass so viele Mitarbeiter wie möglich in dauerndem Austausch mit dem Kunden stehen, also verantwortlich nach extern handeln. Marketing und Innovation sind permanente Aufgaben aller Mitarbeiter, zu jeder Zeit.

3.8 Innovationen und Wissensmanagement – die Antriebskräfte im Unternehmen

Innovationen verändern die Gesellschaft, die Art wie wir leben, wie wir miteinander umgehen und sogar die Art wie wir denken. Als es keine Fotoapparate gab, spielte das Recht am eigenen Bild keine Rolle. Und ohne Drohnen war auch praktisch nicht nachvollziehbar, was der Nachbar hinter seinem Zaun getrieben hat. QR-Codes auf Grabsteinen geben jedem die Gelegenheit, sich mit dem Leben und der Person des Verstorbenen zu befassen. Der „Handynacken" wird zur neuen Volkskrankheit, und weil wir permanent Smartphones zur Verfügung haben, sind wir nicht mehr in der Lage simple Rechenaufgaben im Kopf zu lösen. Der Hirnforscher Manfred Spitzer (2012) ist sogar der Überzeugung, dass wir uns mit zu viel digitalem Medienkonsum um den Verstand bringen.

Wichtig ist es, den Begriff der Innovation in diesem Zusammenhang zu verstehen. Zwar sind es vor allem die technischen Möglichkeiten, die wichtige Grundimpulse für Veränderungen geben und in deren Kielwasser sich anschließend auch gesellschaftliche Änderungen ergeben. Innovation ist jedoch kein technischer, sondern ein wirtschaftlicher Begriff. Manager haben die Aufgabe, die Veränderungen in Innovation umzuwandeln, also in neuen Kundennutzen. Das kann natürlich durch eine technische Neuerung geschehen, weil dadurch ein Problem besser gelöst wird. So ist eine kreative Zusammenstellung bereits bestehender Komponenten oder eine Veränderung von Prozessen und Abläufen auch eine Innovation – und eine gar nicht mal schlechte. Ein Kaffeehändler kann beispielsweise damit beginnen, den Einsatzzweck von Kaffee über das Trinken oder den Genuss hinaus zu erweitern. Nachweislich funktioniert Kaffee beim Nachschwärzen von Wäsche oder Holz, als Insektenschutzmittel (Schnecken mögen keinen Kaffee) oder gegen einen verstopften Abfluss.

Neue Möglichkeiten brechen Prozesse auf, die wir verinnerlicht haben, weil sie etabliert sind und uns als selbstverständlich gelten. Damit werden auch neue Vorgehensweisen im Umgang damit notwendig. Diese gilt es immer auf Basis der menschlichen Natur auszugleichen, denn es geht in der Wirtschaft um die Befriedigung menschlicher Bedürfnisse.

Wahrscheinlich mehrere tausend Jahre lang war eine wesentliche Säule des Geschäftsmodells von Händlern die Tatsache, dass sie einen Lieferanten hatten, der dem Endkunden nicht zugänglich war. Es gab also nicht nur sinnvolle Gründe bei einem Händler zu kaufen, es war aufgrund des Informations- oder Ressourcendefizites auch gar nicht anders möglich. Durch Gesetzänderungen wie das Produktsicherheitsgesetz, was dazu führt, dass der Produzent oder Inverkehrbringer eines Produktes mit postzustellfähiger Adresse auf dem Produkt angebracht sein muss, vor allem aber durch das Internet und damit geschaffener Transparenz, fällt dieser Wissensvorsprung weg. Ein Händler muss sein Geschäftsmodell damit zunehmend auf Leistung, also einen Mehrwert für den Kunden, und darf es nicht mehr auf restriktiven Komponenten aufbauen.

Zudem geht von dem uns umgebenden internationalen Wettbewerbsumfeld eine häufig unberechenbar verlaufende Dynamik aus. Dies verlangt von Unternehmen die permanente Flexibilität, sich auf neue Marktanforderungen einzustellen. Die Bedeutung der klassischen Produktionsfaktoren hat abgenommen. Es ist eine Verschiebung von harten, also materiellen, zu weichen immateriellen Faktoren im Gange. Wichtig ist es die Prozesse nicht halbherzig anzugehen. Nicht an alten Dogmen, Paradigmen oder Methoden und Werkzeugen festzuhalten, sondern uns deutlich vor Augen zu führen, wozu diese Werkzeuge dienen und eingesetzt werden sollten. Prozesse und Dienstleistungen werden dann wie Bausteine neu zusammengesetzt. Neue Notwendigkeiten und Regeln entstehen allerdings nicht aus der Luft. Die Befähigung zu Innovation und Anpassung betrifft dabei alle betrieblichen Akteure eines Unternehmens: Mitarbeiter, Führungskräfte und auch das obere Management. Wissen bildet dafür die Basis in umfassendem Sinn. Wissensarbeit muss in der Folge, wie jeder andere Ergebnisweg auch, kontinuierlich revidierbar sein und als grundsätzlich verbesserungswürdig angesehen werden. Sie erfordert die aktive Teilnahme jedes Mitarbeiters und damit seine Bereitschaft und sein Engagement, sich einzubringen. Es geht um Lernwilligkeit und Lernfähigkeit. Es geht um das Ende des Dienstes nach Vorschrift. Es geht darum, mehr zu tun als die sachgerechte Erfüllung der übertragenen Aufgaben. Es geht darum, sich wirklich einzusetzen, in dem wirklich mitgedacht wird. Nur das ist in Zukunft noch werthaltiger Einsatz, der als Leistung anerkannt werden kann.

Mehr Einsatzbereitschaft? Das würden vermutlich alle Manager und Unternehmer blind unterschreiben. Aber in der Praxis nutzt die Mehrzahl der Unternehmen das ihnen zur Verfügung stehende Wissenskapital nicht umfassend und verschenkt damit entscheidende Wettbewerbsvorteile. Wie kann man dies ändern?

Es gilt zunächst, das Zusammenspiel von personalem und organisationalem Wissen so zu organisieren, dass das Wissen der Individuen auch wirklich in die Organisation einfließen kann. Dass seine Kraft wahrgenommen wird. Es nicht als anstrengend angesehen, sondern sogar abgefragt wird, erwünscht ist und nicht vor geschlossene Türen prallt. Dazu braucht es eine Organisation, die Bedingungen anbieten kann, in denen das Wissen gut aufgehoben ist und genutzt wird, also ihrerseits Know-how anbieten kann, sodass ein kontinuierlicher wechselseitiger Wissenstransfer und damit Wissensaufbau möglich wird. Darin liegt ein ungeheures Innovationskapital verborgen. Ein Schatz, den es nur zu heben gilt.

Doch Innovation alleine genügt nicht. Da Veränderung nicht nur zwangsläufig, sondern aufgrund der nur daraus resultierenden Möglichkeit zur Verbesserung notwendig ist, gehört die Steuerung und Gestaltung dieser Veränderung zu einer der beiden Kernaufgaben von Unternehmen. Unternehmen müssen nicht nur einmalig Kundennutzen stiften, sondern diesen aufgrund der Marktdynamik konstant erhöhen.

Im Hinblick darauf stimmt es sehr nachdenklich, dass viele Menschen, die als Manager oder Führungskraft, aber auch als Arbeiter oder Angestellte in der Wirtschaft arbeiten, praktisch veränderungsfeindlich und damit anti-innovativ eingestellt sind. Es ist ihre Kernaufgabe, Innovation zu schaffen und nicht, sich auf Routinen einzustellen. Es ist ihre Kernaufgabe, gleich welche Funktion auf welcher Hierarchie-Ebene sie ausfüllen, aktiv an Innovationen zu arbeiten. Diese Notwendigkeit zu Innovation und damit auch zur zwingend folgenden Veränderung ergibt sich auch daraus, dass die Frage eines Managers vor dem Hintergrund der zukünftigen Bedürfnisbefriedigung oder Problemlösung des Kunden zu stellen ist.

Unternehmen werden in Zukunft eine deutlich größere Bandbreite an Fragen und Ansprüchen von Kunden eindeutig beantworten müssen, um Authentizität zu leben und um Eindeutigkeit herzustellen. War es früher ausreichend, ein Bedürfnis mit einem Produkt zu stillen, wird es in Zukunft immer mehr das ganze Unternehmen sein, das ein Kunde kauft und das in den Kaufprozess mit einbezogen wird. Dies macht nicht nur die Positionierung des Unternehmens zu einer unverzichtbaren Notwendigkeit, das Unternehmen muss auch in einer bis vor wenigen Jahren nicht notwendigen Tiefe positioniert werden. Wenn das großen Unternehmen nicht eindeutig genug gelingt, entstehen Nischen. Diese bieten besonders für kleine und mittlere Unternehmen viele Chancen um Kundenbedürfnisse besser als durch bereits bestehende Unternehmen zu befriedigen, weil die Spezialisierung besser auf die Bedürfnisse der Zielgruppen zugeschnitten werden kann.

Durch den Marktdruck und die damit verbundene Notwendigkeit sich in Zukunft stärker den Kundenbedürfnissen zu widmen, wird es somit in Zukunft mehr Nischen- und Spezialanbieter geben, da etablierte Firmen diese individuellen Zielgruppen nicht kennen und entsprechende Chancen nicht wahrnehmen werden. Außerdem werden die Kerneigenschaften großer Konglomerate, zu denen besonders die Finanzkraft zählt, von weniger Bedeutung sein. Neue Ressourcen werden erschlossen, wie beispielsweise das Crowd-Funding. Anfangs belächelt, eröffnen sich darüber immer wieder großartige Wege.

Das, was uns Menschen von Computern und Robotern unterscheidet, nämlich Nachdenken und Entscheidungen treffen und umsetzen, sind die wichtigsten zukünftigen Komponenten für Geschäfte. Dabei sollten wir uns immer wieder in Erinnerung rufen, dass auch schon früher vor allem das (Nach-)Denken der Aufgabenkern von Managern und Führungskräften war.

3.9 Veränderung als Überlebenskonzept

Die Konzentration auf das Wesentliche und die ausdrückliche Entscheidung dafür, auf welche Geschäftsbereiche oder Tätigkeiten man verzichtet, ist richtig und soll deutlich formuliert werden: Sie als Manager oder Führungskraft müssen – und werden es in Zukunft noch mehr müssen – bereit sein, mit der Vergangenheit zu brechen. Es ist offensichtlich, dass dies nur unter Unsicherheit geschehen kann, insbesondere dann, wenn Zeiten schnelllebiger und volatiler werden. Es ist daher notwendig, eine Form der Flexibilität und Veränderungsbereitschaft zu entwickeln, die nicht nur dem Neuen gegenüber aufgeschlossen ist, sondern die derart verinnerlicht wird, dass Sich-Probieren und Testen im Alltag nahezu verselbstständigen.

Gigantische technische Sprünge sind selten, Verbesserungen und Anpassungen können hingegen permanent geprüft und durchgeführt werden. Entscheidend sind letztlich die Perspektive des Kunden und seine Wahrnehmung. Innovation ist damit ausdrücklich nicht kapitalintensiv, sondern sogar eine hervorragende, zukünftige Möglichkeit von Selbstständigen und kleinen Unternehmen neue Geschäftsmodelle für eine präzise definierte Zielgruppe zu entwickeln.

Früher vereinte ein Medizinmann oder Schamane Tätigkeiten des Arztes, Therapeuten, Apothekers und Psychologen und noch weiterer heutiger Berufe in einer Person. Heutzutage gibt es Zahnärzte, die auf die Behandlung behinderter Kinder spezialisiert sind. In Düsseldorf gibt es eine Physiotherapeutin, die ausschließlich mit Frauen arbeitet und nach einer Geburt den Beckenboden trainiert. Je einfacher sich heute jedermann über alles und nichts Informationen besorgen kann, umso mehr wollen Kunden keine Generalisten mehr, sondern fundierte Expertise, die sich im Produkt unzweifelhaft ausdrückt. Je größer dabei der Marktplatz ist, auf dem ich meine Leistungen anbiete, desto zielgenauer muss mein Leistungsversprechen sein, damit ich überhaupt gefunden werden kann.

Ich kann gar nicht oft genug betonen, dass jedes Unternehmen Kundennutzen schaffen und entsprechende Bedürfnisse befriedigen muss. Denn nur durch den Preis, den der Kunde ihm zahlt, können Kosten gedeckt und langfristig Investitionen getätigt werden. Schafft ein Unternehmen dies nicht, wird es seine Kosten nicht mehr decken können und in die Insolvenz gehen, also vom Markt verschwinden. Jedes verantwortungsbewusste Management, das sich der Organisation, die Kundennutzen schafft und auch in Zukunft schaffen soll, verpflichtet fühlt, wird nicht nur daran arbeiten dies zu verhindern, sondern auch Maßnahmen ergreifen, die dem Kunden noch weiteren Nutzen stiften. Produkte und Dienstleistungen werden neu entwickelt und verbessert. Damit befindet sich der Markt in einem permanenten Wettkampf um das beste Angebot und den Auftrag der Kunden.

Aus Sicht der Marktteilnehmer führt das zu härterem Wettbewerb und Druck. Jedes Unternehmen ist gezwungen auf die Änderung des Marktes zu reagieren. Produkte werden konstant differenzierter und auf das Bedürfnis der Kunden bzw. der Zielgruppen zugeschnitten. Die Verhandlungsposition des Kunden steigt kontinuierlich. Wenn Systeme nicht durch externe Schocks, wie beispielsweise Kriege oder Wirtschaftskrisen, die die Zahl der Anbieter deutlich reduzieren, auf ein früheres Reifeniveau zurückgestuft werden, sind langfristig die Nachfrager in der stärkeren Position. Auch in unseren Märkten ist dies zu beobachten. Es gibt keine Branche, die langfristig durch weniger Konkurrenz ausgezeichnet ist, oder in der die Margen steigen. Steigender Wettbewerb ist somit eine Konstante des Wirtschaftslebens. Jeder Sportler, jeder Künstler und überhaupt jeder Wirtschaftstreibende muss sich konstant mehr anstrengen, um zukünftig Erfolg zu haben. Die Inszenierung von Produkten und Events ist vor dem Hintergrund der Marktrealität notwendig und die Weltmeisterelf um Franz Beckenbauer würde heute gegen jeden Erstligaverein verlieren. Universalgelehrte vom Schlage eines Leonardo da Vinci wird es nie mehr geben. Es ist für einen Menschen wie für ein Unternehmen heutzutage schlicht unmöglich, auf allen Wissensgebieten Spitze zu sein, geschweige denn den

Überblick zu behalten. Die Vermehrung des Wissens und von Erkenntnissen schreitet exponentiell voran. Die Aussage eines Mitarbeiters des US-Patentamtes von 1899, „Es gibt nichts Neues mehr. Alles, was man erfinden kann, ist schon erfunden worden", kann getrost als Fehleinschätzung verbucht werden.

Aufgrund der neuen, vor allem technischen Möglichkeiten, wird Veränderung sogar immer schneller, radikaler und disruptiver erfolgen. Und so wird das, was wir heute in puncto Geschwindigkeit als Wahnsinn erachten, in ein paar Jahren für uns gewohnter Alltag sein. Die Eisenbahn galt zu Beginn aufgrund ihrer enormen Reisegeschwindigkeit von 40 km/h auch als Gefahr für den menschlichen Geisteszustand. Menschen haben immer Schwierigkeiten damit, persönliche Veränderung inklusive des Wegfalls von Sicherheit und Struktur in ihrem Leben zu verkraften, doch bleibt uns keine andere Wahl als unser persönliches Wohlbefinden eher auf unseren eigenen Kompetenzen, unseren Werten und unserer Persönlichkeit, als auf den Leitumständen und Strukturen außerhalb unseres Selbst aufzubauen. Nach wie vor gilt: Um die Zukunft zu gestalten, müssen wir Veränderungen selbst in Angriff nehmen.

Für Unternehmen und die handelnden Personen schließt die Bereitschaft und Notwendigkeit zur Veränderung mit ein, Altes und Überholtes, das keinen Nutzen schafft, abzustoßen. In der Praxis ist festzustellen, dass dies schwerfällt und dass oft das Bewahren von Bewährtem Priorität hat. Dies ist auch mit den falschen Fragen des Managements an sich selbst zu erklären. Die Frage, was wir tun müssen, ist gleichberechtigt mit der Frage, was wir nicht mehr tun müssen, was also unserem Unternehmenszweck und unserem Kunden nicht dient, jetzt oder in Zukunft also keinen Wert mehr haben wird. Systematisch Müll zu entsorgen und aufzuräumen, wird überlebensnotwendig.

Ebenso wichtig ist es, sich klarzumachen, dass ein Verhalten, das in der Vergangenheit Erfolg erzielt hat, dadurch überflüssig geworden ist. Es hat eine andere Realität geschaffen und macht Veränderung notwendig. An die Spitze zu kommen erfordert andere Maßnahmen als an der Spitze zu bleiben. Und es ist etwas anderes der Jäger zu sein als der Gejagte.

3.10 Der Manager in eigener Sache

Management muss an Zielen ausgerichtet sein. Der Mitteleinsatz ist sekundär, allein das Ergebnis zählt. Nach innen ist es die Aufgabe des Managements, die Bausteine des Unternehmens so zu einem System zu organisieren, dass das Unternehmensziel effektiv und effizient erreicht wird.

Jeder Mitarbeiter an jeder Stelle im Unternehmen „ist Marketing", weil auf jeder einzelnen Position der Kundennutzen im Auge behalten und erbracht werden muss. Idealerweise sind nicht mehr nur Führungskräfte in der Lage, sich auch mit der Zukunft des Marktes als nur mit dem Tagesgeschäft auseinanderzusetzen. Es gibt eine objektive und zwingende Änderungsnotwendigkeit. Wenn auch Angestellte und Arbeiter immer mehr mit der Bearbeitung des Tagesgeschäftes statt mit der Beantwortung der Bedürfnisbefriedigung von morgen beschäftigt sein werden, so sollten sie sich doch klarmachen, dass die Veränderung Teil des Geschäftes ist und dass die Veränderungsrhythmen in Zukunft zunehmen. Ein Verständnis dafür wird Kummer ersparen. Dabei geht es nicht um die Frage, ob dies von diesen Personen persönlich gewünscht oder bevorzugt wird. Die Realität wird sich darum nicht kümmern.

Qualifizierte Angestellte, die sich dadurch auszeichnen, dass sie ihre spezifischen kognitiven Kenntnisse einbringen, sind dabei Mittelpunkt und Treiber der Entwicklung. Ihre Arbeitsgrundlage ist nicht ihre Körperkraft, sondern ihr Wissen. Produktionsorientierte Tätigkeiten gehen immer weiter zurück. Der Anteil an Dienstleistungen nimmt hingegen zu. In Anbetracht dieser Entwicklung von manuellen zu kognitiven Tätigkeiten ist die Mehrheit der beschäftigten Bevölkerung bereits als Wissensarbeiter tätig. Wissensarbeiter bringen ihre Produktionsmittel mit: Information, Wissen, Einschätzung, Entscheidungskraft, Innovation.

Was ist die Haupterwartungshaltung an einen Wissensarbeiter? Auch hier gilt die Prämisse: Unternehmen stehen unter globalen Wettbewerbsbedingungen unter dem Druck der Wettbewerbsfähigkeit. Dabei geht es um eine auf Langfristigkeit ausgerichtete Position am Markt und dazu ist die Befähigung zu Anpassung, aber auch Innovation der jeweiligen Organisation erforderlich. Diese Befähigung setzt voraus, dass man Mitarbeiter hat, die die Bereitschaft und die Kompetenz besitzen, sich immer wieder auf neue Situationen einzulassen. Dafür gilt es Rahmenbedingungen zu schaffen, um Wissen nicht nur abzufragen, sondern auch entwickeln, anwenden und austauschen zu können. Wenn die Belegschaft am daraus folgenden dynamischen Wandel des Unternehmens partizipiert, setzt dies einen positiven Kreislauf in Gang: Lebenslanges Lernen durch Mitarbeiter mit Unterstützung ihrer Organisation und eine daraus resultierende eigenverantwortliche Beteiligung der Mitarbeiter an der Wettbewerbsfähigkeit des Unternehmens.

Dieses Zusammensetzen der Bausteine wird anspruchsvoller und in Zukunft schnelleren Änderungen als bisher unterworfen sein. Ähnlich wie Bundestrainer Jogi Löw eine Mannschaft zusammenstellen möchte, die in der Lage ist, verschiedene Systeme zu spielen, wird die erfolgreiche Organisation der Zukunft, wenn sie dauerhaft überleben möchte, in Bezug auf den Markt und auf die externen Notwendigkeiten, radikal anpassungsfähig sein müssen. Dem Denken in Systemen und in Komponenten, die je nach Bedarf neu zusammengestellt werden können, wird eine bis dahin nicht bekannte Bedeutung zukommen. Dem Manager kommt dabei eine besondere Rolle zu. Er wird es sein, der die Komponenten zielgerichtet zusammenstellt.

Der stetige Vormarsch von Computern und Robotern in unserem Arbeitsleben hat nicht nur dazu geführt, dass Routine-Arbeiten an Maschinen abgetreten worden sind. Wir befinden uns im Wettstreit um Arbeit mit den Maschinen. So wie sich ein Unternehmen am Markt oder ein Mitarbeiter im Unternehmen positionieren muss, so müssen wir uns als Gesellschaft klarmachen, dass auch wir uns in Bezug auf Automaten positionieren müssen. Und wir wären gut beraten, wenn wir uns dabei auf unseren USP konzentrieren würden. Menschen können kreativ sein und unvorhergesehene Lösungen finden. Wir als Menschen können menschlich sein – sofern dies von Bedeutung ist. Der evolutionäre Vorteil eines Menschen ist es, dass er denken kann. Es macht wenig Sinn, wenn wir versuchen unsere Kompetenzen zu verbessern, um Computer und Roboter in ihren angestammten Kompetenzen schlagen zu können, uns also nicht auf unsere ureigenen Stärken berufen, sondern das Menschliche in uns vernachlässigen.

Insofern erleben wir die Überwindung der Arbeit nach Frederick W. Taylor (2014), der mit seinem Ansatz des Scientific Management die Arbeit der Menschen zerlegen und damit wirtschaftlicher – automatisierter – machen wollte. Wir werden in Zukunft als Wissensarbeiter auf das beschränkt sein, was Maschinen und Roboter nicht in der Lage sind zu leisten. Kreativität und das Treiben von Innovationen wird, anders als das Abarbeiten von Routine-Aufgaben, der Kern der menschlichen Arbeit sein.

Diese Art von Aufgaben ist geistige Qualitätsarbeit. Anders als in der Vergangenheit ist ein gewünschtes Ergebnis nicht durch das korrekte Durchführen eines Prozesses oder einer Tätigkeit zu garantieren. Als Wissensarbeiter gibt es keine feste Beziehung zwischen der Durchführung einer bestimmten Maßnahme und dem gewünschten Ergebnis. Die Durchführung einer Maßnahme oder Tätigkeit wird also nicht nur für die Organisation an sich, sondern für jeden Angestellten einer Organisation, gleich welcher Hierarchie-Ebene, zur Nebensächlichkeit. Nur der gewünschte Output, das Ergebnis, das Erreichen des Ziels, wird als Bewertungsgrundlage für Leistungen ausreichend sein. Selbstredend ist Kreativität und Innovation ein Teil davon.

Damit steigt automatisch die Prozentzahl der Menschen, die in einem Unternehmen vollumfänglich Verantwortung übernehmen müssen. Wissensarbeiter, also ein immer größerer Anteil der Menschen in Unternehmen, werden damit zu Managern in eigener Sache mit bedeutenden Konsequenzen für die eigene Person.

Manager in eigener Sache bezeichnet nicht nur die Tatsache, dass man Managementfunktionen und -handlungen wahrnehmen muss, sich also mit Prozessen und Strukturen auseinanderzusetzen hat. Es gilt deutlich mehr als früher, die Konsequenzen des eigenen Handelns zu reflektieren, Handlungsalternativen vor dem Hintergrund der zu erreichenden Ziele zu prüfen, Maßnahmen regelmäßig zu hinterfragen und anzupassen und die Auswirkungen des eigenen Tuns auf das gesamte Feld des Unternehmens und auf den Kunden zu prüfen. Es kommt nicht darauf an, was man macht, sondern es geht um die Beantwortung der „WIE"-Frage. Diese Frage jeden Tag zu beantworten ist die Rechtfertigung dafür, dass man am Ende des Monats sein Gehalt erhält.

Management in eigener Sache bedeutet darüber hinaus, dass das Organisieren der eigenen Person, das Lenken und Steuern der eigenen Kompetenzen und das Einbringen in den Zusammenhang der übergeordneten Zielerreichung von großer Relevanz wird. Reichte es früher aus, die zugeteilte Tätigkeit korrekt auszuführen, so wird es in Zukunft vor allem darauf ankommen, die eigene Relevanz und Funktionalität im Unternehmen angemessen beurteilen und leben zu können und die eigene Kompetenz im Hinblick auf den Verantwortungsbereich einzusetzen. Menschen, die sich hinter ihren Aufgaben verstecken und nicht den Output, damit auch nicht den Zweck und die Folgen ihres Handelns in den Mittelpunkt ihrer Arbeit stellen, handeln nicht nur fahrlässig, sondern gefährden auch ihren eigenen Job. Sie werden für die Unternehmen der Zukunft mehr und mehr nutzlos.

Deshalb wird jeder Mensch in einem Unternehmen in Zukunft mehr Verantwortung übernehmen müssen: Er wird einen Handlungs- und Entscheidungsspielraum annehmen und die Konsequenzen für das eigene Handeln und Nicht-Handeln tragen müssen. Es spielt immer weniger eine Rolle, welche Tätigkeit oder Maßnahmen man ausgeführt hat oder nicht, bewertet wird ausschließlich die Zielerreichung. Wie man zu diesen Zielen kommt, ist ja eben der Kern der eigenen Zuständigkeit. Der Manager der Zukunft muss eine Entscheidung treffen, ob er handelt oder nicht. Beurteilt wird er anhand der Ergebniserfüllung. Er ist also verantwortlich dafür, Zustände herzustellen, keine Handlungen vorzunehmen.

Es wird deutlich, dass Ergebnis immer Ergebnisverantwortung bedeutet. Verantwortung ist somit nur eine Abkürzung für das Wort Ergebnisverantwortung, genauso wie Angst immer eine Abkürzung für Verlustangst ist. Gleichzeitig ergibt sich daraus, dass man nur für etwas verantwortlich sein kann, was man auch beeinflussen kann. Der eigene Handlungs- und Entscheidungsspielraum ist zwingend notwendig.

Die Ergebnisorientierung kommt dadurch allerdings auch an ihre Grenzen, wenn Ergebnisse nicht erzielt werden können, weil sie außerhalb der eigenen Beeinflussungssphäre liegen, also nicht machbar und nicht möglich waren. Kommt man zu der Erkenntnis, dass dies im Einzelfall vorlag, müssen die Erwartungen an die zu erreichenden Ergebnisse angepasst werden. Der Übergang zur vollen Übertragung der Verantwortung an die handelnden und relevanten Stellen ist notwendig, weil man den steigenden Ansprüchen an eine Organisation nur gerecht werden kann, wenn das Know-how, das Wissen und die Erfahrung aller Mitarbeiter „angezapft" werden. Außerdem müssen, damit Entscheidungen schnell getroffen werden können, die Entscheidungen vor Ort, also unmittelbar an die richtige Stelle, verlagert werden. Führungskräfte müssen dafür den Handlungs- und Entscheidungsrahmen schaffen, was konkret mit der Übergabe von Kompetenzen und Autonomie verbunden ist. Die Eigenständigkeit des einzelnen Mitarbeiters sowie die individuellen Entscheidungsspielräume gehören vergrößert, damit angemessen auf die Markterfordernisse reagiert werden kann.

Fachkompetenz-Ebenen werden in Zukunft erodieren, denn hierarchische Vorgesetzte sind immer weniger in der Lage, eine Entscheidungssituation angemessen zu beurteilen. Anders als früher sind selbst fachlich qualifizierte Vorgesetzte nicht mehr automatisch im Bilde über den zu entscheidenden Prozess, noch sind sie im Besitz aller relevanten Informationen. Sie könnten also, selbst wenn sie es wollten, keine auf Fakten basierende und von Wissen und Erfahrungen flankierte Entscheidung treffen.

Das Konzept des Wissensmanagements in Verbindung mit dem konsequent gelebten Prinzip der Verantwortung, verspricht Abhilfe. Die klassische Führung nach dem top-down-Prinzip hat damit ebenfalls zunehmend ausgedient. So können Schnittstellenverluste zwischen den Bereichen durch kooperativ-partizipative Arbeitsformen reduziert und das Wissen und Können der Beschäftigten umfassender als bisher für die Organisation nutzbar gemacht werden. Der Mensch als Wissensinhaber steht dann im Mittelpunkt des Konzepts. Die Praxis beweist leider noch zu häufig das Gegenteil. Nicht der Mensch, sondern die Technik steht im Mittelpunkt wirtschaftlichen Interesses. Das gilt es zu ändern.

3.11 Vertrauen und Denken über das Rationelle hinaus

Mitarbeiter, die ihr umfangreiches Wissen in ein Unternehmen einbringen, die kontinuierlich lernen wollen, über Verbesserungen nachdenken und ihre Vorschläge und Ideen zur Verfügung stellen – solche Mitarbeiter wünschen sich Führungskräfte und Unternehmer. Die Realität sieht leider oftmals anders aus. Aber warum ist das so?

Mitarbeiter leiden unter fehlender Authentizität ihrer Vorgesetzten und unter fehlender Akzeptanz und Wertschätzung ihrer Wissensarbeit. Führungskräfte betonen zwar immer wieder, dass sie sich engagierte und motivierte Mitarbeiter wünschen, aber sie scheinen nicht zu wissen, wie sie zu Mitarbeitern das dafür notwendige Vertrauensverhältnis aufbauen. Ob Manager Sozial- und Psychotechniken bewusst manipulativ anwenden, will ich dahingestellt sein lassen, es kann vielmehr sicher davon ausgegangen werden, dass viele Führungskräfte nicht wissen wie Respekt und Anerkennung vermittelt werden und wie auf der Basis ein vertrauensvolles Verhältnis aufgebaut wird. Nennen wir es beim Namen: Das mangelnde Know-how im sozialen Umgang mit Mitarbeitern bedeutet auf Dauer schlechtes Management. Denn die Folge erlebter Missachtung führt beim Menschen in aller Regel zu Demotivation. Der damit verbundene gesamtwirtschaftliche Schaden ist enorm.

Vorgesetzte und Führungskräfte sollten also mit aller Kraft den Grundstein dafür legen, die strukturellen Voraussetzungen für die Übergabe von Verantwortung und von Autonomie schaffen. Strukturelle Voraussetzungen sind jedoch nur eine Formalie, die ohne das Umsetzen in der täglichen Praxis wirkungslos bleiben wird. Das Einfordern von Zuständen, also Ergebnissen, fordert zwingend, dass wir die ausführende Stelle oder die Verantwortlichen über die Maßnahmen und dem Weg zum Ziel entscheiden lassen. Ohne Autonomie ist verantwortliches Handeln nicht möglich. Damit muss man auch gewillt sein, die Auswahl der Maßnahmen, die Durchführung der einzelnen Maßnahmen und die Kontrolle zu übertragen. Die Entscheidung zu einer Zusammenarbeit mit einer anderen Person oder einem Unternehmen muss bedeuten, dass man Vertrauen in die Kompetenzen, die Auswahl der Mittel und die Urteilsfähigkeit hat.

Wir benötigen eine neue Vertrauenskultur in der Wirtschaft – in den Unternehmen und zwischen den Geschäftspartnern. So war beispielsweise früher bei einem Kauf, der mangels anderer Möglichkeiten entweder persönlich oder in einem Umfeld, was auf die Person des Verkäufers oder der Organisation schließen ließ, getätigt wurde, Vertrauen institutionalisiert. Es war möglich, den Verkäufer bzw. das verkaufende Unternehmen einzuschätzen. Die Beurteilung der Glaubwürdigkeit des Geschäftspartners war automatisch gegeben.

Dies gilt nicht mehr für den Kauf über das Internet. Das Bauen einer Webseite oder eines Webshops ist einfach und günstig, die Möglichkeit des Missbrauchs deutlich einfacher als zu Zeiten des Offline-Kaufes. Damit wird Betrug wahrscheinlicher – weil man es kann bzw. weil es sich eben lohnen kann. Vertrauen muss also separat geschaffen werden. Aus diesem Grund erhalten Sie von Trainern oder Coaches, einer Branche, die mit dem eigenen Wissen Geld verdient, kostenlose Newsletter, Podcasts oder Artikel. Noch vor zehn Jahren wäre es undenkbar gewesen, das eigene Wissen, die Säule, auf dem der eigene Erfolg beruht, kostenlos preiszugeben. Heute ist dieses Verhalten notwendig um Vertrauen in der Zielgruppe aufzubauen und damit die Basis für ein Geschäft über das Netz – hier informieren sich die meisten Menschen, die einen Trainer oder Coach suchen – zu schaffen. Das zeigt die Dynamik und den gestiegenen Anspruch des Marktes.

Entdeckungen und Erfindungen, also der Wandel, erschaffen eine neue Realität und bringen damit aus sich selbst Herausforderungen und eigenen Probleme hervor, die es vorher gar nicht gab. Neue Verfahren haben eine andere Wirkung und damit neue Risiken und Nebenwirkungen. Der Rückspiegel des Autos ist erst notwendig und sinnvoll geworden, als Kutschen (die dann nicht mehr von Pferden gezogen wurden) eine Geschwindigkeit erreichten, die einen permanenten Rundumblick notwendig machten.

Veränderung kreiert Neues – immer wieder. Sie ist die Basis für weitere Innovation. Veränderung ist somit zwangsläufig und permanent. Ein einmal gesetzter Impuls trägt sich fort und hat Konsequenzen. Diesen Ablauf zu unterdrücken ist nicht nur unmöglich und jeder Versuch damit vergeblich. Es wäre darüber hinaus in unserer Situation auch nicht erstrebenswert. Wir haben gemeinsam noch viele Probleme zu lösen, die wir erstens selbst verursacht haben und deren Lösung zweitens aufgrund der oben beschriebenen Entwicklungstendenz zunehmend schwieriger wird. Mit dem Status quo könnten wir vielleicht einfach (über)leben. Doch wer will nur das? Vertrauen in Veränderung ist also notwendig. Und das gilt genauso im innerbetrieblichen Bereich.

Vertrauen bedeutet emotionale Sicherheit. Einem anderen Menschen gegenübertreten und sich öffnen zu können. Es ist Grundlage jeglicher nahen zwischenmenschlichen Beziehung. Vertrauen kann explizit ausgesprochen oder erspürt werden. Und es kann im Mantel der Risikobereitschaft, in Form von Risikointelligenz daherkommen, indem man sich dem Risiko bewusst stellt, getäuscht, verletzt oder geschädigt zu werden. Dann entfällt die Kontrolle nicht aus Unvermögen, sondern auf Basis von Vertrauen. Dann rückt die teils manische Kontrollsucht in den Hintergrund und macht Platz für Energien an wichtigeren Stellen.

Die Fähigkeit, denken zu können, kreativ zu sein und auch seine Glaubenssätze und ein Paradigma zu wechseln sind genuine menschliche Fähigkeiten und unterscheiden uns von Computern, Robotern und Maschinen. Der Manager der Zukunft wird diese Eigenschaft trainieren und gezielt einsetzen müssen, um seinen Wert im Vergleich zum Rechner zu bestätigen und darüber hinaus einen Mehrwert im Rahmen der ihm anvertrauten Zuständigkeiten erzielen zu können.

Es wird sowohl in der Wirtschaft als auch gesellschaftlich konsensfähig werden, sich bei Entscheidungen nicht nur auf rationale Parameter und vermeintlich objektive Entscheidungsmaßstäbe berufen zu können. Vielmehr werden wir erkennen, dass ein Mehr an Zahlen und Controlling-Parametern eine Entscheidung nicht verbessern, sondern verwässern wird. Die Forderung des modernen Controllings, man müsse alles, was man messen kann, messen, und alles andere messbar machen, ist Unsinn. Diese Forderung unterstellt, dass sich alle Dinge quantifizieren und messen lassen. Ich bezweifle, dass das möglich ist. Qualität beispielsweise lässt sich vielleicht bewerten, niemals lässt sie sich jedoch messen.

3.11 Vertrauen und Denken über das Rationelle hinaus

Langsam aber sicher setzt sich die Erkenntnis durch, dass Zahlen nicht unbedingt einen Sinn vermitteln. Und die Hirnforschung lehrt uns, dass die wesentlichen Teile des Gehirns, die für die Entscheidungsfindung zuständig sind, eben nicht rational sind. Außerdem kommunizieren diese Teile des Gehirns anders als wir – nämlich nicht in Zahlen oder in Sprache. Wir können es also nicht nur nicht messen oder quantifizieren, wir können es – weder für uns selbst noch für andere – auch nicht in Worte fassen.

So paradox es klingen mag: Wir werden in der Zukunft, in Zeiten höherer Instabilität und Unsicherheit, richtige Entscheidungen dadurch treffen, dass wir uns einer Sache bedienen, die uns zwar komplettiert, jedoch lange Zeit als kontraproduktiv galt: unserer Intuition. Wir werden uns selbst und der in uns gespeicherten Erfahrung, die in Form von Intuition eine Handlungsanleitung vermittelt, wieder vertrauen lernen müssen. Insofern befinden wir uns in einem postfaktischen Zeitalter. Jedoch nicht der Gestalt, dass Fakten keine Bedeutung haben. Ganz im Gegenteil, werden Tatsachen mit Wert und Bedeutung aufgeladen und offene Fragen entsprechend über-faktisch entschieden werden. Ein modernes Bewusstsein, das stark von Gefühl abzugrenzen ist, und die damit verbundenen einzigartigen menschlichen Fähigkeiten, müssen in einer Zeit, in der wir uns gegenüber Algorithmen nur durch uns selbst abgrenzen können, zum Einsatz kommen. Intuition und Ratio bilden dabei ein perfektes Team.

Dass unsere Gedanken eine Bedeutung für unsere Zukunft und damit auch für Erfolg oder Misserfolg haben, war in den letzten Jahrzehnten eine bedeutende Entdeckung der modernen Hirnforschung. Sie sind nicht nur ein vages Nichts, sondern elektrische Impulse, die chemische Umschaltungen im Gehirn auslösen. Damit werden sie zu messbaren energetischen Schwingungen. Gedanken sind also Energie – und damit sind es Bedenken genauso wie Visionen. Bedenken schränken uns in unserem Denken ein. Visionen entfalten es erst. Aber die Welt ist viel unbegrenzter und größer, als das, was wir vordergründig denken. Ja, manch Gedanke versperrt uns gar den Weg hinein. Den Zugang dazu bekommen wir durch etwas Anderes: unsere Intuition. Eine Unternehmung braucht immer Imagination, die sich an der Realität messen lassen muss – aber verbunden mit der Intuition, wird sie perfektioniert.

Leider sind die meisten Führungskräfte die personifizierte Realität. Glücklich kann sich der schätzen, dessen Ideen und Konzeptionen, die auf den ersten Blick eher ambitioniert, denn realistisch wirken, nicht direkt verlacht und abgelehnt werden.

Eine intuitive Herangehensweise zeigt jedoch Wege auf, erkenntnisgesteuerte Ergebnisse überhaupt erst zu initiieren oder abzurufen: Dabei hilft der Entwurf von Handlungsplänen, die mehrere Alternativen durchaus spontan und leidenschaftlich auflisten. Diese dann vorgefundene Entscheidungssituation gilt es im Nachgang rational abzuwägen, aber hernach mindestens eine Nacht zu warten, um erst dann die Entscheidung zu treffen, die sich am besten anfühlt. So geht nichts verloren und emotionales Verhalten wird mittels aufgeschobener intuitiver Entscheidung in vernunftgesteuerte Aktionen überführt. Das eine tun, das andere nicht lassen: Zieht man der Ratio die Intuition hinzu, verbindet man Vernunft mit Leidenschaft, hat man die perfekten Teams. Kopf und

Bauch, Verstand und Gefühl – sie sollten jeweils als sich ergänzende Erkenntnisquellen betrachtet und genutzt werden. Mit fließenden Grenzen, aber durchaus als gemeinsames Wirkungsmodell.

3.12 Die Welt im Wandel

Das einzig Konstante ist der Wandel: Alles bleibt wie es immer war, indem nichts bleibt wie es ist und sich alles stetig verändert. Das gilt für die Welt im Allgemeinen und für das Wirtschaftsleben im Speziellen. Neben „härteren Bandagen", die dauerhaft größere Konsequenz und Radikalität im Denken und Handeln verlangen werden, ist der stetige Wandel die einzige Konstante des (Wirtschafts-)lebens.

Der Wettbewerbsdruck erhöht den Innovationsdruck. Das Ergebnis dieser Entwicklungen führt zu dem, was wir tagtäglich beobachten können: Auf Grundlage von Innovationen ändern sich Marktgesetze und Geschäftsmodelle, die zuvor als unumstößlich galten. Es sind beispielsweise nicht mehr ausschließlich Banken, die entscheiden, ob Unternehmen einen Kredit bekommen. Das Internet macht es möglich, dass ein Finanzierungsengpass durch Crowdfunding oder die Leistungen anderer FinTech-Unternehmen, als Beispiele seien indiegogo, kickstarter, auxmoney oder C2FO genannt, gelöst werden kann. Statt zum Banker meines Vertrauens zu gehen, nehme ich künftig mein Smartphone zur Hand.

Die Entstehung dieser neuen Unternehmen an den Banken vorbei, ist ein Armutszeugnis für die Riege der Banken und wäre nicht möglich gewesen, wenn die Banken die Wünsche und – noch wichtiger – die Bedürfnisse ihrer Kunden im Auge gehabt hätten. Wären Banker konsequent am Kundennutzen orientiert und hätten sie ihren Kunden zugehört, wäre der Schritt hin zu den neuen technischen Möglichkeiten schon mit der Präsentation des ersten Smartphones durch Steve Jobs möglich gewesen. Statt sich in der eigens herbeigeführten Krise und geplatzten Blase zu winden und schon fast trotzig auf alten Verkaufsstrategien auszuruhen, wäre es visionärer gewesen, für den Kunden Leistungen zu entwickeln, die seinen Erwartungen und Bedürfnissen auch tatsächlich entsprechen.

Die eigenen Leistungen permanent auf den Prüfstand zu stellen und nicht davor zurückzuschrecken, sich von Althergebrachtem zu trennen: Ein Unternehmen wird nicht überleben, wenn es die neuen Realitäten ignoriert. Nichts ist so stark wie eine Idee, deren Zeit gekommen ist. Wenn ich absehen kann, dass die Zeit meiner Produkte und Dienstleistungen abgelaufen ist, treibe ich lieber selbst die Veränderungen und gegebenenfalls sogar die Marktbereinigung voran, bevor ich aufgrund eines dynamischen Marktumfeldes in die Defensive gerate und nur mehr reagieren kann. Dazu gehört allerdings die Bereitschaft, Entscheidungen zu treffen.

Es ist sehr bedauerlich, dass es unsere Eliten bislang konsequent versäumt haben, die Grundprinzipien von Unternehmensführung und wirtschaftlichem Handeln deutlich herauszustellen und gegen simple und austauschbare Werkzeuge, Verfahren und Anwendungen abzugrenzen. Dieses Versäumnis ist im Resultat gleichzusetzen mit dem Vertauschen von Ursache und Wirkung und hat im Laufe von Jahrzehnten dazu geführt, dass wir den klaren Blick für den Kern, den Zweck und die Funktion von Management und Unternehmensführung verloren haben.

Wann immer von einer richtigen Organisationsform, einer optimalen Persönlichkeitsstruktur, einem tollen Produkt oder einem genialen Verfahren die Rede ist, sollten wir uns deutlich vor Augen führen, dass dies nur Momentaufnahmen vor dem Hintergrund einer individuellen Situation sein könnten. Vor einem anderen Hintergrund stellen sich die Situation und die Problemlösefähigkeit genau dieser Organisationsform oder dieses Verfahrens ganz anders dar. Es sind nur Werkzeuge und Mittel zum Zweck. Dieser Zweck jedoch ist der Kern des wirtschaftlichen Handelns – nicht das Verfahren oder das Werkzeug. Und dieser Zweck liegt wie dargestellt, immer außerhalb einer Sache selbst. Tut er das nicht, wird eine Unternehmung zum Selbstzweck. Selbstzweck dürfte allerdings nicht Teil unserer wirtschaftlichen Realität sein, die sich im Kern auf die Befriedigung menschlicher Bedürfnisse durch Arbeitsteilung auszeichnet.

Dabei ist es nicht mal relevant, in welcher Wirtschaftsform wir leben. Es geht darum, dass unser Establishment seine Rolle nicht so ausfüllt, wie es sein müsste. Wäre es so: Politiker dienten ihrem Land und Unternehmen ginge es primär um das Wohl ihrer Kunden. Oder nehmen wir als Beispiel die Pharma-Industrie. Ist die an der Heilung von Menschen interessiert? Die Nahrungsmittelindustrie will uns satt machen – gewiss. Aber bedeutet das aus deren Sicht nicht eher: überfüttern? Und man zeige mir deren nachhaltiges Interesse uns mit LEBENsmitteln zu versorgen. Teile der Industrie-Nahrung sind so künstlich, dass sich sogar Bakterien weigern, diese zu besiedeln. Entwickelt der vermeintliche Patient und Konsument ein eigenes Bewusstsein für das Thema, für sich und seine Gesundheit, ist er schlecht beraten, wenn er auf die genannten Industriezweige vertraut.

Eine bekannte Strategie von Pharmaunternehmen ist zum Beispiel, den Bedarf für ein Medikament zu schaffen. Je höher die Nachfrage, desto mehr kann der Arzneimittelhersteller verkaufen. Wie das geht? Einfach den Grenzwert heruntersetzen: Schon heute leidet angeblich fast die Hälfte der Deutschen an einem zu hohen Cholesterinwert – weil der Grenzwert abgesenkt wurde. Oder man erfindet Krankheiten und gibt ihnen einen schmissigen Namen, wie das Sissi-Syndrom – ein von einer beauftragten PR-Agentur geschaffenes Krankheitsbild für eine besondere Ausprägung einer depressiven Verstimmung (Blech 2005).

3.13 Relevantes erhalten und in die Zukunft überführen

Im Leben wie in der Wirtschaft geht es heute mehr denn je um selbstständiges Denken und darum, daraus die eigenen passenden Schlüsse zu ziehen. Das Richtige zu erkennen ist nicht immer leicht, wenn einem die Umwelt permanent einreden will, wie es richtig zu sein hat. Coaching und Führungskräftetrainings sind sinnvoll und nützlich, doch sollten sie – gut ausgewählt – nur die Bahnschienen legen, den Fahrplan müssen wir uns selbst schreiben. Wir brauchen mehr denn je den Mut und die Kraft, klar zu sehen und unserer Urteilskraft zu vertrauen; für die Dinge einzutreten, die wir für uns als richtig erkannt haben – auch gegen Widerstand.

Dieser Weg ist manchmal mühsam und er wird durch die Gesellschaft nicht gestützt. Wir leben in einem vergleichsweise freien Land, doch sucht dies nicht den offensiven Schulterschluss zu Freidenkern. Insofern bildet es sie auch nicht heran. Es gibt kein Interesse an frei denkenden Menschen, da diese chronisch kritisch sind. Es ist für die, die ihre eigenen Interessen durchsetzen wollen, einfacher mit Konsumenten umzugehen, die sich willenlos führen lassen. Oder noch schlimmer – vor sich hertreiben.

Die Entwicklung in die Zukunft, die Überlebensstrategie für die Zeit von Management 4.0 gelingt nur dann, wenn wir Verantwortung übernehmen. Wenn wir uns auf das konzentrieren, was wirklich wesentlich ist. Wenn wir die Ablenkungsmanöver und Blendgranaten erkennen und einzuordnen wissen: als das Spiel verschiedener Interessen, die uns zu beeinflussen suchen. Dafür müssen wir die hier dargestellten Kernelemente unseres bisherigen Managements stärken und in Zukunft konsequenter umsetzen, als das in der Vergangenheit notwendig war.

Nicht Konsum und Wachstum sind die wichtigsten Parameter, sondern die klare Vorstellung von dem Ziel, dem wir folgen. Arbeiten wir nicht an unseren eigenen Zielen, werden wir unsere Energie ungewollt für die Ziele anderer Menschen einsetzen. Blinder Aktionismus ist immer falsch, das langfristige Verfolgen eines eigenen, gut durchdachten Ideals hingegen, immer sinnvoll und richtig. Wer sich von der Masse mitziehen lässt, stolpert irgendwann nur noch. Den eigenen Weg zu kennen und ihn konsequent zu verfolgen, war gestern so wichtig wie heute und morgen. Dafür müssen wir das Richtige vom Allmöglichen trennen und bewahren und auf das Jetzt adaptieren.

Die Kardinalfrage an uns selbst ist also, wozu wir leben. Daraus ergibt sich die Antwort auf die Fragen, wie wir leben wollen, wie sich das auf unsere Arbeit auswirkt und was das für unsere Gesellschaft und für unser Wirtschaftssystem bedeutet. Dieses Denken und Handeln wird Konsequenzen für das Unternehmen, in dem wir wirken, und auf den Kunden, für den wir wirken, haben. Daran müssen wir jeden Tag arbeiten. Wenn es funktioniert, dann setzen wir unsere Handlungen fort, wenn nicht, dann ändern wir es.

Nur, wenn wir uns unseres Selbst bewusst werden und uns klar machen, wozu wir angetreten sind, können wir uns entsprechend auf den Weg machen und unserer eigenen Bestimmung folgen. Doch das Beste ist – damit schaffen wir gleichzeitig den Mehrwert für die Menschen, die sich uns anvertraut haben.

Im Rahmen des vor uns liegenden Wandels bleibt es am wichtigsten, die eigene Wertematrix zu definieren und in dieser permanent die eigene Position und den Bezug zu Systemen und Strukturen zu hinterfragen. Nicht um sich wieder zu verlieren, sondern im Gegenteil, um sich immer genauer kennenzulernen. Ich rufe Sie sozusagen dazu auf in Ihrem eigenen Wertegerüst immer wieder herumzuklettern, jedoch ohne herunterzufallen. Wenn die Kräfte, die uns umgeben, nicht im Gleichgewicht sind, wirken sie so als seien gar keine Kräfte vorhanden. Und ohne Vertrauen in uns selbst werden wir gar zu destruktiv Handelnden.

Wer sich hingegen auf die Kunst versteht die eigenen Stärken gegenüber allgemeinen unnötigen Änderungsprozessen zu verteidigen und diese von notwendiger Anpassung zu unterscheiden, ist gut gerüstet für das Management von morgen.

3.14 Über den Autor

Hendrik Habermann ist Vordenker und Business-Rebell. Fast alles, was bisher als unumstößliche Wahrheit in Lehrbüchern stand, was Referenten und Dozenten wohlfeil seit Jahren wiederholen und was Millionen Unternehmern als unumstößliche Wahrheit galt, stellt Hendrik Habermann infrage. Seine Thesen sind provokant. Mitarbeiter, die nach Motivation rufen, hält er für unreif. Unternehmen, die ihre Leistungen verkaufen müssen, bescheinigt er ein schlechtes Marketing, denn sonst würde der Kunde ja auch so kaufen. Das Gefühl, alles wird komplexer und schwieriger schiebt er beiseite, denn im Grunde ticken die Menschen noch so wie vor tausenden von Jahren. Unternehmer ruft er zu mehr Mut und rücksichtsloser Selbstbestimmung auf, aber auch zu mehr Verantwortung und ethischem Handeln Hendrik Habermann ist selbst Unternehmer in der volatilen Werbe und Werbemittelbranche, führt zusammen mit seinem Bruder eine Unternehmensgruppe. Zudem lehrt er an der Fachhochschule Düsseldorf und ist Autor mehrerer Fachartikel und Bücher.

Seine Botschaften und seine bewegende persönliche Geschichte machen Hendrik Habermann zu einem der mitreißendsten, einfühlsamsten und zugleich humorvollsten Redner unserer Zeit. Seine eigene Biografie steckt voller extremer Herausforderungen, die er in seinen bewegenden Keynotes und Vorträgen eindrucksvoll schildert. Es gibt nichts, was er nicht infrage stellt und als gegeben hinnimmt. Wer ihm zuhört, bekommt neue Perspektiven und unzählige Impulse, das eigene unternehmerische, gesellschaftliche und persönliche Handeln zu hinterfragen und nachhaltig Veränderungen einzuleiten.

Hendrik Habermann ist professioneller Vortragsredner und persönlicher Mentor für Unternehmer, die Lust auf einen radikalen Wandel ihrer täglichen Routinen und Denkmuster haben. Als Repräsentant des Deutschen Managerverbandes, als Mitglied der Ethik Society und als Akteur in zahlreichen Expertenzirkeln engagiert er sich für ein modernes Unternehmertum und innovative Führungsmodelle.

Weitere Informationen unter www.hendrikhabermann.com.

Literatur

Blech, J. (2005). *Die Krankheitserfinder – Wie wir zu Patienten gemacht werden*. Berlin: Fischer.
Spitzer, M. (2012). *Digitale Demenz – Wie wir uns und unsere Kinder um den Verstand bringen*. Knaur, München: Droemer.
Taylor, F. W. (2014). *The principles of scientific management*. North Charleston: CreateSpace Independent Publishing Platform.

4
Morgen erfolgreich?

Was zeichnet eine gute Führungskraft im Zeitalter von Industrie-, Digitalisierung-4.0 und Social Media aus bzw. welche Erwartungen haben Unternehmer und Mitarbeiter an sie?

Zusammenfassung

Führung ist mal wieder in aller Munde. Oder auch Leadership, wie Sie möchten! Als „Erfinder" des Begriffs gilt vielen Harvard-Professor John P. Kotter, der 1982 – und ausführlicher 1990 in einem Buch („A Force For Change: How Leadership Differs From Management") – den Unterschied zwischen Managern und wahren Führern (Leadern) erläuterte: Manager seien eher Verwalter, Leader dagegen Visionäre. Management stehe eher für das perfekte Organisieren der Abläufe, planen und kontrollieren. Leadership bedeute dagegen, die Geführten mit Visionen zu inspirieren und zu motivieren. Leadership schaffe Kreativität, Innovation, Sinnerfüllung und Wandel (Hegele-Raih, Leadership? 2004). Ich möchte in meinem Beitrag nicht das Thema Managen beleuchten, sondern verschiedene Seiten guter Führung. Außerdem gebe ich einen Überblick, damit es Ihnen nicht wie mir ergeht: Welches Buch, von den vielen Hundert, soll ich denn jetzt kaufen, lesen? Ich wünsche Ihnen viel Freude und Kurzweile!

Was ist nicht alles schon über gute Führung, erfolgreiche Führungskräfte geschrieben und diskutiert worden. Im Folgenden möchte ich hier eher weniger theoretische, wissenschaftliche Erkenntnisse zum Besten geben, sondern vielmehr Praxistipps. Diese fußen zum einen auf meiner langjährigen Berufserfahrung als Führungskraft in unterschiedlichen Berufssituationen, zum anderen lasse ich Experten und namhafte Buchautoren zu diesem Thema zu Wort kommen.

Die meisten Beiträge sind in der männlichen Schreibform verfasst, ich meine aber immer alle Geschlechter.

Da ich hier auch ein Vierteljahrhundert meines beruflichen Schaffens beleuchte, gehe ich also in das Jahr 1990 zurück, und hier lieber Leser gab es noch kein Social Media und keine Digitalisierung, werde ich versuchen herauszuarbeiten, was man womöglich „damals", aufgrund der Mittel und Möglichkeiten, anders gemacht hat. Was keinesfalls heißen soll, schlechter oder besser! Denn eines verrate ich gleich vorweg: Wer Führungskraft ist, fällt kontinuierlich Entscheidungen. Führen heißt leiten, heißt entscheiden können und wollen, oft genug aber auch müssen. Und das wohl wissend, dass jede Entscheidung die Zukunft des Unternehmens, der Belegschaft und letztlich auch sich selbst beeinflusst (Willmanns et al. 2006, S. 5 f.).

Und genauso erging es mir 1990: Führungskraft bin ich durch die Annahme eines Angebots geworden. Das machte mich damals natürlich stolz, es war eine Auszeichnung. Direkt nach dem Studium, die Eierschalen noch hinter den Ohren (was das Thema Führung anbetraf!), schon eine verantwortungsvolle Aufgabe übernehmen zu dürfen. Auf der anderen Seite musste ich nun auch erfolgreich sein, man stand unter Beobachtung. Ein Scheitern oder Abbrechen hat nachhaltige, oft unangenehme Wirkungen. Auf einen selbst, die Persönlichkeit, die berufliche Weiterentwicklung und natürlich das Umfeld. Damals gab es für Akademiker, im Rahmen eines monatelangen Traineeprogramms, einen sog. natürlichen Werdegang (in Großkonzernen). Ich will das in keinster Weise gutheißen, ganz im Gegenteil, so war das!

Kommunikation, und das ist bekanntlich eine der Kernkompetenzen einer guten Führungskraft, fand „damals" noch verbal, will heißen „face to face" statt. Heute ist der ein oder andere auf Abwegen, wenn er meint, er könne seine Mitarbeiter mit E-Mails oder per WhatsApp führen.

Zum Schluss möchte ich Aussagen treffen, welche Erwartungen Unternehmer an Führungskräfte haben. Die beleuchte ich aus Sicht eines Out- (bzw. ich sage lieber New- und In-) Placement-Beraters und Researchers/Headhunters, meine neue Profession seit 2015.

Und bei der Recherche zu meinem Buchbeitrag schaue ich natürlich links und rechts, was es gerade so auf dem Markt „Neues" gibt. Oder ist es mal wieder alter Wein in neuen Schläuchen?

Parallel hörte ich auch immer mal wieder in Webinare rein, die mich zum Teil noch befremden, will sagen, das kann man sich zum Teil nicht länger als fünf Minuten ansehen oder anhören. Naja, jeder meint aber, auf diesen Zug aufspringen zu müssen!

Das ein oder andere Gute ist aber durchaus dabei: „Die 5 Elemente für planbaren Erfolg als Führungskraft". „Ein gutes Entwicklungs-Programm für Führungskräfte ist wie die gute Ausbildung zum Fallschirmspringer". So Axel Klitscher von Crestcom, den ich an der Stelle sehr empfehlen darf.

Also wo man hinschaut und hinhört: Das Thema Führung ist nach wie vor in aller Munde. Aber Fakt ist, es gibt weder eine vollwertige Ausbildung noch ein Studium für eine Führungskraft. Also müssen wir uns die Kenntnisse und Fähigkeiten wohl irgendwie anders aneignen! Das weist schon darauf hin: Es ist wie ein Puzzle, die Bausteine müssen Sie sich selbst zusammensetzen. Auch ich kann heute nach 27 Berufsjahren noch viel dazu lernen, was das Thema Führen anbetrifft. Und es ist auch gut so, dass wir uns weiterentwickeln. Denn wer nicht mit der Zeit geht, geht mit der Zeit!

Mitarbeiter werden häufig über Nacht zur Führungskraft (ernannt, befördert), weil sie gewisse Voraussetzungen erfüllen, oder aus anderen (manchmal auch unerklärlichen) Gründen. Neben ihrem (theoretischen) Wissen zählt vor allem die Berufserfahrung, die praktische Erfahrung. Doch auch talentiert sollte sie oder er sein! Also braucht es eine gute Ausbildung, eine kontinuierliche Weiterbildung. Oder möchten sie, wie es Peter Brandl zu sagen pflegt, in ein Flugzeug steigen, „wenn sie wissen, dass der Pilot nicht gut ausgebildet ist"? (Live beim Vortrag auf der Impulse Konferenz in Düsseldorf „Remove before Flight – Fehlermanagement in komplexen Situationen", Peter Brandl, Kommunikationstrainer und Unternehmer, 2015 sowie sein Buch Hudson River- die Kunst schwere Entscheidungen zu treffen).

Weiter habe ich für Sie recherchiert: Impulse, Ausgabe Juli/August 2016: Einheitsunsinn, gibt es den idealen Führungsstil, den man als Unternehmer anstreben sollte? Nein, sagt der bekannte Managementautor R.K. Sprenger. In seinem aktuellen Buch „Das anständige Unternehmen: Was richtige Führung ausmacht – und was sie weglässt" plädiert er für einen individualisierten Stil. Mein Reden. Ich nenne ihn darüber hinaus auch noch *situativ!*

Führungskräfte müssen täglich Entscheidungen treffen. Manchmal fällt es ihnen leicht, manchmal sehr schwer – und häufig ist die Angst vor Fehlentscheidungen groß. Bei mir kommt gerade kein Mitleidsgefühl hoch. Sondern: Finger weg, wenn sie es nicht können bzw. packen! Ausnahmen: die jungen Führungs-Nachwuchskräfte, die es erst noch lernen müssen, denen wir es erst noch „beibringen" müssen!

In einer Lektüre von Laszlo Bock (leitet das Personalresort bei Google) „Work Rules, wie Google die Art und Weise, wie wir arbeiten und leben, verändert" (2016), lese ich so spitzfindige Dinge wie: „Warum das Einstellen neuer Mitarbeiter die wichtigste Personalführungsaufgabe in einer Organisation ist" und „Überlassen Sie den Insassen die Führung der Anstalt" – nehmen Sie den Managern einen Teil ihrer Macht und vertrauen Sie ihren Mitarbeitern, die Dinge zu regeln. Und, ganz provokant: entlohnen sie unfair – warum es ok ist, zwei Leute im selben Job völlig unterschiedlich zu bezahlen. Bitte verlangen Sie jetzt nicht von mir, dass ich alles kommentiere, bilden Sie sich bitte Ihre eigene Meinung, Ihr eigenes Urteil.

Ein Beitrag im Niederrhein Manager (Ausgabe 08/2016, Brinkschulte Verlag), der mit folgendem Artikel aufwartet: Beteiligung statt Gehorsam – die deutsche Führungskultur wandelt sich. Der in vielen Unternehmen herrschende autoritäre Umgangston (naja das sehe ich durchaus differenzierter, Anm. d. R.) weicht zunehmend Wertschätzung, Selbstbestimmung und eigenverantwortlichem Arbeiten. Ja, dem wiederum kann ich zustimmen!

Welche gesellschaftlichen Entwicklungen haben überhaupt Einfluss auf eine moderne Führungskultur, fragt Martin Horn, Vorstandsmitglied des Fachverbandes Personalmanagement im BDU. Die fortschreitende Digitalisierung führt mit ihren technischen

Möglichkeiten zu einer hohen Komplexität und Dynamik, aber auch Widersprüchlichkeiten und Unsicherheiten im Arbeitsalltag. Darüber hinaus haben sich die Menschen weiterentwickelt. Bestes Beispiel ist die *Generation Y,* in der Tab. 4.1 finden Sie einige Merkmale.

Die Merkmale der „Babyboomer" finden Sie im Gegensatz dazu in Tab. 4.2.

Es gibt noch weitere Beschreibungen zu den Generationen wie X, Z und neuerdings YT, welche ich hier nicht vertiefen möchte (Absolventa 2018).

Tab. 4.1 Generation Y

Werte	Vernetzung/Teamwork Optimismus
Merkmale	Leben im Hier und Jetzt Mit neuen Technologien aufgewachsen „24 Stunden online"
Im Arbeitsleben	Die Arbeit muss Spaß machen, lernbereit, arbeitswillig – aber Forderung nach Privatleben sehr ausgeprägt Flexibel und anpassungsbereit, selbstständige und unabhängige Arbeitsweise Führungspositionen sind ihnen nicht mehr so wichtig, eher Fachlaufbahnen und projektbezogenes Arbeiten Meister im Multi-Tasking
Kommunikationsmedium	Web 2.0
Motivation	Selbstverwirklichung Vernetztsein Mit Leuten auf der gleichen Wellenlänge zusammenarbeiten

Merkmale der Generation Y, Quelle: Absolventa 2018

Tab. 4.2 Babyboomer

Werte	Gesundheit Idealismus Kreativität
Merkmale	Teamorientiert Karriereorientiert – schnell in Führungspositionen aufsteigen Arbeit hat den höchsten Stellenwert
Im Arbeitsleben	Strukturierter Arbeitsstil Regelmäßiger Austausch im Team Pflege von Beziehungen und Netzwerken
Kommunikationsmedium	Telefon
Motivation	Persönliches Wachstum Wertschätzung für ihre Erfahrung Gefühl, gebraucht zu werden

Merkmale der „Babyboomer", Quelle: Absolventa 2018

Wir wollen auch nicht streiten, wer denn nun größeren Wert auf Work-Life-Balance legt. Denn das ist kein Generationenthema, sondern wohl eher ein individuelles.

Führungsetagen müssen somit verstärkt auch auf Wertekonzepte achten.

Anm. d. R.: Ich darf hier auf meine Kollegen Jürgen Linsenmaier verweisen, der Leiter der Ethik Society (http://www.juergen-linsenmaier.de/), schauen Sie bitte dort mal vorbei!

Insbesondere wenn beide Generationen in einem Team vertreten sind, steht die Führungskraft vor großen Herausforderungen, sie muss all diesen Anforderungen gerecht werden.

Da passt das Buch von Edgar K. Geoffroy sehr gut: „Herzenssache Mitarbeiter, die Unternehmenskultur im digitalen Zeitalter" (Geffroy und Albiez 2016). Mitarbeiter sind das Kapital eines Unternehmens. Erst durch gute Führung wird dieses Humankapital jedoch wirksam.

Bei Prof. Malik (Prof. Dr. Fredmund Malik hat ein grundlegend neues Denk- und Managementsystem entwickelt, das die Leadership-Effektivität von Top-Executives sowie das Funktionieren von großen Organisationen revolutioniert) habe ich Mitte 2000 meine Ausbildung zum Manager absolviert. Ich kann mich noch gut an die Diskussionen Manager vs. Führungskraft erinnern. Malik schreibt in seinem Buch „Management: Das A und O des Handwerks" (2013): „Es sind Menschen, die die Arbeit tun, und im speziellen sind es in den Organisationen Führungskräfte, die zu gestalten, lenken und entwickeln haben. Jede Führungskraft ist ein Zentrum der Wirksamkeit oder ihres Fehlens in einer Organisation. Manager sind Zentren von Selbstregulierung und Selbst organisation im engsten Sinne des Wortes, indem sie sich selbst zu steuern, lenken und organisieren haben. Kybernetisch gesehen sind sie zugleich Komplexitätsverstärker und Komplexitätsdämpfer. Über Führungskräfte wird täglich mehr Unsinn verbreitet als über jedes andere Managementthema. Hier schlägt zu Buche, dass die meisten Publikationen von Leuten verfasst werden, die so gut wir keine Erfahrungen mit Führungskräften haben." So Prof. F. Malik! Ich schätze ihn und mag ihn einfach, das darf ich hier erwähnen!

Ich empfehle Ihnen hierzu auch sein Buch: „Die Grundsätze wirksamer Führung" (2012). Insbesondere das Führungsrad (Sie finden das auch natürlich [fast] alles im Netz! Einfach genial!).

Er nennt es „Aufgaben und Werkzeuge einer guten Führungskraft". „Wie Sie wirksame Führung erzielen". Wenn Sie das beherzigen und beherrschen, haben Sie Ihr Ziel erreicht!

„Gute Führungskräfte arbeiten daher nie für ihren eigenen Erfolg. Gute Führungskräfte arbeiten ausschließlich für den Erfolg ihrer Mitarbeiter." – Zitat Peter Buchenau!

Axel Klitscher (Klitscher Consulting) beschreibt es in einem Webinar so:

Die drei schlimmsten Fehler von Führungskräften:

1. Schlechte Kommunikation
2. Entscheidungsschwäche
3. Ungerechtigkeit

Weiterhin, die Schlüsselkompetenzen von Führungskräften:

- Kommunikation
- Serviceorientierung
- Mitarbeiterentwicklung
- Motivierende Führung
- Change-Management
- Verhandlungsgeschick
- Problemlösung
- Leistungsorientierung
- Strategisches Denken
- Team Building

In der Zeitschrift Impulse News vom 02.11.2016 lese ich: **„Ich will nicht mehr mit Anfängern arbeiten":**

Viele Unternehmen, vor allem Start-ups, setzen auf junge, unerfahrene Mitarbeiter. Die sind so schön billig. Doreen Huber hat davon die Nase voll. Sie sagt: „If you pay peanuts, you get monkeys."

Daraus leiten wir ab, dass gerade im Führungskräfte-Bereich auch keiner mit Anfängern arbeiten will, also setzen wir auf gute Ausbildung. Mein Reden!

Immer mehr Manager fühlen sich zum Umdenken gezwungen. In Zeiten des Fachkräftemangels bestimmen die Wünsche der Mitarbeiter die Führungskultur. So fallen nach und nach die Hierarchien und der Chef wird zum Mentor (Lemper Pychlau 2016).

4.1 Methoden der Zusammenarbeit, wenn Mitarbeiter gleichzeitig Chefs sind

Agiles Management gilt als Zauberformel für Zukunftsfähigkeit. Das Kalkül: Wo Hierarchien verschwinden, sprudeln die Ideen. Warum kommt es dann dennoch zum Chaos? Impulse, Wissen, Innovationen, Mitarbeiter und Führungskräfte treffen aufeinander und tauschen Informationen aus. „Und weil sich Informationsflüsse noch nie kontrollieren ließen – wir denken an den guten, alten Flurfunk – ist die Essenz einer werteorientierten, vernetzten und digitalen Führungskultur Vertrauen", erläutert der Experte. Die richtigen technologischen Strukturen unterstützen partizipative Führung und machen sie erlebbar, so seine These. In seiner Software treffen deshalb Prinzipien der sozialen Medien auf Dokumentenablage. Verändert sich ein Prozess – etwa in der Produktion – werden betroffene Mitarbeiter per Nachricht informiert und können wie bei Facebook & Co direkt über Kommentar- und Bewertungsfunktionen reagieren. Der Dokumentersteller sieht das. So kann er Bedenken, Vorschläge oder Korrekturen seiner Kollegen miteinbeziehen. Diese Features ermöglichen eine Kulturrevolution. Statt wie üblich, von oben zu regieren, können von der Aushilfskraft bis zum Vorstand alle an Arbeitsprozessen mitgestalten. Engagierte Mitarbeiter sind sichtbar, Entscheidungen nachvollziehbar (Weißenborn 2016).

„Um die digitale Wirtschaft zu erobern, muss man führen" (Miriam Meckel 2016). Man braucht Ausdauer, Teamgeist und Zielstrebigkeit, um nur die drei wichtigsten Eigenschaften zu nennen. Digitalisierung ist heute eine wichtige, manchmal die wichtigste Führungsaufgabe. Es gibt sie, die Anführer, die mutig vorangehen und ihr Team, ihr Unternehmen ins digitale Zeitalter führen. Und die wissen, dass Xerxes, der Perserkönig, irrte, als er einst das Meer auspeitschen ließ, weil seine Truppen keine Brücke über den Hellespont bauen konnten. Die Anführer von heute wissen längst: Jeder Schritt, jeder Erfolg im Neuland fangen bei ihnen selbst an.

In diesem Heft finde ich erneut einen spannenden Beitrag von R. Sprenger (S. 20, 21), Thema: Führung – Willkommen in der Antwort Welt. Hierarchie: wird sich auch Führung durch die digitale Transformation der Arbeit verändern? Wenn ja, welche Kompetenzen sind gefordert? Digital Leadership – eine schwierige Wortverbindung. Eine „digitale" Führung, die nur „0" oder „1" kennt, nur „ein" oder „aus", entweder oder? Gemeint ist wohl eher Führung vor dem Hintergrund unübersehbarer, allseits zugänglicher und vernetzter Datenmengen. Für manche ist gar das ganze Konzept Führung infrage gestellt, zumindest reif für eine Re-Definition. Zweifellos wird die horizontale Kommunikation zunehmen, die vertikale abnehmen. Wir sind die Generation des Übergangs von der Analogie zur digitalen Welt. Klar erkennbar ist das Hauptparadox digitaler Arbeitswelten: Trotz aller scheinbar digitaler Klarheit nehmen die Unschärfen zu. Bei mindestens fünf Unterscheidungen:

1. **Physisch/virtuell:** Kommunikation und Kooperation verlagern sich in den virtuellen Raum, Büros verlieren ihre Bedeutung. Aber: Ohne physische Präsenz wird es schwieriger, Zusammenarbeit zu organisieren. Will man Kooperation, vor allem bereichsübergreifende, nicht nur bloße Koordination, dann sind gemeinsame Probleme, kommunikationsfördernde Architekturen und Gehaltssysteme neu zu denken.
2. **Innen/außen:** Die Unternehmensgrenzen verschwimmen. Kollektive Identität („wen meinen wir, wenn wir „wir" sagen?"), bisher eher randständig behandelt, rückt ins Zentrum der Führungsarbeit. Zeitarbeit, Befristungen und Digitalnomadentum machen das Identitätsstiftende von Grenzen bewusst. Transaktionskosten erfahren dabei eine Neu- und Höherbewertung.
3. **Kurzfristig/langfristig:** Insgesamt wird die Volatilität innerhalb und außerhalb der Unternehmen wachsen. Aufbauorganisationen sind transitorischer (vorübergehender) Natur. Langfristige Planung ist passé, ebenso lineare Führung mit Zielen, starren Budgetprozessen und langatmigen Reportings. Die Managementherausforderung der voraussehbaren Zukunft ist es, mit der zum Teil bruchhaft erhöhten Umgebungsgeschwindigkeit Schritt zu halten.
4. **Privat/beruflich:** Die Vorstellungen von Karriere und Sinnsuche vervielfältigen sich. Die Währung für viele, nicht nur Angehörige der Generation Y, sind nicht mehr Geld und Karriere, sondern Zeit, Gesundheit und Sinn. Führung wird sich daher vom „one size fits all" kulturell wie arbeitsorganisatorisch verabschieden.

5. **Vertikal/horizontal:** Hierarchie, Netzwerk, Co-Leadership und Projekte überlagern und unterlaufen sich flexibel. Die digitale Welt wird verstärkt vom Kunden ausgedacht, nicht von internen Macht- und Kontrollinstanzen. Führung wird dadurch indirekter, bezieht sich vorrangig auf Institutionen: Silos aufbrechen, Abteilungswände einreißen, Coworking-Spaces schaffen, digitale Räume für das Kreativitäts-Crowdfunding eröffnen. Führung wird nicht mehr einzelne Mitarbeiter optimieren, sondern Netze flechten und Aufmerksamkeit kanalisieren. Fachliche Überlegenheit wird nur noch selten Führung legitimieren. Digital Leadership ist Pull, nicht Push. Drohen funktioniert bei flexiblen Spezialisten nicht. Angesichts dieser Unschärfen wird die Ambiguitätstoleranz (Doppelsinn) der Führung massiv gefordert. Anders formuliert: Sie muss auf Prinzipien verzichten. Sie muss Unklarheit, Mehrdeutigkeiten und Paradoxien mögen und darin Chancen sehen, nicht Risiken.

4.2 *Digitalisierung:* Die größte Herausforderung junger Führungskräfte

Wie agiere ich als Führungskraft im Sinne des Unternehmens und der Kundinnen und Kunden? Wie verhalte ich mich gegenüber meinen Mitarbeiterinnen und Mitarbeitern? Hat Führung eine gesellschaftliche Verantwortung? Was sind also heute und morgen die Anforderungen an „gute Führung"? Mit diesen Fragen setzt sich seit Mitte September 2012 das Projekt „Forum Gute Führung" auseinander (Bundesministerium für Arbeit und Soziales 2018). Es wird im Rahmen der Initiative Neue Qualität der Arbeit gefördert. Diese breit getragene und vom Bundesministerium für Arbeit und Soziales ins Leben gerufene Initiative fördert Studien und Projekte, die gesellschaftliche sowie betriebliche Diskussionen und Veränderungen unterstützen sollen. Die Ergebnisverantwortung liegt dabei bei den Projektnehmerinnen und Projektnehmern.

Prof. Dr. Peter Kruse (†), Geschäftsführer der nextpractice, sagte über die Herausforderungen, vor denen Führung heute steht:

> Aus der Verdichtung der intuitiven Einschätzungen der 400 interviewten Führungskräfte entsteht ein inhaltlich strukturierter Bedeutungsraum, siehe Abb. 4.1, der aufzeigt, welche Feldkräfte gegenwärtig das Führungshandeln in Deutschland prägen. Die mathematische Abbildung der kulturellen Großwetterlage fungiert als Bezugssystem für die Einschätzung und Analyse interessierender Details. Anhand des Bedeutungsraumes wird nachvollziehbar, welche Merkmale in der aktuellen Führungskultur abgelehnt werden, welcher Zielhorizont „gute Führung" definiert und welche Aspekte den Führungskräften besonders wichtig sind.

Die 74 positiv und negativ bewerteten Schlagwörter wurden aus ca. 4600 frei formulierten Originalaussagen verdichtet. Je größer ein Schlagwort dargestellt ist, desto mehr Originalaussagen wurden darunter zusammengefasst.

4.2 Digitalisierung: Die größte Herausforderung junger Führungskräfte

Abb. 4.1 Bedeutungsraum

Hierarchie und Planbarkeit Hierarchisch dominierte Vorausplanungen werden mehrheitlich abgelehnt. Die Zeit des Vordenkens und Anweisens ist vorbei. Die klassische Linienhierarchie wird zum Auslaufmodell erklärt. Die Führungskräfte prognostizieren selbst organisierende Netzwerke als Organisationsform der Zukunft.

Ergebnisoffenheit Alle 400 interviewten Führungskräfte benennen die Fähigkeit, mit ergebnisoffenen Prozessen umzugehen, als ein zentrales Merkmal von „guter Führung". Der Bereitschaft, sich auf die Unsicherheit gemeinsamer Suchbewegungen einzulassen, wird signifikant höhere Bedeutung beigemessen als dem Management über Zielvereinbarung und Controlling.

Transparenz, Einfühlung und Kooperationen Transparenz von Informationen, Integration unterschiedlicher Lebensentwürfe, empathische Einbeziehung von Mitarbeitenden und die Förderung übergreifender Kooperationen stehen weit oben auf der Wunschliste. Die Führungskräfte sind sich einig, dass einsame Entscheidungen und fertig ausgearbeitete Konzepte angesichts der komplexen Dynamik global vernetzter Märkte nicht mehr angemessen sind.

Auch das lese ich gerade (Advance 2016):

Führen ohne Chef
Der Chef ist nur noch Impulsgeber und hat ansonsten die zentrale Aufgabe, sich herauszuhalten: Bei TELE in Wien bestimmen die Mitarbeiter selbst, wie ihr Arbeitsalltag abläuft. Die Transformation klassischer Industriebetriebe zum selbst organisierten und zukunftsgewandten Unternehmen braucht starke Typen, die Führung ganz neu denken können.

In diesen Zusammenhang möchte ich das Zitat von T. Roosevelt bringen: Wer seiner Führungsrolle gerecht werden will, muss genug Vernunft besitzen, um die Aufgaben den richtigen Leuten zu übertragen, und genügend Selbstdisziplin, um ihnen nicht ins Handwerk zu pfuschen.

In der Studie „Deutschland führt" (Information Factory 2015) ist nachzulesen:

Gute Führung – the winner takes it all
Das Thema Führung ist relevant für den Unternehmenserfolg. Aber wie bekommt man gute Führungskräfte? Was sind die erfolgskritischen Faktoren von Führung? Die Studie geht der Frage nach, welche Kompetenzen wirksame Führungskräfte im Unternehmensalltag vorwiegend besitzen, aber auch ausbauen sollten. Denn wirksame Führung ist keine Overhead-Position, sondern ein knallharter Leistungsfaktor. Über 90 % aller befragten Teilnehmer in Deutschland sind davon überzeugt, dass gute Führungskräfte die wirtschaftliche Situation eines Unternehmens deutlich verbessern. Noch mehr – nämlich 93 % aller Befragten – sind der Ansicht, dass gute Führungskräfte die Arbeitgeberattraktivität erhöhen und somit im „War for Talents" einen entscheidenden Vorteil bringen. Führung ist wichtig, Tendenz weiter steigend: Drei Viertel der Umfrageteilnehmer gehen davon aus, dass die Führungskultur zukünftig eine noch wichtigere Rolle in Unternehmen spielen wird als das bisher der Fall war.

Und im Beitrag unter http://www.forum-gute-fuehrung.de finden wir:

Top Skills für erfolgreiche Führungskräfte
Ob sich die Führungsqualität in Unternehmen durch mehr Gendergerechtigkeit (Gleichbehandlung von Männern und Frauen) verbessern lässt, bleibt offen. Aber – unabhängig vom Geschlecht – über welche Kompetenzen sollte eine gute Führungskraft eigentlich verfügen? Was sind die Top Skills? Die Umfrage zeigt:

Die Fähigkeit, mit Mitarbeitern erfolgreich zu kommunizieren, hat für Mitarbeiter, Führungskräfte und HR oberste Priorität. Weiterhin wichtig in den Augen aller Befragten: Die Fähigkeit, die Belange der Mitarbeiter zu verstehen und die Fähigkeit, arbeitsbezogene, fachliche Beziehungen zu Mitarbeitern aufzubauen und zu pflegen. Hier sind sich alle Befragtengruppen also einig: Die Mitarbeiter-orientierung steht hoch im Kurs. An vierter Stelle: die Fähigkeit, sich gut zu organisieren.

Welche Fähigkeiten sollten Führungskräfte noch haben?

Die Fähigkeit, mit Mitarbeitern erfolgreich zu kommunizieren.

Die Fähigkeit, die Belange der Mitarbeiter zu verstehen.

Die Fähigkeit, relevante arbeitsbezogene, fachliche Beziehungen zu Mitarbeitern aufzubauen und zu pflegen.

Die Fähigkeit, sich gut zu organisieren, um nur einige zu nennen.

Und was eine gute Führungskraft in jedem Fall braucht, ich zitiere: Der eigentliche Beweis, dass wir Talent besitzen, ist die Fähigkeit, das Talent in anderen Menschen zu entdecken (Autor unbekannt)!

Was macht einen guten Arbeitgeber aus? Zitat von Sven Tilch (Arbeitgeber das Jahres 2015),
„Der Bundeswirtschaftssenat im Dialog, im Gespräch mit Prof. Dr. Jo Groebel, BVMW":

> man muss mit Freude an die Arbeit gehen. Damit meine ich nicht Spaß. Jeder Arbeitgeber hat eine riesige Verantwortung. Auch ich musste länger darüber nachdenken, ob ich das wirklich möchte: jung sein und Verantwortung für 300 Mitarbeiter und deren Haushalte tragen. Das Wichtigste ist, dass man für alle Mitarbeiter berechenbar ist. Sie müssen alle wissen für welche Werte der eigene Arbeitgeber steht. Ein Unternehmer braucht Grundwerte, sonst wird er eines Tages scheitern. Ich sehe mich als Kompass für meine Mitarbeiter. Das Wichtigste ist, Menschen um einen herum mitzunehmen! Jedem Mitarbeiter, der in meinem Umfeld ist/arbeitet, vertraue ich zu 100 %, von Anfang an.

Einheitsunsinn ist der Titel eines Beitrags vom bekannten Managementautor Reinhard K. Sprenger (Impulse, Ausgabe 07+08/2016, S. 62 folgende). Die Frage: Gibt es einen idealen Führungsstil, den man als Unternehmer anstreben sollte? Nein, sagt Sprenger. Im Kapitel über die „Pädagogisierung der Unternehmensführung" seines aktuellen Buches plädiert er für einen individualisierten Stil.

Im Unternehmen wird die Normierungsabsicht besonders sinnfällig bei den vielfältigen Bemühungen, einen bestimmten Führungsstil durchzusetzen. Es heißt: Du musst deinen Führungsstil ändern. Gedacht wird dabei an ein stabiles und insofern vorhersehbares Verhaltensmuster, das auf die Produktivitätssteigerung der Mitarbeiter zielt, sich mit moralischen Ansprüchen vermengt, einen ursächlichen Zusammenhang von Unternehmenserfolg und einem bestimmten Führungsverhalten unterstellt. Die Inhalte der dort beschriebenen Führungsstile sind ausnahmslos idealtypische Überhöhungen menschlicher Eigenschaften wie:

- Soziale Intelligenz
- Teamfähigkeit
- Empathie

die in wirtschaftsfernen aber pädagogikaffinen Bildungskreisen zu Leitbegriffen erhoben wurden. Sie sind überraschungsfrei und weitgehend identisch mit dem, was heute unter „guter Führung" verstanden wird. Dabei wird der Mitarbeiter als unselbstständiges Wesen gedacht, das von den Führungskräften in die richtige Richtung gesteuert werden soll. Führungskräfte sollen daher Vorbild sein, ihrer Fürsorgepflicht nachkommen und dergleichen mehr. Vor dem Hintergrund dieser Soll-Idee sind fast alle Führungskräfte optimierbar. Die Grundbotschaft lautet: Sie wären ein sehr viel besserer Mensch, wenn sie ein anderer wären. Was dann irgendeine Abteilung legitimiert, das Delta zu bewirtschaften. Im Kern handelt es sich um die umfassende Pädagogisierung der Unternehmensführung. Die Normierung des Führungsstils zielt folglich in zwei Richtungen:

- hierarchisch abwärts auf die Mitarbeiter, die in einer bestimmten Weise zu behandeln sind
- hierarchisch aufwärts auf die Führungskräfte, die sich einem einheitlichen Stil verpflichtet fühlen sollen.

Einige Führungsstile sind von gestern, einige chic, andere illusionär. Eine Auswahl:

- autoritär
- patriarchisch
- demokratisch
- partizipativ
- kooperativ
- situativ
- transformativ
- transaktional
- laissez-faire
- aktiv
- passiv
- ….

Grundsätzlich ist zu unterscheiden zwischen einem kollektiven Führungsstil und einem individuellen. Ich darf an dieser Stelle das Buch von R. Sprenger (2015) mit dem Titel: „Das anständige Unternehmen, was richtige Führung ausmacht und was sie weglässt" nur empfehlen.

Doch welche Änderungsmöglichkeiten haben wir nun? Ob die Annahme, man könne eine Änderung des Führungsstils herbeiführen, realistisch ist, hängt davon ab, was man unter Führung versteht. Stellt man sie dem „Management" gegenüber, dann handelt es sich bei der Führung um eine Haltung, die sich vom Management als eine Technik unterscheidet. Management kann jeder lernen, das ist Handwerk, der Umgang mit Werkzeugen, mit denen man als Manager seinen Wirkungsgrad optimiert. Bei einer Führungshaltung ist das anders. Sie umschließt Menschenbildannahmen, kulturelle Prägungen, intrapsychische Dispositionen (wie etwa Selbstvertrauen). Deren Entwicklung ist mit dem 20. Lebensjahr weitestgehend abgeschlossen. Sie werden als innere Einstellungen von der Führungskraft gleichsam ins Unternehmen mitgebracht. Nach allem, was wir darüber wissen, ist diese Haltung sehr stabil. Also auch widerstandsfähig gegenüber freundlichen Optimierungsversuchen.

So unersetzlich die aufwendigen Programme zur Führungskräfteentwicklung für die Strukturstabilität der Organisation und das Personalmarketing auch sind, sie gehen inhaltlich von überzogenen optimistischen Grundannahmen aus. Menschliche Kommunikation ist kaum ein bewusster Vorgang. Wenn wir reden, zusammenarbeiten oder streiten, überlegen wir uns nicht vorher, wie wir das tun, sondern wir tun es reflexhaft und intuitiv. Gerade im Konflikt brauchen wir die schnelle Energie, und die ist zeitgehärtet. Wenn Emotionen im Spiel sind, legen wir die alten Platten auf, die uns seit vielen Jahren haben funktionieren lassen. Was den Wirkungsgrad der Änderungsenergie abermals begrenzt. Die Vorstellung ist jedenfalls naiv, man könne jemanden über Trainingsprogramme, Rollenspiel oder Feedback wirklich Führungsfähigkeit vermitteln. Diese Programme blenden nicht nur die Realität veränderungsresistenter Einstellungen aus, sondern auch die Komplexität sozialer Interaktionen. Diese sind um einiges unübersichtlicher, als die meisten Konzepte zur sozialen Kompetenz behaupten. Es ist also nicht damit getan, einfach ein Video anzuschauen, ein Seminar zur Führungspsychologie zu besuchen oder wenigstens gute Vorsätze zu haben, und schon „pflegt" man ein ganz anderes Führungsverhalten. Fassen wir zusammen: Jeder kann nur nach seiner eigenen Art führen. Deshalb taugen Führungsstilkonzepte nicht.

„Das anständige Unternehmen, was richtige Führung ausmacht- und was sie weglässt" (Sprenger 2015).

In diesem Zusammenhang, habe ich ein wenig in den Seminar-Angeboten zum Thema Führung gestöbert und da ist mir dieses, von der impulse-Akademie Hamburg, positiv aufgefallen:

Führung – Begeistern Sie durch Wertschätzung!
Wissen Sie, warum Sie jeden Morgen aufstehen und in Ihr Unternehmen fahren? Was ist Ihr Ziel? Was bereitet Ihnen Freude? Und genauso wichtig: Wissen Ihre Mitarbeiter, warum sie jeden Tag zur Arbeit kommen? Was treibt die eigentlich an? Sicher: Man kann versuchen, Mitarbeiter (und auch sich selbst) mit Geld zu motivieren. Oder mit einem Dienstwagen. Oder mit Gratis-Kaffee im Büro.

Doch es gibt etwas viel Mächtigeres, das Menschen nachhaltig antreibt: Sinn.

Sinnorientierte Führung
Wer einen Sinn in seiner Arbeit erkennt, den muss man nicht mit Tischkickern motivieren. Den macht es glücklich, wenn er im Job seine Ziele erreicht. Bodo Janssen hatte nicht immer glückliche Mitarbeiter – ganz im Gegenteil. Als er 2010 die Angestellten seiner Hotelkette Upstalsboom befragte, kam heraus, dass sich seine Leute vor allem eines wünschten: einen anderen Chef. Janssens Reaktion: Er ging erst ins Kloster und belegte Seminare bei Pater Anselm Grün. Dann stellte er seinen Führungsstil komplett auf den Kopf und hörte auf, sein Handeln an den Erwartungen anderer auszurichten. Stattdessen stellt er seine Mitarbeiter und deren Entwicklung in den Fokus: Für ihn ist Führung eine Dienstleistung am Mitarbeiter. Und diese Dienstleistung besteht darin, dem Mitarbeiter zu helfen, die essenziellen Fragen zu beantworten: Warum stehe ich jeden Tag auf? Was gibt meinem Leben eine Bedeutung? Denn nur, wer diese Fragen beantworten kann, kann sein Potenzial voll ausschöpfen – das gilt für Mitarbeiter, aber auch für den Unternehmer selbst.

Die Erfolge sinnorientierte Führung
Das Erstaunliche: Obwohl das Betriebswirtschaftliche zunächst in die zweite Reihe rückt, zeigt die sinnorientierte Führung deutliche betriebliche Erfolge. Bei Janssens Unternehmen Upstalsboom sehen die so aus:

- die Mitarbeiterzufriedenheit ist um mehr als 80 % gestiegen
- die Weiterempfehlungsrate liegt bei 98 % – die Zufriedenheit der Mitarbeiter hat sich also auf die Zufriedenheit der Kunden ausgewirkt
- die Krankheitstage sind deutlich gefallen
- das Unternehmen erhält fünfmal mehr Bewerbungen
- der Umsatz wurde in drei Jahren mehr als verdoppelt.

In der Impulse, Ausgabe 11/2016, lese ich einen Buchtipp: Lars Vollmer, **Zurück an die Arbeit,** Linde Verlag (2016).

„In vielen Unternehmen verdaddeln Chefs und Mitarbeiter ihre Zeit mit unproduktiven Meetings oder das Verfassen von Reports. Sie rauben uns Zeit fürs Wesentliche!". In seinem neuen Buch „Zurück an die Arbeit" verrät Lars Vollmer, wie Unternehmer Schluss mit diesem Theater machen. Und nennt vorbildhafte Firmen, die es anders machen. Ja es gibt tatsächlich schon Firmen, die das tun worüber er schreibt. Die „Arbeiten statt Theaterstücke" aufzuführen! Die „Leisten anstatt zu Spielen".

Kurzer Einschub meinerseits: Ich kannte tatsächlich mal eine Führungskraft, einen Bereichsleiter, oder war er Abteilungsleiter – naja irgendwas mit Leiter war das, also nicht, die an der man hochklettern kann – für den Hamster im Rad sieht es ja auch wie eine Leiter aus. Sorry, bin des Weges abgekommen.

Also ich kannte mal einen, der hat tatsächlich im Meeting (anwesend waren 4 Geschäftsführer und 9 Bereichsleiter) mit seinem Smartphone spielte. Hatte gar keinen gestört und interessiert! Die Meetings waren grausam, „führungslos"! Sorry, unfassbar, aber wahr.

Sie entschuldigen bitte, zurück zum Thema, dem Theater, wo waren wir noch gerade stehengeblieben? Also diejenigen, die sich und anderen einen Sinn erfüllen, anstatt zu funktionieren. Die in „kleinen agilen Zellen arbeiten anstatt in monströsen bürokratischen Abteilungsklöpsen abzuteilen". Die „Ergebnisse liefern, statt Pflichtenhefte abzuarbeiten". Die „Informationen zur gemeinsamen Wertschöpfung nutzen, statt sie zum Machtaufbau und -erhalt zu missbrauchen". Die „Mitarbeiter an Erfolg und Kapital teilhaben lassen, anstatt ihnen Karotten vor die Nase zu halten, um sie zu motivieren".

Kleiner Einschub meinerseits. Im Bergbau wurden, als es noch Pferde unter Tage gab, die die Kohlewagen aus dem Revier zum Schacht gezogen haben, den Pferden Hafersäcke, also ihr Futter, vor die Nase gehalten/um den Hals gebunden. Der Begriff „Futtsack" für Störung, Unterbrechung, rührt also hier her. Wenn der Futtersack leer war, blieben die Pferde stehen. Und zum Thema Motivation möchte ich Ihnen gerne eine Grafik vorstellen,

4.2 *Digitalisierung*: Die größte Herausforderung junger Führungskräfte

die ich sehr gerne in meinen Workshops nutze. Von wegen, man kann als Führungskraft nicht motivieren, meine Damen und Herren, sorry, das ist Quatsch!

Motivation hängt von verschiedenen Faktoren ab (vgl. Abb. 4.2). Es sind Dinge, die der Mitarbeiter in erster Linie mitbringt, die Leistungsbereitschaft. D. h. sein Wille. Also stellen Sie sich als Führungskraft stets die Frage: Will er überhaupt? Sie sehen in der Grafik die Diagonale, die feine weiße Linie. Die Fläche darunter zeigt, das ist also Sache des Mitarbeiters. Und jetzt kommt es: Die Fläche darüber, also das kleine Dreieck (im unteren Rechteck), wäre das, was Sie als Führungskraft hier „beeinflussen" könn(t)en. Will heißen: Lassen Sie es. Jemand der nicht will/nicht bereit ist, den erreichen Sie nicht. Aus meiner 27-jährigen Berufserfahrung, davon viele Jahre als Führungskraft, darf ich Ihnen das ans Herz legen. Diese „Typen" machen Dienst nach Vorschrift, schön, dass die anderen für sie die Arbeit (mit-)machen. Wir warten mal ab. Schlimmstenfalls sind diese „Typen" auch noch unkündbar, aus den unterschiedlichsten Gründen, die ich hier nicht näher ausführen möchte.

Um das Thema fortzuführen: Kümmern Sie sich bitte um die Leistungsfähigkeit Ihrer Mitarbeiter, entwickeln Sie sie, fordern und fördern Sie sie und in erster Linie, sorgen Sie für ein gescheites Arbeits- (hier Leistungs-) umfeld. Seien Sie eine Führungskraft (oder ein Arbeitgeber), bei dem man gerne arbeitet. Schaffen Sie ein attraktives Arbeitsumfeld, z. B. vernünftig ausgestattete Büros, ergonomisch gestaltete Arbeitsplätze (natürlich auch in der Produktion), im Sommer kühl, im Winter warm, hell mit guter Atemluft, uvm. Dann kommen die Mitarbeiter gerne und bleiben auch! Sie wissen ja, Geld steht nicht an erster Stelle, wenn es um das Thema Motivation geht. Schauen Sie sich einmal ein Reiss Profil an und viele weitere spannende Ausführungen zu diesem Thema. (Das Reiss Motivation Profile® ist ein wissenschaftliches Testverfahren, das diese Ausprägung misst, auf Basis von 16 Lebensmotiven, die unsere Persönlichkeit, je nach ihrer individuellen Ausprägung, beeinflussen.)

Stimmen führender Manager: Dr. h.c. Thomas Sattelberger, in changement, Ausgabe 01 Nov/Dez 2016, Seite 21 folgende:

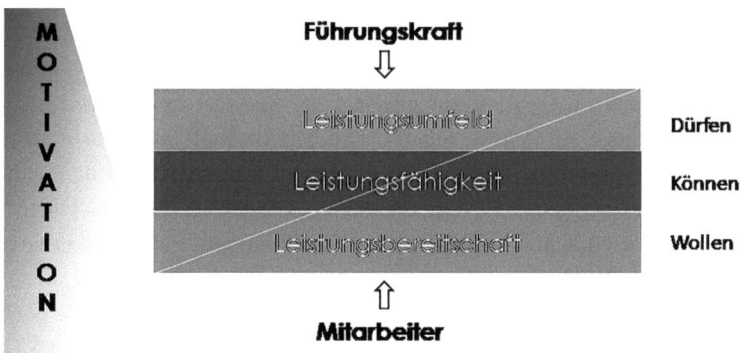

Abb. 4.2 Motivation

In meiner eigenen Vita gab es übrigens ebenfalls eine Entwicklung. Als Vorstand war ich oft autoritär und gleichzeitig Gesundbeter meines eigenen Handelns. Von mir selbst habe ich Zweifel überspielt. Zudem haben viele Hofschranzen versucht, meinen Blick zu trüben. Erst allmählich – bei den Innovationsthemen – habe ich einen weiteren Stil erlernt, den man pädagogisch-partizipativ nennen könnte. Bei schwierigen Herausforderungen ist das Management auf Augenhöhe besser, besonders in der kreativen Phase am Beginn. Effizienz-Themen sehe ich stärker top-down geprägt, Kreativitäts-Themen hingegen deutlich partizipativer. Als Manager ist es ohnehin besser, nicht nur in Zeiten der Veränderung, mehr als einen Führungsstil zu beherrschen.

Übrigens, fernab aller Ausführungen und Diskussionen über Führungsstile: Alle Mütter sind Führungskräfte! Viele auch sehr gute. Rein intuitiv, oder weil sie es von ihren Müttern so gelernt haben. Sie müssen viele Führungsstile beherrschen, weil eben auch jedes Kind anders geführt werden muss und möchte. Das Gleiche gilt übrigens für Kindergärtnerinnen und Lehrerinnen: In diesem Alter lassen sich Kinder noch gut führen!

Hiervon kann sich so manch eine Führungskraft oder auch ein Manager (der aber auch häufig in Doppelfunktion Führungskraft ist) „da draußen" was abschneiden.

Ein völlig durchgetakteter Tag von 6 bis 22 Uhr.

Eine kleine Kostprobe gefällig? Hier die Hardcore Variante, ohne Kindermädchen, Teilzeit berufstätig:

Ein schöner Sommertag im Jahre 2022:

6 Uhr aufstehen, fertigmachen (als Mann erlaube ich mir, hierfür 15 min einzuplanen, ohne weiter ins Detail gehen zu wollen!), 6:15 Kind 1 (9 Jahre) wecken (welches um 7 Uhr den Schulbus nehmen muss – naja der fährt dann sicher elektrisch!), Frühstück vorbereiten, 6:20 Kind 1 zum zweiten Mal wecken, 6:45 Kind 2 wecken (6 Jahre – da ja heute alles schnell gehen muss, dieses wurde mit 5 eingeschult, die Eltern glaubten, es sei begabt, … ist somit in Klasse 2), fährt um 7:30 mit dem Fahrrad zur Schule (nicht elektrisch!). Ja, das ist sehr altmodisch, eigentlich fahren ja aus Sicherheitsgründen alle Mütter (zum Teil Väter, arbeitslose Banausen oder Selbstständige) ihre Kids, doch ich erwähnte oben, Mutter berufstätig, also nix mit SUV! Ich kürze das Drama mit dem mehrmaligen Wecken ab, die Kids waren in der Zwischenzeit, natürlich nachdem sie im Bad waren, in der Küche, haben sich ihr Pausenbrot und natürlich Obst und die Getränke abgeholt, (also nix mit 5 EUR und Fast Food oder Matsch in/aus der Kantine/Mensa). Unsere Mutter, welch Luxus, arbeitet von 8–12, somit können die Kinder, wenn sie denn gegen 14 Uhr nach Hause kommen, auch zu Mittag essen. Also die Kids fahren zur Schule, die Mutter zur Arbeit. Schnitt. Die Mutter kauft nach der Arbeit ein, nein lieber Leser: Auch hier muss ich Sie enttäuschen. Sie kauft physisch in einem Geschäft ein, kein Lieferservice, keine Fertigpizza. Frisches Gemüse, Fleisch, Fisch. Ein Kind isst vegan, eines hat Gluten-Allergie. Zuhause angekommen: Essen vorbereiten, kochen, Mittagessen mit den Kindern.

Diese machen dann die Hausaufgaben, gehen anschließend spielen. Die Mutter macht den Abwasch und fängt mit dem Wohnungsputz an. Jeden Tag ein bestimmtes Programm, sonst ist das nicht zu schaffen. Gegen 17 Uhr fängt sie dann mit den Vorbereitungen für das Abendessen an. Ich sagte ja, es ist ein schöner Sommertag. Abends sollte man keine Kohlenhydrate und Salat essen. STOP!! Wir haben es mit Kindern zu tun, natürlich bekommen die nach energiezehrenden Stunden der Freizeit „was auf die Gabel". Spaghetti Bolognese! Ich vergaß: einmal die fleischlose Variante für unseren Veggi!

Ich kürze wieder ab: die Kinder sind auf ihren Zimmern, lesen, Computer oder sonst was spielen, kommunizieren über die sozialen Medien mit ihren Freunden, ...

Die Mutter gönnt sich zum Feierabend Leichtkost aus der Glotze, macht den Plan für den nächsten Tag, knabbert Nervennahrung. Heute war mal ein Tag ohne Sport, ohne Arztbesuche, das hätte alles noch weiter erschwert.

Und jetzt frage ich, insbesondere die männlichen Leser: Wollen Sie Führungskraft in einem Haushalt sein? Manager in einer ganz normalen Familie? Liebe Frauen und Mütter, auch wenn einige wenige Männer, jetzt murren: Hut ab, Sie sind die Größten und zeigen uns, den Männern, tagein tagaus, wie's geht!!

Wie bekomme ich jetzt nur den Schwenk zum Thema Krisen-Kompetenzen von Führungskräften?

Hierzu ist im Buch **Werteleitfaden für Führungskräfte** (Willmanns et al. 2006, S. 91 f.) nachzulesen: Letztlich folgen die Krisenkompetenzen den erworbenen Fähigkeiten und Handlungskompetenzen, die vor Krisen oder angemessenen Situationen bereits angelegt sind. Auf der Ebene von Führungskompetenzen können einige Kompetenzfelder ausgemacht werden, die für das Managementhandeln in Krisensituationen Priorität besitzen:

Ressourcenorientierung
In Krisensituationen müssen Führungskräfte weitreichende Entscheidungen häufig sehr schnell treffen, wobei der Fokus auf die eigenen Ressourcen im Unternehmen nicht vernachlässigt werden darf. Wie sieht es um das finanzielle und persönliche Potenzial im Unternehmen aus? Führungskräfte müssen sowohl klare Vorstellungen über den Nutzen von Handlungen haben als auch wissen, wo in diesem Zusammenhang Kosten und verdeckte Potenziale entstehen oder bereits vorhanden sind. Hier ist die innere Wahrheit in Unternehmen und bei Leitenden gefragt. Wer hier aus Angst, Dummheit oder Kalkül sich selbst oder anderen etwas vormacht, der erhöht die Wahrscheinlichkeit des Scheiterns. Weiterhin sind zu nennen: Würde und Respekt, Konzentration auf Kernthemen in Gesprächen und kontinuierliche Überprüfung der inneren Stabilität.

Elastizität und Courage
Selbst in schwierigsten Krisensituationen sollte man sich die Frage stellen: Welche verdeckten positiven Potenziale stecken in dieser Situation für mich persönlich und für das Unternehmen? Vielleicht ist die Krise ein Anstoß für eine innere Neuausrichtung des Unternehmens oder es bedarf der Korrektur falscher Führung, falscher Angaben oder beschönigender Darstellungen. Courage lohnt sich.

Typische Managementfehler vermeiden
Trotz aller vorhandenen „Krisen-Kompetenzen" kann es durchaus zu Verhaltensblockaden bei Führungskräften in Krisensituationen kommen. Zur erfolgreichen Bewältigung von

Krisen ist es deshalb sinnvoll, sich typischer operativer Managementfehler bewusst zu werden. Zumindest fünf Muster von Fehlverhalten sind häufig zu beobachtende Phänomene beim Umgang mit Krisen, hier in Kürze:

- Vage Zielformulierung
- Wahrung der eigenen Kompetenz
- Nichtbeachtung zeitlicher Verzögerungen
- Tendenz des Ausweichens und Vereinfachens
- „Reparaturdienst"-Verhalten.

Verhaltensblockaden sind letztlich Phänomene, die auf die Charaktereigenschaften von Führungskräften in Krisensituationen zurückgehen, dementsprechend lassen sich diese auch nicht völlig ausschalten.

Bei meinem Streifzug durch die Literatur, für Sie, für diesen Beitrag, bin ich noch auf ein sehr schönes Buch für unseren Nachwuchs gestoßen. Die Mutigen die sich bereit erklären, Verantwortung zu übernehmen: **Die Nachwuchs-Führungskraft, Ihre Probleme – ihre Lösungen,** von Bernhard Siegfried Laukamp (2016, S. 11 f.). „Ihr Erfolg als Führungskraft hängt von Ihrem Führungsstil ab". Und: „Der Erfolg Ihrer Mitarbeiter ist die Basis zu Ihrem eigenen Erfolg". Sie müssen als Führungskraft wirken. Hierzu finde ich den sogenannten Wirkungskreis (oben aufgeführtes Buch, Seite 24 folgenden von Joachim Beyer-Wagenbach). Die nach außen sichtbare Wirkung ist ein Produkt aus den drei Hauptbereichen STIMME, KÖRPERSPRACHE und PERSÖNLICHKEIT, die sich gegenseitig positiv oder negativ beeinflussen. Als Menschen sind und bleiben nun mal unsere wesentlichen Wirkungsmittel im Miteinander die verbale und nonverbale Sprache. (Keine Sorge, Sie werden jetzt hier nichts von Schulz von Thun lesen!). Diese transportieren unsere Persönlichkeitsmerkmale, unseren Charakter sowie unsere aktuelle innere Haltung und Einstellung, die wir aufgrund unserer Vor-Erfahrungen und Gewohnheiten entwickelt haben, nach außen.

STIMME beinhaltet die komplette verbale Kommunikation und dabei auch die Bereiche Atmung, Artikulation, Stimmklang, Resonanz, Melodie und Betonung.

KÖRPERSPRACHE verkörpert die gesamte nonverbale Kommunikation mit Gang, Stand, Sitzhaltung, Gestik und Mimik.

STIMME und KÖRPERSPRACHE stehen – über die Wirkungs- bzw. Lebens-Logik – in sehr enger Verbindung zur PERSÖNLICHKEIT. Dies beinhaltet den Charakter, unsere Prägung, alle Verhaltens-Gewohnheiten, individuelle Präferenzen (z. B. eher extro- oder introvertiert), die innere Haltung, Grundüberzeugungen und Einstellung.

Und weil das gesamte Thema jetzt sehr spannend wird, hier ein paar Auszüge, was noch so alles auf sie als Führungskraft zukommt:

- schwierige Mitarbeitergespräche führen
- das Kritikgespräch
- das Feedback-Gespräch
- die Gehaltsverhandlung
- die Beförderung
- die Kündigung
- wie Sie sich als Führungskraft im Change Prozess verhalten (übrigens eigentlich ein Kapitel, ein Buch für sich!), uvm.

Und an jedem Tag liest man auf unterschiedlichsten Kanälen was zum Thema. Einen habe ich noch für Sie. Hans Peter Wimmer (2017) beantwortet die Frage: „Können empathische Menschen erfolgreiche Führungskräfte sein?" mit: JA! Voraussetzung: Sie sind empathisch und nicht mitleidend. Und genau da „liegt der Hund begraben". Empathie/ empathische Führung erfordert zuallererst: Selbstbewusstsein, eine „Ich bin okay – Und du bist okay"-Haltung. Im Führungsalltag ist Empathie ja insbesondere dann von Bedeutung, wenn es um Entscheidungen geht, die für Mitarbeiter nachteilige Konsequenzen nach sich ziehen[1].

Gestatten Sie mir zum Abschluss eine Frage: Wie sind Sie zur Führungskraft geworden? Nach dem Motto: Ab morgen sind Sie Führungskraft? Der Beruf ohne Ausbildung? Oder hat man tatsächlich in Ihre Aus- bzw. Weiterbildung investiert, Sie ein Führungskräfteentwicklungsprogramm besuchen lassen? Auch gut: Jung, dynamisch und ohne Menschenkenntnis – Sie sind unser geeigneter Kandidat für die nächste Führungsaufgabe. Da ist man doch gut aufgehoben, wenn es heißt: Hier sind Fehler willkommen, denn: „Den größten Fehler, den man im Leben machen kann, ist, immer Angst zu haben, einen Fehler zu machen". (Dietrich Bonhoeffer).

Soll ich Sie jetzt zum Abschluss meines Beitrags noch mit diversen Testverfahren nerven? Welcher (Führungs-)Typ Sie sind? Wie Sie als Führungskraft idealerweise sein sollten? Wirklich?

Der gelbe Typ	will analysieren, verstehen und ergründen.
Der blaue Typ	will Sicherheit und Klarheit schaffen.
Der Rote Typ	steht für Mut, Tempo und Kraft, …

NEIN! NEIN! STOP! Ich will das hier und jetzt nicht, ersparen Sie mir das bitte. Finden Sie, über die zahlreichen Testverfahren steht ja ebenfalls mittlerweile alles im Netz, selbst heraus, was Sie für ein Typ sind. Oder welcher Sie ggf. lieber sein möchten. Was Sie antreibt, wie Ihr Kommunikationsverhalten ist oder sein sollte, oder besser wäre. Schreiben Sie mich auch gerne an, ich gebe ihnen hierzu gerne Tipps und Empfehlungen. Auch zu Beratern, die das aber auch wirklich „draufhaben"!

---

[1]Bei Interesse lesen Sie bitte hier weiter: http://pressebusiness.blogspot.de/2017/04/konnen-empathische-menschen.html?m=1.

Ich fasse zusammen: Ja, das hört sich alles vernünftig an, pragmatisch, gar nicht so schwer, überhaupt nicht kompliziert, schon gar nicht komplex! Dann legen Sie mal los, viel Spaß und viel Erfolg wünsche ich Ihnen. Und sollten Sie nicht zurechtkommen, da draußen warten tausende Trainer und Coaches, die es beherrschen (oder behaupten es zu können!) und Sie gerne unterstützen, Sie ein Stück weit auf Ihrem Weg zu begleiten. Neben abertausenden guten Fachbüchern und Fachaufsätzen. Hier habe ich nur auf gut zwei Hände voll zurückgegriffen, zahlreiche (Fach)-Zeitschriften/Zeitungen für Sie recherchiert, viel im Netz gewälzt und noch mehr gefunden. Doch irgendwann ist die Zitrone auch ausgepresst. Sie müssen Ihren eigenen Weg gehen, Erfahrungen sammeln, Fehler machen (dürfen), ein Stück weit auch Ihren Stil entdecken und entwickeln. **Weniger Perfektion – Mehr Tempo!** Seien Sie SIE! Es geht nicht darum, der Größte zu sein! Sie müssen das Klein-Klein im Alltag wuppen! Und denken Sie daran: Es gibt im Leben auch mal Schwächephasen. Bis hin zum Scheitern. Wie sagte Bodo Janssen (Chef der Hotelkette Upstalsboom), den ich im November bei der Impulse-Fehler–Konferenz in Düsseldorf (2016) live erleben durfte: Er sei ein Flop Manager, seine Mitarbeiter wünschten sich einen anderen Chef. Er hinterfragte sich und änderte seinen Führungsstil radikal. Heute bedeutet Führung für ihn: einen Sinn stiften. Das, so ist er fest überzeugt, ist ein viel mächtiger Motivator als Geld, Dienstwagen oder Gratis-Kaffee. Es geht um sinnorientierte Führung.

Ja ich weiß, aber: Ich wiederhole mich an dieser Stelle! Das aber sehr gerne!

Viel Erfolg beim Führen wünscht Ihnen Gerald Kleer, ***KleerConsult***.

4.3 Über den Autor

Geboren 1963, zum 2. Mal verheiratet, 2 Kinder aus erster Ehe, Julia-Chiara (23) und Dustin (25), aufgewachsen am linken Niederrhein, bis zum Studium Leistungssportler (Leichtathletik und Volleyball), Studium Bergbau an der RWTH Aachen, Hobby Golf spielen. Motto: nicht Kraft, sondern mentale Stärke und Schnelligkeit entscheiden! Ich verfüge über 28 Jahre solide Führungs- und Managementerfahrung in leitenden Funktionen. Ich bin ein hochgradig intrinsisch motivierter Mensch, arbeite sehr gerne mit Menschen, die ich zu Erfolgen führe. Bin sehr strukturiert und gut organisiert. Eine meiner großen

Leidenschaften ist das Projektmanagement und natürlich generell das Managen. Die Herausforderungen des täglichen Alltags, aber auch die eines neuen Projektes, treiben mich an. Denn Stillstand ist Rückschritt! Menschen die mich kennen, bezeichnen mich als Allrounder mit ausgeprägter Hands-On-Mentalität! Berufliche Stationen: RAG, Prisma Unternehmensberatung, TA Cook Consultants, Buchen UmweltService, Selbstständig mit KleerConsult.

Literatur

Absolventa (Hrsg.). (2018). XYZ – Generationen auf dem Arbeitsmarkt. https://www.absolventa.de/karriereguide/berufseinsteiger-wissen/xyz-generationen-arbeitsmarkt-ueberblick. Zugegriffen: 10. Apr. 2018.

Advance (Hrsg.). (2016). Führen ohne Chef. https://advance-online.de/zeitungen/advance-02-16. Zugegriffen: 11. Apr. 2018.

Bock, L. (2016). *Work Rules!: Wie Google die Art und Weise, wie wir leben und arbeiten, verändert*. München: Vahlen.

Brandl, P. (2013). *Hudson River- die Kunst schwere Entscheidungen zu treffen*. Offenbach: Gabal.

Bundesministerium für Arbeit und Soziales (Hrsg.). (2016). Monitor. Führungskultur im Wandel. https://www.inqa.de/SharedDocs/PDFs/DE/Publikationen/fuehrungskultur-im-wandel-monitor.pdf?__blob=publicationFile. S. 20. Zugegriffen: 11. Apr. 2018.

Bundesministerium für Arbeit und Soziales (Hrsg.). (2018). Forum gute Führung. http://www.forum-gute-fuehrung.de/. Zugegriffen: 11. Apr. 2018.

Changement, Ausgabe 01 Nov/Dez 2016. Handelsblatt Fachmedien GmbH, Düsseldorf.

Geffroy, E. K., & Albiez, D. (2016). *Herzenssache Mitarbeiter, die Unternehmenskultur im digitalen Zeitalter*. München: Redline.

Hegele-Raih, C. (2004). Leadership? http://www.harvardbusinessmanager.de/heft/artikel/a-620896.html. Zugegriffen: 3. Mai 2018.

Impulse GmbH (Hrsg.). (2016). Unternehmermagazin Impulse, Ausgabe Juli/August 2016. Einheitsunsinn, gibt es den idealen Führungsstil, den man als Unternehmer anstreben sollte, Hamburg.

Information Factory. (2015). Deutschland führt. https://www.information-factory.com/fileadmin/user_upload/studien/Deutschland_fuehrt_Studie_2015.pdf. Zugegriffen: 11. Apr. 2018.

Kotter, J. P. (1990). *A force for change: How leadership differs from management*. New York: Free Press.

Laukamp, B. S. (2016). *Die Nachwuchs-Führungskraft, Ihre Probleme – Ihre Lösungen*. Offenbach: Jünger Medien.

Lemper Pychlau, M. (2016). Warum Führungskräfte scheitern. http://www.xing-news.com/reader/news/articles/434693?link_position=digest&newsletter_id=16426&xng_share_origin=email%20. Zugegriffen: 11. Apr. 2018.

Malik, F. (2012). *Die Grundsätze wirksamer Führung*. Frankfurt: Campus.

Malik, F. (2013). *Management: Das A und O des Handwerks (Management: Komplexität meistern (Malik))*. Frankfurt: Campus.

Meckel, M. (2016). Chefredakteurin, Wirtschaftswoche GLOBAL, Ausgabe 1/2016. Handelsblatt GmbH, Düsseldorf, S. 3 f.

Niederrhein Manager, Ausgabe 08/2016. Brinkschulte Verlag, Arnsberg.

Sprenger, R. K. (2015). *Das anständige Unternehmen: Was richtige Führung ausmacht – Und was sie weglässt*. München: Deutsche Verlags-Anstalt.

Vollmer, L. (2016). *Zurück an die Arbeit – Back To Business: Wie aus Business-Theatern wieder echte Unternehmen werden – Wertschöpfend und erfolgreich. Das neue wegweisende Management-Buch*. Wien: Linde.
Weißenborn, C. (2016). Wenn Mitarbeiter gleichzeitig Chefs sind. http://www.wiwo.de/erfolg/vordenker-spezial/methoden-der-zusammenarbeit-wenn-mitarbeiter-gleichzeitig-chefs-sind/14616678.html. Zugegriffen: 11. Apr. 2018.
Willmanns, R., et al. (2006). *Werteleitfaden für Führungskräfte*. Zürich: vdf Hochschulvlg.
Wimmer, H.-P. (2017). Können empathische Menschen erfolgreiche Führungskräfte sein? http://pressebusiness.blogspot.de/2017/04/konnen-empathische-menschen.html?m=1. Zugegriffen: 11. Apr. 2018.
Zeitschrift Impulse News, Ausgabe vom 02.11.2016. „Ich will nicht mehr mit Anfängern arbeiten".

Old School oder Zukunft denken? Manager, bewegt euch!

5

Zusammenfassung

Wer neue Produkte oder Dienstleistungen einführt, braucht einen Plan. Zu leicht gehen ansonsten die eigenen Neuheiten im Überangebot eines globalisierten Marktes unter. Um das zu verhindern, haben Marketingstrategen über Jahrzehnte auf die sogenannten „vier P" oder 4P vertraut: Product, Price, Place, Promotion – also Produkt-, Preis-, Vertriebs- und Kommunikationspolitik. Die klassischen 4P im Marketing nicht mehr zeitgemäß – beziehungsweise ist hier Ausschließlichkeit zu hinterfragen. Wer einen wertschöpfenden, ganzheitlichen Ansatz und eine nachhaltige Strategie fahren will, muss sich in der modernen Welt mit anderen, ergänzenden Aspekten befassen. Erforderlich ist die ernste Absicht, das Kerngeschäft zu verändern, um den langen Weg der nachhaltigen Entwicklung zu gehen. Es geht dabei darum wie diese Veränderung umgesetzt und in das Unternehmen integriert wird. Zukunft zu denken heißt People, Planet und den Profit in ein sinnvolles Zusammenspiel zu bringen.

5.1 Der Trend ist eindeutig

Kein Zweifel, der Trend geht zur Nachhaltigkeit. Unter den Verbrauchern gibt es inzwischen eine starke Bewegung, die sich nachhaltige Produkte und Dienstleistungen wünscht – ganz gleich, in welcher Branche.

Nachhaltigkeit zählt dabei auf allen Ebenen: nicht nur im Hinblick auf Qualität und Umweltbilanz, sondern beispielsweise auch im Umgang mit menschlichen Ressourcen. Die allgemeine Entwicklung hin zu Bioprodukten, Energiesparmodellen, Elektroautos und mehr sozialer Verantwortung zeigt ebenfalls: Das Thema Nachhaltigkeit ist längst ein Megatrend, der sich nicht mehr wegdiskutieren lässt.

Die zahlreichen Shitstorms gegen Unternehmen wie Nestlé oder Monsanto belegen darüber hinaus, dass sich die Verbraucherseite mittlerweile massiv zu Wort meldet, um ihre Vorstellungen zu artikulieren und Nachhaltigkeit offen einzufordern. Daraus folgt, dass sich umgekehrt Unternehmen – und damit ihre Manager – intensiv und umfassend mit dem Thema Nachhaltigkeit befassen müssen, wenn sie auf lange Sicht den Verbrauchererwartungen gerecht werden wollen.

Vor allem kleine und mittlere Unternehmen könnten dabei von einem gewissen Vertrauensvorschuss vonseiten der Verbraucher profitieren. Das illustrieren die Ergebnisse einer im Juni 2016 veröffentlichten Bertelsmann-Studie auf interessante Weise: Verbraucher vertrauen familiengeführten, mittleren und kleinen Firmen mehr als größeren oder börsennotierten Unternehmen. So trauen 66 % Familienunternehmen zu, Gutes für die Gesellschaft zu leisten und soziale Verantwortung zu übernehmen; bei großen Unternehmen sind es hingegen nur 43 %. Für die Befragten sind der Studie zufolge eine Reihe von Punkten entscheidend: wie Unternehmen ihre Mitarbeiter behandeln (62 %), ob sie Ethik-Regeln einhalten (49 %) und ob sie sich für Umwelt- und Naturschutz einsetzen (46 %). Der wichtigste Punkt: Zwei Drittel der Befragten würden eher Produkte oder Dienstleistungen von Unternehmen kaufen, die sich in unserer Gesellschaft für die Lösung von Problemen einsetzen (Bertelsmann Stiftung 2016).

Parallel dazu entsteht auf der Arbeitnehmerseite der Wunsch nach einer nachhaltigen Sinnhaftigkeit des Arbeitsplatzes. Junge Menschen wählen ihren Arbeitgeber längst auch anhand der Frage, nach welchen ethischen Grundsätzen er handelt. Studierende sind heute weit sensibler für wirtschaftsethische Fragen als noch vor dreißig Jahren.

Zahlt sich Nachhaltigkeit also aus? Ein klares Ja: Wenn Manager sich nicht dem neuen Denken öffnen, werden ihre Unternehmen vom Markt verschwinden. Wer als hauptsächlicher Handlungsmaxime dem reinen Gewinnstreben folgt und dafür konsequent unethisches Handeln in Kauf nimmt, spielt auch mit dem guten Ruf seines Unternehmens. Welche fatalen Folgen das haben kann, zeigt das Beispiel der Deutschen Bank.

Noch 2006 sagte der damalige Vorstandsvorsitzende der Deutschen Bank, Josef Ackermann, auf einer Hauptversammlung: „Kein Geschäft der Welt ist es wert, die Reputation der Deutschen Bank zu riskieren." (Kwasniewski 2014).

2012 traten Anshu Jain und Jürgen Fitschen Ackermanns Nachfolge als Vorstandsvorsitzende an.

Weltweit ist die Deutsche Bank – Stand 2016 – in rund 7800 Rechtsstreitigkeiten verwickelt. Allein 5,4 Mrd. EUR wurden dafür, zur Finanzierung von Rechtsstreitigkeiten, zurückgestellt (Zeit online 2016).

Deutsche Bank, Volkswagen, ADAC – allesamt Unternehmensnamen, die mit ruf- und geschäftsschädigenden Skandalen verbunden sind. Klare Negativbeispiele, die jedoch immerhin einen Vorteil bieten: Sie illustrieren Geschäftspraktiken, die man als Unternehmer besser vermeiden sollte. Und sie zeigen: Um die Zukunft ihrer Unternehmen zu sichern, müssen Unternehmer und Manager nachhaltige Konzepte auf den Weg bringen – und nach den Prinzipien des ehrbaren Kaufmanns handeln.

5.2 „Drei Arbeitsplätze sind wichtiger als mein Profit"

Johannes Gutmann empfängt mich mit den Worten: „Na, haben Sie uns hier draußen auf dem Land überhaupt gefunden?".

Ich musste wirklich weit ins österreichische Hinterland fahren, um in das beschauliche Örtchen Sprögnitz zu gelangen – zur Firma Sonnentor. Und tatsächlich habe ich mich unterwegs das ein oder andere Mal gefragt, ob ich überhaupt noch auf dem richtigen Weg bin.

Wir befinden uns im Waldviertel: eine strukturschwache, noch immer stark landwirtschaftlich geprägte Region nordwestlich von Wien, in Niederösterreich nah an der tschechischen Grenze. Hier gibt es wenig Industrie und in der Konsequenz wenig Arbeitsplätze. Vermutlich haben sich hier gerade aus dieser Situation heraus einige Unternehmen in Sachen Ethik und Nachhaltigkeit erfolgreich entwickelt und etabliert.

Johannes Gutmann mit seiner Firma „Sonnentor" gehört dazu. Er ist absoluter Pionier auf dem Gebiet der Bioprodukte. Sein Unternehmen vertreibt schwerpunktmäßig Kräuter, Tee und Kaffee. Gutmanns große Idee: Regionalität, Wertschöpfung und Arbeitsplätze gehen Hand in Hand. Sein Nachhaltigkeitskonzept ist im Kern also ein regionales, und danach richtet er alle seine Projekte aus: konsequent, mit einer starken inneren Überzeugung – und eben in einer Region, in der Arbeitsplätze knapp sind. 1988, als alles begann, wurde Gutmann noch als Spinner belächelt. Heute gehört „Sonnentor" zu den Marktführern in Österreich und auch in Deutschland.

Im Rahmen einer Werksführung darf ich das Unternehmen „Sonnentor" näher kennenlernen. Und da sehe ich sie: Drei Frauen füllen Tee in 200-g-Tüten. Sie machen das per Hand, liebevoll und konzentriert, mit einer Hingabe für ihre Arbeit, die mich schon vom bloßen Zusehen begeistert. Nicht zuletzt deshalb, weil ich diese Szene nicht etwa in einem überschaubaren Familienbetrieb beobachte, sondern in einem Unternehmen mit über 300 Mitarbeitern, das jährlich mehr als 30 Mio. EUR umsetzt.

„Warum wird dieser Arbeitsschritt nicht maschinell abgewickelt?", frage ich die Dame, die die Führung leitet. Schließlich ist das in Industrieunternehmen heutzutage gang und gäbe. Von Prozessoptimierung wird da gern gesprochen, von Automatisierung, Arbeitswelt 4.0 – und Gewinnmaximierung.

Hier jedoch passt keine dieser Vokabeln. Die Führerin blickt zu den drei Frauen und lächelt, bevor sie ganz selbstverständlich antwortet: „Wissen Sie, Herr Linsenmaier: Wenn wir dafür eine Maschine hätten, würden diese drei Frauen ihren Arbeitsplatz verlieren. Und das will unser Chef nicht."

Drei Arbeitsplätze, die wichtiger sind als Profit. Menschlichkeit, die wichtiger ist als Automatisierung. Die Worte der Führerin lassen mich sprachlos zurück.

Ein anderer Unternehmer erzählte mir kürzlich: „Wissen Sie, ich kann eine oder auch zwei Millionen pro Jahr verdienen. Aber ganz ehrlich – mir reicht eine halbe. Den Rest stecke ich lieber in mein Unternehmen, investiere in meine Mitarbeiter und helfe dabei, dass die Region sich weiterentwickelt."

Verstehen Sie, worum es geht? Längst nicht nur ums Geld, sondern auch um das Leben, das man führt – und wie man es führt. Es geht darum, unser Handeln auf Nachhaltigkeit auszurichten. Enkeltauglich, wenn Sie so wollen: Das ist der Maßstab, der unser Handeln prägen sollte. Dabei geht es keineswegs darum, zum Moralapostel zu werden, sondern um das Handeln aus einer starken inneren Überzeugung heraus wie eben bei Johannes Gutmann.

Gutmann ist weder realitätsfremd noch verrückt. Im Gegenteil: Er ist ein überaus erfolgreicher Unternehmer, dessen Erfolg auch darauf beruht, dass er seine große Idee konkret umgesetzt hat. 2Leben und leben lassen, gegenseitige Anerkennung und Wertschätzung, fruchtbare Kooperationen: „das ist unsere Philosophie", resümiert er. Und auch sonst gilt: Nachhaltige Unternehmen sind auf dem Vormarsch. Namen wie Henkel, Frosta oder dm drogeriemarkt beweisen das bereits heute eindrucksvoll.

5.3 Old School: Product, Price, Place, Promotion

Wer neue Produkte oder Dienstleistungen einführt, braucht einen Plan. Zu leicht gehen ansonsten die eigenen Neuheiten im Überangebot eines globalisierten Marktes unter. Um das zu verhindern, haben Marketingstrategen über Jahrzehnte auf die sogenannten „vier P" oder 4P vertraut: Product, Price, Place, Promotion – also Produkt-, Preis-, Vertriebs- und Kommunikationspolitik.

Allerdings entstanden diese 4P des Marketing-Mix in den 60er Jahren. In Zeiten also, deren Trends und Bedürfnisse nicht mehr mit denen der heutigen Welt vergleichbar sind. Sind die 4P also nur etwas angestaubt oder bereits „old school"? Die Wahrheit liegt wohl irgendwo in der Mitte.

Die 4P decken lediglich die ganz grundlegenden Marketingaspekte ab. Doch Ihre Kunden wollen jetzt und zukünftig nicht bloß ein Produkt kaufen, sondern auch transparent über Hintergrund und Entstehungsprozess ihrer Produkte und Dienstleistungen informiert werden. Somit genügt es nicht länger, lediglich ein Produkt an den Mann oder die Frau zu bringen. Manager in Vertrieb, Kommunikation, Produktentwicklung und Controlling stehen künftig vor der Herausforderung, nachhaltige Produkte und Dienstleistungen zu entwickeln – und sie zu verkaufen. Das bedeutet auch, ehrlich und transparent zu kommunizieren. Verändern Sie also Ihren Blickwinkel: Bislang werden die „vier P" vor allem unter reinen Marketing- und Vertriebsgesichtspunkten, letztlich unter rein ökonomischen Zielsetzungen formuliert. Ethik und Nachhaltigkeit unter ökologischen und sozialen Gesichtspunkten fallen dabei unter den Tisch. Diese Dimensionen müssen aber bei allen 4P mitbedacht werden. Möglich ist das ohne weiteres.

1. Product (Produktpolitik)

Das Produkt oder die Dienstleistung ist – nicht weiter überraschend – das Wichtigste der 4P: Ohne Produkt keine Marketingpolitik. Die Produktpolitik umfasst Produktinnovation, -etablierung und -modifikation sowie die konkrete Gestaltung eines Produkts. Dies wird bislang aber meist nur in einem sehr eingeschränkten Sinn verstanden und auf Aspekte wie Nutzen, Verpackung und Design reduziert. Ein bekanntes Beispiel: der Energydrink Red Bull „verleiht Flügel" und belebt den Geist. Unterm Strich ein wenig aussagekräftiger Slogan, der jede Menge Potenzial verschenkt.

Moderne Produktpolitik muss Nachhaltigkeit als einen zentralen Bestandteil des Produkts begreifen und entsprechend neue Aspekte in ihre Maßnahmen integrieren. Dazu gehören die Produktionskette mitsamt genauer Herkunftsinformationen und Herstellungsbedingungen (Stichwort „fair trade"), der Energieverbrauch (beispielsweise mit der Nutzung erneuerbarer Energien oder Konzepten zur Klimaneutralität) sowie das Abfallmanagement (etwa, ob Recycling stattfindet oder bereits mit Recyclingprodukten gearbeitet wird). Auch Regionalität ist hier ein wichtiges Schlagwort.

2. Price (Preispolitik)

Den richtigen Preis finden, Kostendeckung und Gewinn berücksichtigen, wettbewerbsfähig bleiben und zugleich den Produktpreis an die Unternehmensstrategie anpassen: Die Preispolitik stellt innerhalb des Marketing-Mix eine besondere Herausforderung dar, denn es müssen zahlreiche Punkte berücksichtigt werden. So macht es beispielsweise einen enormen Unterschied, ob das Unternehmen im stabilen Premiumsegment oder in einem hart umkämpften Billigsektor aktiv ist.

All diese Herausforderungen bleiben auch in Zeiten des Megatrends Nachhaltigkeit gültig. Die klassischen Fragestellungen sollten nun aber um weitere Aspekte ergänzt werden: Ist das Produkt oder die Dienstleistung den ermittelten Preis tatsächlich wert? Bewährt sich das Verhältnis zwischen Produktpreis und angepriesener Qualität – oder geht es nur um den eigenen Profit, eine entsprechende Provision oder eine verlockende Bonizahlung? Wer diese übergeordneten Fragen außer Acht lässt, denkt häufig zu kurz. Eine Preispolitik, die ethische und nachhaltige Aspekte miteinbezieht, führt hingegen zu langfristigem und stabilem Erfolg.

3. Place (Vertriebspolitik)

Bei der Vertriebs- oder Distributionspolitik geht es darum, über welche Vertriebskanäle der Kunde ein Produkt kaufen kann. Zur Verfügung stehen dabei eine Vielzahl von Möglichkeiten, die zum Teil effizient kombiniert werden können, beispielsweise der Vertrieb über eigene Ladengeschäfte, die Filialen von Vertriebspartnern oder aber per Onlineshop.

Auch hier erweist sich, dass Auswahl und Bewertung von Vertriebskanälen im klassischen Sinne häufig zu eng gedacht wird. Es gibt allerdings zahlreiche Ansätze, um Aspekte der Nachhaltigkeit in die Vertriebspolitik zu integrieren: Vertriebspartner sollten beispielsweise nicht nur im Hinblick auf ihren Distributionsgrad ausgewählt werden, sondern auch unter Berücksichtigung ihrer Reputation – schließlich steht jeder Vertriebspartner im direkten Kundenkontakt. Entsprechend sollten Unternehmen auch Wert darauf legen, dass Vertriebspartner das eigene Nachhaltigkeitskonzept verstehen und aktiv mittragen: Das steigert die eigene unternehmerische Glaubwürdigkeit. Bei Vertriebskanälen geht es immer auch um Partner, die als solche agieren und mit ihrem Know-how helfen sollte, das eigene Konzept weiterzuentwickeln. Im Umkehrschluss heißt das auch, auf Augenhöhe und mit entsprechender Fairness zu verhandeln.

4. Promotion (Kommunikationspolitik)
Beim vierten P geht es darum, das Produkt publik zu machen. Nur so kann es schließlich ins Bewusstsein der Kunden rücken und gekauft werden. Als wesentliche Grundlage und Herausforderung wird dabei bislang vor allem die Ermittlung der Zielgruppe formuliert. Die Beschränkung darauf ist aber nicht mehr zeitgemäß für ein Marketingkonzept, das auch die Nachhaltigkeit miteinbezieht.

Ein wesentlicher neuer Ansatz ist es daher, nicht länger einfach in Zielgruppen, sondern in Wertegruppen zu denken. Diese Wertegruppen sollten auch in die Kommunikation eingebunden werden. Promotion sollte grundsätzlich nie auf falsche Versprechen setzen, sinnvoller ist ein Fokus auf die transparente Kommunikation dessen, was bereits erreicht wurde. Nachhaltige Unternehmenskonzepte bedeuten auch immer nachhaltige Kommunikation.

5.4 Zukunft denken: People, Planet, Profit

Wie die Auflistung zeigt, sind die klassischen 4P im Marketing nicht mehr zeitgemäß – beziehungsweise ist hier Ausschließlichkeit zu hinterfragen. Wer einen wertschöpfenden, ganzheitlichen Ansatz und eine nachhaltige Strategie fahren will, muss sich in der modernen Welt mit anderen, ergänzenden Aspekten befassen.

Eins vorweg: Es ist kein reines Vergnügen, das Thema Nachhaltigkeit in Unternehmen zu integrieren. Erforderlich ist die ernste Absicht, das Kerngeschäft zu verändern, um den langen Weg der nachhaltigen Entwicklung zu gehen. Dabei geht es schon lange nicht mehr darum, ob ein Unternehmen das tut, sondern darum, wie diese Veränderung umgesetzt und integriert wird. Eine rein theoretische, philosophische Nachhaltigkeitsrhetorik genügt da ebenso wenig wie das sogenannte „Greenwashing" durch die Marketingabteilung: eine fragwürdige PR-Methode, die darauf abzielt, einer Firma in der Öffentlichkeit ein umweltfreundliches und verantwortungsbewusstes Image zu verleihen, ohne dass es dafür eine Grundlage gäbe.

Eine schlagkräftige Ergänzung zu den 4P stellen die 1994 von dem britischen Unternehmer John Elkington eingeführten Aspekte dar: Planet, People und Profit – die drei Dimensionen der Nachhaltigkeit. Elkington forderte damit nicht nur auf Profit zu achten, sondern gleichberechtigt auch auf People und Planet (The Economist 2009).

1994, das ist über zwanzig Jahre her. Bezeichnet People, Planet, Profit also tatsächlich noch neues Denken? Schließlich wurde „Nachhaltigkeit" damals meist auf das Einsparen von Energie reduziert. Es ging also darum, besonders energieeffiziente Produkte zu vermarkten oder als Unternehmen selbst Energie und mithin Geld zu sparen. Hingegen war es damals noch kein großes Thema, „Nachhaltigkeit" im Zusammenspiel von ökologischen, ökonomischen und sozialen Aspekten zu verstehen. Hier hat sich in den vergangenen Jahren viel verändert. Da „Nachhaltigkeit" in meinem Verständnis die wesentliche Schnittstelle zwischen Wirtschaft und Ethik darstellt, lohnt es sich für ein besseres Verständnis, die Begriffe „Ethik", „ehrbares Kaufmanntum" und „Nachhaltigkeit" in ihrer Definition und ihrer Historie zu betrachten.

Definition: Ethik (Plakos 2018)
Das Wort Ethik leitet sich vom griechischen „ethos" ab, das so viel wie „Sitte" oder „Brauch" bedeutet. Als philosophische Disziplin eingeführt wurde der Begriff durch Aristoteles, wobei die Frage nach Gewohnheiten und Sitten bereits bei Sokrates eine wichtige Rolle im philosophischen Denken spielte. Im heutigen Gebrauch wird Ethik vor allem im Hinblick auf die Bewertung menschlichen Handelns verstanden; zentral ist dabei die Frage nach allgemeingültigen Werten und Normen für das Zusammenleben von Menschen.

Definition: Das ehrbare Kaufmanntum (Stolz 2008)
Der ehrbare Kaufmann ist ein historisch gewachsenes Leitbild für das optimale Handeln in der Wirtschaft, das in jüngster Zeit wieder stark an Popularität gewonnen hat.

Vermutlich entstand dieses Bild bereits im frühen Mittelalter: Bereits um 1340 erscheint der „wahre und ehrliche Kaufmann" erstmals in italienischen Kaufmannshandbüchern erwähnt: Ihn zeichnen Ehrlichkeit, Verlässlichkeit und Integrität aus. Die Erfordernis eines solchen Leitbilds wird aus dem historischen Kontext verständlich: Reisende Händler im frühen Mittelalter, die gleichsam überall Fremde waren, standen häufig im Ruf, betrügen zu wollen. Somit war es ihnen ein besonderes Anliegen, das Vertrauen der Städter zu gewinnen und sich als anständige Handelspartner zu erweisen.

Den Begriff des ehrbaren Kaufmanns selbst prägte aber erst der Lübecker Kaufmann und Bürgermeister Hinrich Castorp (1420–1488) zu Zeiten der Hanse (IHK Ostbrandenburg 2012). Die dort geeinten Kaufleute schrieben damals selbst gemeinsame Werte für ihr Handeln fest, da eine staatliche Ordnung weitgehend fehlte. In Zeiten der Industrialisierung geriet das Leitbild zunehmend in Vergessenheit, erlebt aber mittlerweile – vor allem in gesellschaftlichen Krisenzeiten – eine Renaissance.

Vielleicht am besten auf den Punkt gebracht wird das grundlegende Handelsprinzip eines ehrbaren Kaufmanns durch Thomas Mann, der seine „Buddenbrooks" nach folgender Maxime agieren lässt: „Sei mit Lust bei den Geschäften am Tage, aber mache nur solche, dass wir bei Nacht ruhig schlafen können."

Definition: Nachhaltigkeit (Spindler o. A.)
Ursprünglich stammt der Begriff der Nachhaltigkeit aus der Forstwirtschaft, wo es darum geht, nachwachsende Ressourcen nur in dem Maße zu verbrauchen, wie sie sich auch wieder regenerieren – oder anders gesagt: Nur so viele Bäume zu fällen, wie auch welche nachwachsen. In diesem Zusammenhang wurde der Begriff der Nachhaltigkeit 1713 auch erstmals publiziert: als nämlich der Kameralist Hans Carl von Carlowitz über die nachhaltige Nutzung von Wäldern schrieb.

Heute wird der Nachhaltigkeitsbegriff inhaltlich wesentlich weiter gefasst. Doch obwohl er in seinen Grundzügen so einfach zu beschreiben gibt, gibt es keine allgemeingültige Definition.

Bedeutsam für die semantische Ausweitung des Begriffs war der 1972 veröffentlichte Bericht „Die Grenzen des Wachstums" des Club of Rome. Darin ging es um die absoluten Wachstumsgrenzen auf der Erde, die nach Ansicht der Verfasser binnen hundert Jahren erreicht werden würde, sollten Bevölkerungswachstum, Industrialisierung, Nahrungsmittelproduktion und Ausbeutung natürlicher Rohstoffreserven mit der gleichen Wachstumsrate wie bisher anhalten. Um den Kollaps zu verhindern, so der Club of Rome, bedürfe es eines nachhaltigen Weltwirtschaftsmodells.

Weiteren Eingang in die weltweite Politik fand das Konzept der Nachhaltigkeit 1987 durch die Weltkommission für Umwelt und Entwicklung („Brundtland-Kommission") der Vereinten Nationen. Die Kommission definierte nachhaltige Entwicklung als „Entwicklung, die die Bedürfnisse der Gegenwart befriedigt, ohne zu riskieren, dass künftige Generationen ihre eigenen Bedürfnisse nicht befriedigen können".

In diesem Verständnis basiert Nachhaltigkeit auf drei wesentlichen Säulen: soziale, ökologische und ökonomische Nachhaltigkeit. Dies lässt sich als Vorläufer der drei modernen P denken: People, Planet und Profit.

Zukunft denken Egal, ob in großen Konzernen oder kleinen mittelständischen Unternehmen, gleichgültig, ob von Inhabern oder Managern geführt: Nachhaltigkeit und ehrbares Kaufmannstum sind die Eckpfeiler für ethisches Handeln in Unternehmen.

Schließlich geht es um unsere Zukunft. Unternehmer und Manager müssen gesellschaftliche Verantwortung übernehmen – und auch, obgleich es pathetisch klingen mag, Verantwortung für unsere Welt.

Ethisches Handeln ist ein Privileg verantwortungsbewusster Unternehmer und Manager. Unternehmer und Manager zu sein bedeutet im Kern mehr, als Geld zu erwirtschaften und zu investieren. Es bedeutet in erster Linie, Verantwortung zu übernehmen – für sich selbst und die eigene Geschäftsidee, den gewünschten Erfolg, für die Mitarbeiter und Partner, die das Unternehmen stützen und tragen, für solide Finanzen, um einmal Aufgebautes zu erhalten, für die Gesellschaft im Allgemeinen. Das heißt auch Verantwortung für die Region, die natürlichen und menschlichen Ressourcen, das Zusammenleben und Zusammenarbeiten sowie für politische und gesellschaftliche Entwicklungen.

Wer wirtschaftlich agiert – Freiberufler und Selbstständige, Unternehmer und wirtschaftliche Interessensvertreter – muss sich bewusst machen, dass jeder verdiente Euro einem Kreislauf unterliegt. Wirtschaften bedeutet auch und vor allem, die Dinge im Fluss zu halten: Das ist nicht nur eine der wesentlichen Herausforderungen, sondern auch die größte Verantwortung. Es geht darum, andere „leben zu lassen", sie zu motivieren und zu fördern und dafür zu sorgen, dass die Grundlagen des Miteinanders auch noch für unsere Enkel erhalten bleiben. Wir haben die Pflicht, unser eigenes Umfeld und unser wirtschaftliches Handeln entsprechend zu gestalten. Unternehmer und Manager sollten hier die Speerspitze sein, denn sie sind es, die in allererster Linie über die Mittel und Möglichkeiten verfügen. Sie besitzen die Reichweite und den Einfluss, ein Vorbild für andere zu sein.

Wichtig ist dabei: Ethisches Handeln in diesem Sinn schmälert weder die Gewinne, noch macht es unbedingt einen hohen Preis in Form von Investitionen erforderlich. Denn Verantwortung und Ethik lassen sich gerade im Kleinen gut umsetzen. Meist sind es die Dinge im eigenen Umfeld, die große Erfolge – auch als „Leuchttürme" für andere – mit sich bringen: Ich nenne das gern pragmatische Ethik. Nur, wer auch Geld verdient und Gewinne erwirtschaftet, kann ethisch Veränderungen zum Positiven anstoßen. In diesem Sinne ist Ethik auch etwas Elitäres. Die Einsicht, etwas verbessern zu wollen, mit der Verantwortung für andere zu verbinden und mit gutem Beispiel voranzugehen, ist somit möglicherweise ein Privileg der Erfolgreichen.

Ein Privileg, das sich letztlich auszahlt. Nutzen stiften für sich und andere macht anziehend. Dadurch wird es leichter, neue – und vor allem qualifizierte – Mitarbeiter zu finden und zu binden, angemessene Preise durchzusetzen sowie die richtigen Kunden für die eigenen Produkte und Leistungen zu gewinnen. Schließlich steigt auch der Unternehmenswert, weil Medien und Öffentlichkeit, Kunden und Lieferanten positiv berichten und damit eine neue Form von Markenloyalität entwickeln. Das wiederum macht die Kapitalbeschaffung leichter, da die meisten Investoren Langfristigkeit und Nachhaltigkeit schätzen. Ethik trägt also zum eigenen wirtschaftlichen Erfolg bei. Wachstum ist eben keine Einbahnstraße, sondern vielmehr ein Kreislauf, der folgerichtig aus Geben und Nehmen besteht.

Diese Überlegungen führen zurück zu den ergänzenden 3P People, Planet und Profit. Wie bereits dargelegt, gehen die bisherigen 4P nur mit, aus einem anderen Blickwinkel, zusätzlich gestellten Fragen auf Nachhaltigkeit und damit auf ihre ökologische, ökonomische und soziale Dimension ein. Die Konzepte People, Planet und Profit schaffen dem Abhilfe und ermöglichen es, das Thema Nachhaltigkeit konsequent ins unternehmerische Denken zu integrieren.

1. People (soziale Nachhaltigkeit)
Soziale Nachhaltigkeit beinhaltet einerseits die Frage, wie wir persönlich mit dem Thema Nachhaltigkeit umgehen. Denn Nachhaltigkeit kann kein von oben auferlegtes Regelwerk sein. Stattdessen müssen eigene Ansätze gefunden und verinnerlicht werden – schließlich geht es um unsere Werte und unseren Lebensstil. Entsprechend spielen als Kernelemente auch Gesellschaft, Kultur und Gesundheit eine Rolle.

Essenziell ist der Ansatz, das eigene Lebensgefühl vom rein materiellen Wohlstand zu entkoppeln. Dies kann natürlich nicht im Rahmen eines radikalen Wechsels erfolgen. Vielmehr geht es im Bereich der sozialen Nachhaltigkeit darum, Werte zu betrachten und zu reflektieren und damit ein wachsendes Verständnis für die Zusammenhänge von Ökologie, Ökonomie und Sozialem zu entwickeln. Erst mit diesem Verständnis lassen sich alltägliche Entscheidungen gemäß dieser Zusammenhänge ausrichten – und der eigene Lebensstil schrittweise anpassen.

2. Planet (ökologische Nachhaltigkeit)

Ökologische Nachhaltigkeit bezieht sich auf die Möglichkeiten, die Natur und ihre Ressourcen für künftige Generationen zu erhalten. Unterschiedliche Ansätze zeigen hier auf, wie sich Umweltschutz und die Aufrechterhaltung ökologischer Systeme gestalten lassen – etwa das sogenannte „Cradle2Cradle" – Konzept, das die Idee der Ökoeffektivität in biologischen oder technischen Kreisläufen betont. Ein weiterer relevanter Aspekt der ökologischen Nachhaltigkeit ist der Schutz der Artenvielfalt in Tier- und Pflanzenwelt: Dieser erfordert intensive Pflege und achtsamen Umgang mit den Lebensräumen. Besondere Bedeutung kommt aber eindeutig dem Klimaschutz zu und damit dem Ziel, den globalen CO_2-Ausstoß stetig zu verringern.

Naturkatastrophen und andere Folgen der globalen Erwärmung beweisen immer wieder, dass die Macht von Naturgewalten weiterhin über der des Menschen steht. Dies muss uns unbedingt wieder bewusst werden, damit wir für unser Ökosystem mehr Sorge tragen und es nicht im Sinne kurzfristigen Profitdenkens weiterhin zerstören. Nur ein langfristiger positiver Wandel kann Lebensqualität und Wohlstand künftiger Generationen gewährleisten und den Erhalt unserer schwindenden Ressourcen garantieren.

Wichtig ist dabei die Erkenntnis, dass ökologische Nachhaltigkeit keineswegs nur in der Verantwortung von Umweltorganisationen liegt. Jeder einzelne kann ökologische Nachhaltigkeit umsetzen, als Privatperson ebenso wie auf staatlicher und privatwirtschaftlicher Ebene. Wie in anderen Zusammenhängen gilt auch hier, dass bereits kleine Änderungen in alltäglichen Gewohnheiten zu einem bewussteren und schonenderen Umgang mit unseren natürlichen Lebensräumen führen können. Wichtig ist außerdem das Gewicht der Kundenposition. Wächst die Nachfrage nach ökologisch unbedenklichen Produkten, gerät die Industrie in den Zugzwang, ein entsprechendes Angebot auf den Markt zu bringen. Nur unter diesen Bedingungen kann ein ökologisch, aber auch ökonomisch und sozial nachhaltigeres Wirtschaftssystem umgesetzt werden.

3. Profit (ökonomische Nachhaltigkeit)

Die ökonomische Nachhaltigkeit zielt auf langfristige Wertentwicklung und generationsübergreifende Fairness. Konkret bedeutet dies die Schaffung eines Wirtschaftssystems, das auch nachfolgende Generationen mit den gleichen Chancen und Möglichkeiten agieren lässt, wie wir das heute können. Ein weiterer Aspekt ist das möglichst dauerhafte Erzielen wirtschaftlicher Erträge, ohne die natürlichen Ressourcen aufzubrauchen.

Auch wenn Nachhaltigkeit und Wirtschaftlichkeit auf den ersten Blick als Widersprüche erscheinen: Ein wettbewerbsfähiges Wirtschaftssystem schließt nachhaltiges Handeln keineswegs aus. Allerdings geht es darum, verantwortungsvoll zu wirtschaften, Werte zu schaffen, Reputation aufzubauen und zu erhalten und letztlich Umsätze und Gewinne sogar zu steigern. Aus diesem Blickwinkel besteht kein Widerspruch zwischen Nachhaltigkeit und Rendite, sondern Nachhaltigkeit trägt – richtig umgesetzt – zur Gewinnsteigerung bei. Es sind also vielmehr zwei Seiten derselben Medaille.

Umgekehrt gilt der Zusammenhang ebenfalls: Wachstum, Renditen und Gewinne sind unabdingbare Voraussetzung für ethisches Handeln in Unternehmen. Sie statten Unternehmer erst mit den Möglichkeiten aus, sich konkret für die Menschen, die Umwelt und die Gesellschaft zu engagieren und die Unternehmensstrategie aktiv ethisch auszurichten. Somit braucht es beides: Nachhaltigkeit und Gewinnstreben.

Darin liegt auch die Chance, neue Marktanteile zu erobern und unternehmerische Reputation zu erhöhen. Mehr als ein Trend ist Nachhaltigkeit eine Notwendigkeit – und nur wer das erkennt, hat auch das Zeug zum Marktführer. Was Kunden heute begeistert, sind nachhaltige und werterhaltende Produkte, die von der Produktion über den Verbrauch bis zum Ende der Lebensdauer clever kommuniziert und strategisch umgesetzt werden. Nichts ist heute wertvoller als die Reputation einer Marke und mithin eines Unternehmens. Sie ist es, die Umsätze erzielt. Transparenz und Ehrlichkeit sind beim Aufbau einer solchen Reputation unabdingbar. Auch wenn häufig angenommen wird, dass beides dem unternehmerischen Erfolg im Wege steht. Das Gegenteil ist der Fall.

5.5 Erfolg geht auch ohne Lüge

Im Alltag gehören kleine Lügen gewissermaßen zum guten Ton – ein wenig Übertreibung schadet schließlich nicht. Rasch wird eine Studienreise im Lebenslauf zum internationalen Projekt oder der Vortrag an einer Fachhochschule zum Lehrauftrag. Umgekehrt lobt der Chef das Bemühen seines Mitarbeiters ja auch dann in der Öffentlichkeit, wenn er ihn in Wahrheit für einen „faulen Hund" hält. Insofern gelten solche kleinen Lügen häufig sogar als unverzichtbare Höflichkeit und sind mitunter sogar gesetzlich erforderlich: Schließlich sollen Arbeitszeugnisse im Sinne des Bewerbers stets positiv sein.

Zudem dienen solch kleine Lügen oft dem Zusammenhalt der Gesellschaft oder in Teams. Wer möchte auch in einer Welt leben, in der ungehemmt jede Wahrheit gesagt wird? Denn diese Wahrheiten können schnell an die Grenze zum Mobbing, zur Diskriminierung oder zur Unverschämtheit kommen. Außerdem ist Wahrheit meist subjektiv. Daher gilt: Alles, was sich mit Anstand, Benehmen, dem Schutz einzelner Persönlichkeiten und einem gewissen gesellschaftlichen Commitment rechtfertigen lässt, ist zwar nicht unbedingt richtig, aber eben noch in Ordnung.

Wo also verläuft die Grenze zu tatsächlich inakzeptablen Lügen? Diese Frage ist leicht zu beantworten: Dort, wo andere Menschen, Institutionen oder sogar die Gesellschaft als Ganzes durch die Lüge geschädigt werden.

Ein Beispiel zur Verdeutlichung: Wer bei einer Bewerbung übertreibt, weil er überzeugt ist, der beste Kandidat zu sein und fest entschlossen, in diesem Job dann auch alles zu geben, der wirbt für sich – im Sinne des Ziels. Die anderen Bewerber machen das in der Regel nicht anders. Alles gut!

Gibt aber ein Bewerber beispielsweise einen akademischen Titel an, den er gar nicht hat, erfindet Berufsabschlüsse oder fälscht Zeugnisse, dann begeht er einen Betrug – unabhängig vom Straftatbestand. Er verschafft sich einen unlauteren Vorteil und wertet die Qualifikationen anderer Bewerber ab: Ihnen entsteht gewissermaßen Schaden.

Und dort, wo Schaden entsteht – durch falsche Aussagen, falsche Tatsachen oder auch durch Schweigen –, ist die Grenze überschritten. Wer Fehler kaschiert und damit größeren

Schaden verursacht, als es die reine Wahrheit von Beginn an getan hätte, der macht sich schuldig an anderen. Hier gilt: Betrug kennt keine Bagatellgrenze. Lügen haben immer kurze Beine – im Kleinen wie im Großen. Deswegen sollte sich jeder gut überlegen, ob es wirklich lohnt, die eigene Reputation aufs Spiel zu setzen. Ehrlich währt am längsten, denn dann wird überwiegend mit Respekt und Bewunderung reagiert. „Handle nur nach derjenigen Maxime, durch die du zugleich wollen kannst, dass sie ein allgemeines Gesetz werde" – ein Leben nach dem Kant'schen Imperativ ist wohl der beste Gradmesser, um die Abwägung vorzunehmen, was akzeptabel ist und was nicht. So muss zwar nicht alles gesagt, aber eben auch nur wenig verschleiert werden.

Vor einiger Zeit saß ich beispielsweise mit dem vielfachen Rodelweltmeister Georg Hackl zusammen auf einer Vortragsbühne mit anschließender Podiumsdiskussion. Hackl sagte, er habe in seinem Leben viele Fehler gemacht, sie aber immer – und vor allem schnell – als Fehler zugegeben, nichts verschleiert oder geschönt. Niemals gelogen. Diese Ehrlichkeit sei manchmal schwer gewesen, aber er habe damit nie irgendwelche Leichen im Keller gehabt.

Wie recht er mit dieser Einstellung hat! Haben Sie es nicht auch schon erlebt, dass Sie eine Lüge nicht mehr verlässt, oder Sie sie lange im Gedächtnis tragen? Und bei dem einen oder anderen Manager kommen diese sprichwörtlichen „Leichen" aktuell die Kellertreppe hoch. Sie alle kennen die Fälle bei VW, dem ADAC und der FIFA.

Die Wahrheit ist einer unserer höchsten Werte, trotzdem scheinen Lügen in Business und Politik Hochkonjunktur zu haben. Aber warum lügen wir eigentlich? Es ist unser Wunsch nach Karriere, Macht und Geld, der auf direktem Weg zur Lüge führt. Oder andersherum gesagt: Die Angst, Geld zu verlieren, die Angst, den besseren Job nicht zu bekommen, die Angst, Macht abzugeben… all das führt dazu, dass wir lügen. Warum lügen beispielsweise ziemlich offensichtlich die Manager bei Volkswagen? Aus einer Kombination aller drei Punkte heraus: der Angst, Ansehen zu verlieren.

Warum ist Erfolg auch ohne Lüge möglich? Ganz einfach: Weil wir Menschen nicht mehr angelogen werden wollen. Wir wollen die Wahrheit hören. Eventuell dosiert und verträglich, aber eben die Wahrheit. Am besten merken wir alle es wohl selbst daran, dass wir von unseren Politikern nicht mehr angelogen werden wollen. Mittlerweile belächeln wir Wahlversprechen. Lügen sind der Grund für Politikverdrossenheit.

Was heißt das auf ein Unternehmen übertragen? Ihre Kunden glauben Ihnen nicht mehr. Mitarbeiter möchten nicht mehr bei Ihnen arbeiten. Unternehmensanteile wie Aktien fallen im Wert. An dieser Stelle ist ein Vergleich mit konkreten Unternehmen ausdrücklich erwünscht.

5.6 Wir wissen, wie es geht. Wir sollten handeln

Wir sollten aufhören mit dem Herumgerede, mit schier endlosen Meetings und dem reinen Abwägen von Risiken. Kommen Sie ins Tun!

Die Ausgangsbasis ist Ihre Ehrlichkeit und Ihre Integrität – gegenüber dem jeweiligen Thema, aber auch gegenüber Ihnen selbst. Wer integer ist, dem wird vertraut. Darum müssen Manager genau dafür kämpfen.

5.6 Wir wissen, wie es geht. Wir sollten handeln

Gehen Sie einen Vertrag, ein Commitment mit sich selbst ein. Definieren Sie klare Prinzipien auf der Grundlage von drei Fragen an Sie selbst:

1. Wollen Sie mit unternehmerischem Weitblick denken und handeln?
2. Wollen Sie bewusst Verantwortung für Gesellschaft und Umwelt übernehmen?
3. Wollen Sie kaufmännisches und ethisches Handeln im Unternehmensalltag verbinden?

Im zweiten Schritt müssen Sie sich über Ihre Mission, die Große Idee des Unternehmens – auf der Grundlage Ihres Commitments – klar werden. Zur Erinnerung noch einmal die Große Idee von Johannes Gutmann, dem Mann, der sagt „Drei Arbeitsplätze sind wichtiger als mein Profit". Seine Idee: Regionalität, Wertschöpfung und Arbeitsplätze gehen Hand in Hand – und reichen über bloßes Profitdenken hinaus.

Im dritten Schritt muss die „Große Idee" in ein konkretes Konzept umgewandelt werden. Gutmann von Sonnentor arbeitet hier beispielsweise klar mit einem regionalen Konzept. Führungskonzepte, Energiekonzepte, Recycling- und Abfallkonzepte (Stichworte Cradle2Cradle, CO_2-neutral) sind weitere Möglichkeiten, um sich zu positionieren und vor allem das Thema Nachhaltigkeit ins Unternehmen zu integrieren.

Dabei geht es nicht darum, den Moralapostel zu spielen, im Gegenteil. Wir müssen lernen, dass wir tatsächlich nur eine Welt besitzen. Es geht darum, ins Tun zu kommen – ganz pragmatisch. Unternehmer und Manager zu sein bedeutet mehr, als Geld zu verdienen und wieder zu investieren. Wie bereits gesagt bedeutet es in erster Linie, Verantwortung zu übernehmen – und zwar über das eigene Unternehmen hinaus.

> **Um das Ganze greifbar zu machen, hier sechs Tipps, wie sich pragmatische Ethik in Unternehmen leben und in den Alltag integrieren lässt:**
>
> 1. Werden Sie sich Ihrer Verantwortung und Reichweite bewusst. Machen Sie sich klar, auf wen Sie mit Ihrem Handeln Einfluss haben und wie Sie in diesem Einflussbereich ethischer agieren können.
> 2. Handeln Sie nach dem Begriff der pragmatischen Ethik. Kommen Sie ins Tun und beginnen Sie mit kleinen Schritten in Ihrem eigenen Umfeld.
> 3. Es gibt eine Sehnsucht der Menschen nach Ehrlichkeit und Ehrbarkeit, nach Fairness und Nachhaltigkeit. Handeln Sie danach.
> 4. Starten Sie mit konkreten und übersichtlichen Projekten: So bekommen Sie auch ein Gefühl für die Möglichkeiten Ihres Unternehmens – und wer von Ihren Mitarbeitern, Partnern und Kollegen aktiv mitzieht.
> 5. Denken Sie ethische Konzepte immer in mehreren Dimensionen: in ökologischer, ökologischer, ökonomischer, sozialer und gesellschaftlicher Verantwortung. Oft bedingt eins das andere. Fangen Sie einfach an einem Punkt an.
> 6. Nehmen Sie sich nicht zu viel auf einmal vor. Wenn Sie und andere merken, wie erfolgreich ethisches Handeln Sie macht, werden Sie automatisch immer mehr in Bewegung setzen.

5.7 Sieben Leitsätze für Unternehmer und Manager

Der Nutzen von Leitsätzen liegt nicht in ihrer Erarbeitung, sondern einzig und allein in ihrer konsequenten und überzeugten Umsetzung. Denn Leitsätze lassen sich nur dann in Erfolg ummünzen, wenn Unternehmer und Manager sie anderen nicht nur vorspielen wie Schauspieler, sondern wenn sie diese mit einer inneren Überzeugung bewusst leben.

Realistisch und umsetzbar sind die Leitsätze dann, wenn Sie direkt ableiten können, wie ein Leitsatz im Unternehmensalltag erlebbar wird. Ins Tun kommen ist das Stichwort – pragmatisch eben. Es geht darum, mit gutem Beispiel voranzugehen. Denken Sie daran: Ethisches Handeln, die Fähigkeit, mit gutem Beispiel voranzugehen und den Willen zur Veränderung mit der Verantwortung für andere zu kombinieren, ist ein Privileg der Erfolgreichen.

Es gibt sieben Leitsätze, die ich persönlich für unentbehrlich halte, um ein neues und nachhaltiges Denken zu etablieren und pragmatische Ethik zu einem Teil der Unternehmenskultur werden zu lassen. Bei diesen Leitsätzen geht es um Fairness, Verantwortung und Mut. Um sie besser greifbar zu machen, wird jeder Gedankengang von einem konkreten Fallbeispiel begleitet: Bereits heute handeln zahlreiche Unternehmen nachhaltig und ethisch.

5.7.1 Die Wirtschaft ist für uns da

Angst um den Arbeitsplatz, Überstunden und Leistungsdruck: Die Wirtschaft übt einen enormen Einfluss auf alle Bereiche unseres Lebens aus – und er wächst immer weiter. Längst geht es nicht mehr nur um den kontinuierlichen Aufbau einer Karriere oder nachhaltigen Gewinn, sondern um das schnelle Geld.

Was häufig übersehen wird: Unterm Strich sollte es um das Leben gehen, das man führen will.

Gehen Sie einmal gedanklich aus Ihrem Job raus und fokussieren Sie sich auf Ihr persönliches Leben. Was wollen Sie wirklich – jenseits von businessbezogenen Zielen? Ein Umfeld, in dem sich auch Ihre Kinder und Enkel noch wohlfühlen und verwirklichen können? Denken Sie darüber nach, was Sie als Manager und Unternehmen dafür leisten können, ein solches Umfeld zu erhalten.

Nicht wir sollten im Dienst der Wirtschaft stehen, sondern umgekehrt. Die Wirtschaft soll sich mit ihren Produkten und Dienstleistungen, mit ihren Produktionsverfahren an uns, unseren Werten und unseren Ressourcen orientieren und entsprechend ausrichten. Doch tatsächlich läuft es heute vielfach ganz anders. Der erwirtschaftete Gewinn stiftet wenig Nutzen, sondern schadet sogar anderen. Er geht auf Kosten von Umwelt, Lieferanten und Mitarbeitern und damit indirekt auf Kosten von deren Familien.

Das Streben nach Gewinn allein ist wertfrei. Eine Gewinnmaximierung aber, die uns betrügt und auf Kosten unserer Gesellschaft und Umwelt geht, ist es nicht. Übrigens ist auch Gewinnverwendung eine ethische Entscheidung, die das Ziel haben sollte, Umwelt,

5.7 Sieben Leitsätze für Unternehmer und Manager

Gesellschaft und Unternehmensziele miteinander in Einklang zu bringen. In Zukunft muss es im Management um Fairness, Respekt, Transparenz und Nachhaltigkeit gehen statt um Profitgier.

Fallbeispiel VAUDE Sport GmbH & Co. KG
Ökologisch und fair unterwegs

„Das ist unser Antrieb und gleichzeitig Herzenssache. Mit ganzheitlichen Konzepten und nachhaltig innovativen Produkten gehen wir unseren ›grünen‹ Weg konsequent weiter", sagt Antje von Dewitz, Geschäftsführerin bei VAUDE. Das ist ihre Große Idee, die sie auf den Weg gebracht hat und konsequent Schritt für Schritt weiterverfolgt.

VAUDE produziert und vertreibt funktionelle Outdoorbekleidung, Rucksäcke und Taschen, Schlafsäcke, Zelte, Schuhe und Campingzubehör. In der Selbstdarstellung der Firma heißt es: „VAUDE steht nicht nur für die Initialen des Unternehmensgründers Albrecht von Dewitz, sondern auch für eine tief verwurzelte Leidenschaft für den Bergsport sowie den respektvollen Umgang mit der Natur und den Menschen."

Wie wird das konkret umgesetzt? 486 Mitarbeiter sind im Firmensitz am Bodensee für VAUDE tätig. Das Unternehmen ist klimaneutral, setzt auf umweltfreundliche Materialien und transparente Lieferketten. 40 % der Führungskräfte sind weiblich. Seit April 2015 betreibt VAUDE eine eigene Bio-Kantine, in der die Mitarbeiter gesunde Mahlzeiten und leckere Snacks genießen können. Zudem gibt es auf dem Firmengelände einen Werksverkauf, ein biozertifiziertes Café und das VAUDE-Kinderhaus mit 31 Plätzen.

Woran liegt dieses konsequente Eintreten für Nachhaltigkeit? Es ist der Kontrapunkt zu einer Branche – der Textilbranche –, die durch skandalöse Arbeitsbedingungen und giftige Inhaltsstoffe geprägt ist. Es ist die Erkenntnis, dass Wirtschaft und Ethik kein Widerspruch ist, sondern beides zusammengehört. Es ist die Erkenntnis, dass Nachhaltigkeitsziele auch Unternehmensziele sind, für die sich jeder einsetzt.

Diesen scheinbaren Widerspruch zu meistern setzt voraus, zielorientiert zu denken und sich den Konflikten zwischen Wirtschaft und nachhaltigem Handeln täglich neu zu stellen. Diese Unternehmenskultur setzt voraus, dass sie jeden Mitarbeiter auf diesem Weg mitnimmt. Und sie setzt voraus, immer und in jeder Situation in Lösungen zu denken.

Bei VAUDE gehen all diese Aktivitäten einher mit ökonomischem Erfolg. In einer Branche, in der die fetten Jahre vorbei sind, erwirtschaftet VAUDE kontinuierlich Gewinne. Der Verbraucher honoriert das Bemühen des Unternehmens. Die glaubwürdige Marke VAUDE wird gekauft, auch wenn sie teurer ist als Konkurrenzprodukte. VAUDE ist damit ein Unternehmen, das ökologisch und sozial handelt und zugleich ökonomisch erfolgreich am Markt agiert. Dass diese Strategie sich lohnt, zeigen auch viele herausragende Auszeichnungen. Ende 2015 wurde das Unternehmen als Deutschlands nachhaltigste Marke von der Stiftung Deutscher Nachhaltigkeitspreis in Zusammenarbeit mit der Bundesregierung ausgezeichnet. Ebenfalls 2015 erhielt VAUDE den Green Controlling-Preis als nachhaltiges Familienunternehmen – damit wird jenes Controllingteam ausgezeichnet, das im entsprechenden Jahr die innovativste und effektivste grüne Controllinglösung zur Gestaltung und Steuerung ökologischer Strategien, Programme, Projekte und Maßnahmen in Unternehmen und öffentlichen Einrichtungen umgesetzt hat.

Weitere Informationen unter www.vaude.com.

5.7.2 Manager müssen Mut zur Fairness haben

Der Mensch ist das Maß der Wirtschaft – oder sollte es sein. Wenn diese Symbiose funktionieren soll, muss es darum gehen, Vertrauen, Respekt, Fairness und Wertschätzung zu entwickeln und zu leben. Der Umgang mit Lieferanten, Kunden und auch Mitbewerbern soll auf diesen Werten basieren: soziale Handlungen zum Nutzen aller Beteiligten.

Wirtschaft mit Ethik zu verbinden heißt also auch, im Umgang mit anderen stets nach ausgewogenen und fairen Lösungen zu suchen. Respekt und Fairness bedeuten, dem Gegenüber immer in die eigenen Entscheidungen und Handlungen miteinzubeziehen. Diese Form des ehrlichen Umgangs miteinander zahlt sich langfristig aus: Persönliche Integrität bildet eine solide Grundlage für Vertrauen und Glaubwürdigkeit.

Fallbeispiel Spider Netzwerk & Software GmbH
Vertrauen statt Verträge

Ein mittelständisches Dienstleistungsunternehmen aus Schorndorf bei Stuttgart setzt um, was sich die meisten anderen Unternehmen nicht trauen: Statt sich hinter Paragrafen und Klauseln zu verstecken, gilt bei der Spider Netzwerk & Software GmbH das gesprochene Wort. Das Unternehmen möchte damit eine neue Handschlagmentalität etablieren – und die Prinzipien des ehrbaren Kaufmanns. Der vollständige Verzicht auf Verträge und Allgemeine Geschäftsbedingungen (AGB) ist Teil der Strategie. Problemlösungen ohne Juristerei und Winkelzüge, nur mit Servicementalität und dem gesunden Menschenverstand, so lautet das Motto.

Das 1992 gegründete Unternehmen ist inhabergeführt und bietet Beratung, Planung und Aufbau von kundenspezifischen IT-Netzwerken. AGB, komplizierte Verträge und alles, was sonst im Kleingedruckten geregelt wird, sind für Geschäftsführer Andreas Ziegler schlicht ein Zeichen von Misstrauen.

„Es gibt doch nur zwei Möglichkeiten, wenn ein Auftrag in einer Reklamation endet: Entweder der Kunde hat uns falsch über seine Ziele und Wünsche informiert, oder wir haben selbst einen Fehler gemacht. Am Schluss bleibt aber immer nur eine Möglichkeit übrig: Um den Auftraggeber am Ende nicht zu verärgern oder gar zu verlieren, müssen wir den Auftrag letztlich doch in beiden Fällen korrigieren."

Das Kleingedruckte in AGB steht da letztlich nur im Wege, ist es doch oftmals der Beginn langwieriger Reklamationen oder sogar von Rechtsstreitigkeiten, die am

Ende keiner der Parteien nutzen. Meist gewinnt der Stärkere, also der mit dem längeren Atem – oder es kommt zu einem Vergleich. Was bleibt, sind „böses Blut" und gewaltige Kosten. Für Andreas Ziegler reicht es aus, dass es eine gesetzliche Grundlage gibt, die auch durch AGB nicht auszuhebeln ist.

Bei Spider wird somit in Lösungen gedacht, anstatt Konflikten mit Paragrafen zu begegnen. Übrigens: Laut Ziegler hat bisher kein einziger seiner Geschäftspartner diese Unternehmensphilosophie ausgenutzt. Im Gegenteil: Es gab viel Anerkennung für diese Entscheidung. Die Geschäftspartner schätzen es, dass Spider hundertprozentig zur eigenen Verantwortung steht.

Und es scheint sogar, als kämen Kunden wegen genau dieser Haltung zu Spider. Die Zahl der Kunden und die Höhe des Umsatzes steigen jedenfalls permanent. Für den Geschäftsführer ist klar: Viele Unternehmen haben die Nase voll von Dienstleistern, die sich ihrer Verantwortung entziehen wollen.

Was also zuerst nach Geschäftsrisiko und Kontrollverlust aussah, wird von vielen Kunden vielmehr als partnerschaftliches Miteinander und somit als Stärke betrachtet: Fairness als Wettbewerbsvorteil.

Weitere Informationen unter: www.spider-gmbh.de.

5.7.3 Jeder ist mit seinem Handeln Vorbild für andere

Die Verantwortung für unser Handeln tragen wir immer selbst. Mehr noch: Gerade in Fragen von Ethik und Nachhaltigkeit kann niemandem – ob Unternehmer, Manager, Aktionär oder Verbraucher – die Verantwortung für Entscheidungen abgenommen werden. Denn jeder fungiert mit seinen persönlichen Entscheidungen zugleich als Vorbild für andere. Bei Unternehmern und Managern wiegt diese Verantwortung umso schwerer. Versagen sie, beschädigen sie damit auch den Grundgedanken des ausgewogenen Zusammenspiels zwischen Wirtschaft und Ethik.

Negativbeispiele wie die jüngsten Fälle bei Volkswagen oder der Deutschen Bank zeigen auf, wie massiv das gesellschaftliche Vertrauen in Manager – und damit die von ihnen repräsentierten Unternehmen – zerstört werden kann. Auch deshalb sind Manager gut beraten, sich ihrer Verantwortung bewusst zu werden, sich als Vorbild aller zu begreifen und konsequent danach zu handeln.

Fallbeispiel albfertil GmbH
Vom Abfall inspiriert

Häufig legen Unternehmen ihren Fokus lediglich auf die Optimierung eigener Produktionsprozesse. Vernachlässigt wird dabei immer wieder das enorme Potenzial der entstehenden Abfälle. Genau auf diesen – scheinbar überflüssigen „Müll" verschiedener Unternehmen – hat sich die GlobalFlow GmbH spezialisiert. Mit maßgeschneiderten Beratungsdienstleistungen hilft sie Unternehmen aller Branchen dabei,

Abfälle zu vermeiden, negative Umweltauswirkungen einzudämmen und Kosten einzusparen. Gründerin und Geschäftsführerin Nadine Antic weiß, dass sich fast jeder Abfall in irgendeiner Weise sinnvoll weiterverwerten lässt.

Bereits sehr früh stand das Unternehmen vor der Frage, wie biologische Abfälle verwertet werden können. Die Antworten waren zunächst unbefriedigend: Die Abfälle wurden entweder kompliziert entsorgt oder schlicht verbrannt. Hieraus entwickelte sich die Idee der ebenfalls von Antic gegründeten albfertil GmbH, die Unternehmen den Abfall abnimmt, um ihn mithilfe von Würmern zu einem hochwertigen und somit verkaufsfähigen Produkt weiterzuverwerten: dem Naturdünger WORMANIZER. Herstellung, Verpackung und der provokante Name machen das nachhaltige und ökologische Upcycling-Produkt einzigartig.

Am Anfang der Start-up-Unternehmung gab es viele Fragen zu klären. Doch inzwischen sind die ersten Einheiten des WORMANIZERs produziert, verpackt und verkauft.

Nach einer Kompostierung der Abfälle entsteht durch die Verarbeitung mit spezialisierten Kompostwürmern (Eisenia fetida) ein hochwertiger Naturdünger. Durch die konstante Qualität der Inputsubstrate – beispielsweise Kaffeereste, Pferdemist oder Rübenabfälle – kann der Nährstoffgehalt in der Produktion genau gesteuert werden. Somit kann der Dünger exakt auf die Bedürfnisse einer Pflanzenart abgestimmt werden, denn nicht jede Pflanze benötigt dasselbe Mischungsverhältnis aus Stickstoff, Phosphor, Kalium und Magnesium. Erhältlich ist der Naturdünger aktuell in drei Sorten – als Universaldünger, Rosendünger und Chilidünger. Er ist organisch, trocken und absolut geruchsneutral – auch einer Anwendung zu Hause und in Gewächshäusern steht damit nichts im Wege.

Bei der Herstellung des WORMANIZERs entstehen keinerlei Emissionen. Pestizide oder andere Chemikalien kommen nicht zum Einsatz, sodass der Dünger für Mensch und Tier ungefährlich ist. Er kann also auch für den Anbau von Bioprodukten genutzt werden und ist sogar vom Forschungsinstitut für biologischen Landbau (FiBL) dafür zertifiziert. Im Gegensatz zu Kunstdüngern oder mineralischen Düngern, die teilweise hohe Uranwerte aufweisen, ist der WORMANIZER völlig ungefährlich. Die Ausgangsmaterialien fallen allesamt in Süddeutschland an, werden dort regional verarbeitet und wieder vertrieben. 60.000 Becher wurden bereits in Sindelfingen produziert. Das Unternehmen befindet sich auf Erfolgskurs.

Weitere Aspekte der Nachhaltigkeit werden künftig hinzukommen – beispielsweise arbeiten die Mitarbeiter aktuell an einer biologisch abbaubaren Verpackung.

Bereits mit dem Dünger erhält die Natur wieder ein Stück zurück: ressourcenschonend und ökologisch sinnvoll. Das Ziel, Bioabfälle nicht mehr zu verbrennen, wurde erreicht. Übrigens: WORMANIZER enthält keine Würmer mehr. Die braucht das Unternehmen ja selbst – sie verbleiben in den Kisten, in denen sie sich wohlfühlen.

Weitere Informationen unter: www.wormanizer.de sowie www.global-flow.jimdo.com.

5.7.4 Unternehmen tragen eine gesellschaftliche Verantwortung

Ethik, das wissen Sie bereits, ist und bleibt ein Privileg der Erfolgreichen. Denn meist schafft erst unternehmerischer Erfolg die Handlungsspielräume, Verantwortung in konkrete Projekte umzusetzen. Diese Handlungsspielräume gehen über rein unternehmensgebundene Ziele hinaus – und somit auch die Verantwortung. Unternehmerisches Denken und Handeln beschränkt sich nicht nur auf das Erwirtschaften und Investieren von Gewinn sowie das Vorantreiben der eigenen Firma: Es bedeutet auch die aktive Übernahme von sozialer und ökologischer Verantwortung, um Nachhaltigkeit auf unterschiedlichen Ebenen umzusetzen.

Fallbeispiel H.P. Kaysser Gmbh + Co. KG
Nachhaltig fit für die Zukunft

Bei der H.P. Kaysser GmbH + Co. KG wird mit einem besonderen und modernen Ausbildungskonzept gearbeitet: mit der LernFabrik, die als „Betrieb im Betrieb" entstand. Das Besondere dabei: Die LernFabrik ist mit denselben Maschinen und Technologien ausgestattet wie die eigentliche Fabrik – und die Auszubildenden wickeln ihre eigenen Aufträge ab, vom ersten Kundengespräch bis zur Produktion. Die Idee: Bereits während der Ausbildung sollen die Jugendlichen praxisgerecht arbeiten, Verantwortung übernehmen und in allen Bereichen der Auftragsabwicklung wertvolle Erfahrungen sammeln. Kurz gesagt: „learning by doing".

Sämtliche Betriebsabläufe werden in der LernFabrik unter Realbedingungen und unter fachlicher Anleitung eigenverantwortlich bearbeitet. Das macht nicht nur Spaß und steigert das Vertrauen in die eigenen Fähigkeiten, sondern fördert zudem die Entwicklung wichtiger Schlüsselqualifikationen wie Arbeitsmethodik, Kommunikations- und Kooperationsfähigkeit, Problemlösungskompetenz und Verantwortungsbewusstsein. Mit Vesperholen für die Facharbeiter oder Hofkehren wird hier kein Azubi beschäftigt und als billige Hilfskraft ausgenutzt.

Die H.P. Kaysser GmbH + Co. KG ist ein renommierter Familienbetrieb in zweiter Generation, der Systemlösungen für die Metallverarbeitung anbietet. Thomas Kaysser leitet das Unternehmen seit 1981 – derzeit gemeinsam mit einem kaufmännischen Geschäftsführer und zwei Prokuristen. 364 Mitarbeiter hat der Betrieb im Industriegebiet der kleinen Gemeinde Leutenbach-Nellmersbach, die rund 25 km nordöstlich von Stuttgart liegt; weitere 32 Mitarbeiter sind im Tochterunternehmen H.P. Kaysser International S.R.L. mit Sitz im rumänischen Bistrita tätig.

Weitere Informationen unter www.kaysser.de.

5.7.5 Nachhaltige Unternehmen investieren

Noch immer verhält es sich bei vielen Unternehmen so, dass Inhaber und Teilhaber nahezu den gesamten erwirtschafteten Gewinn einstreichen – bei Konzernen vielleicht noch die Aktionäre. Mitarbeiter, Lieferanten und die Gesellschaft im Allgemeinen bleiben hingegen auf der Strecke, wenn Gewinnmaximierung allein als kurzsichtige Handlungsmaxime dient.

Wer als Unternehmer nachhaltig, weitsichtig und pragmatisch ethisch denkt, der investiert lieber in genau diese Akteure und engagiert sich für mehr Lebensqualität und Know-how. Nachhaltig wirtschaftende Unternehmer und Manager setzen auch auf Lieferanten, die ebenso verantwortungsbewusst agieren. Und sie investieren mit Umsicht in das Unternehmen selbst: nachhaltige Produkte und Dienstleistungen, hochwertige Maschinen und das Eigenkapital. Das alles ist letztlich Investition in unser Gemeinwohl – und sorgt für einen viel langfristigeren Gewinn, als jedes Streben nach schnellen Boni es könnte.

Kooperation statt Konkurrenz, Nachhaltigkeit statt Gewinnmaximierung: Wer diesen Grundsätzen folgt, wird feststellen, dass der Profit und die Freude daran sich dann wie von selbst einstellen. Der Schlüssel ist es, im Management nicht mehr nur auf die Zahlen zu schauen, sondern vor allem auf die Menschen, die ebenfalls für das Erreichen der gemeinsamen Ziele arbeiten.

Fallbeispiel Mader GmbH & Co. KG
Exzellente Leistung durch soziales und ethisches Denken und Handeln

„Uns ist bewusst, dass unser Handeln Auswirkungen auf die Gesellschaft und die Umwelt hat", heißt es in der Selbstdarstellung des Unternehmens Mader. „Wir sind überzeugt davon, dass die Zukunft der Gesellschaft nur durch eine nachhaltige Entwicklung gesichert werden kann. Daher ist nachhaltiges Handeln ein wichtiger Bestandteil unserer Unternehmenspolitik."

Was genau bedeutet also Nachhaltigkeit bei Mader? Das Unternehmen bietet Produkt- und Dienstleistungen rund um das Thema Pneumatik. Das ist eine energieintensive Branche, entsprechend sieht Mader sich Umwelt und Gesellschaft gegenüber ganz besonders in der Verantwortung. Entsprechend setzt man hier bewusst auf alle drei Säulen der Nachhaltigkeit: Ökonomie, Ökologie und Soziales. So wird im Bereich der Ökologie beispielsweise Wert auf Energieeffizienz im Unternehmen und ein umsichtiges Umweltmanagement gelegt; ökonomisch setzt man auf anspruchsvolles Qualitätsmanagement und hohe Kundenzufriedenheit dank eines ausgeprägten Verantwortungsbewusstseins aller Mitarbeiter; und sozial engagiert sich das Unternehmen im Bereich von Bildungspartnerschaften, aber auch Initiativen zum Diversity Management. Alles das wird im Unternehmensalltag von Geschäftsführung wie Mitarbeitern konkret gelebt und miteinander verzahnt, denn keine Dimension der Nachhaltigkeit lässt sich ohne die andere denken. Das Ergebnis sind zahlreiche Auszeichnungen wie zum Beispiel der dritte Platz beim Deutschen Nachhaltigkeitspreis 2016.

Das Besondere an Mader: Das Thema Nachhaltigkeit wurde gleichsam aus der Not heraus entwickelt, ganz pragmatisch weitergedacht und mit allen drei Säulen Schritt für Schritt zu einem aktiven und vor allem umfassenden Teil der Unternehmenskultur gemacht. Für mich persönlich eines der beeindruckendsten Unternehmen, die ich kenne.

Weitere Informationen unter www.mader.eu.

5.7.6 Region hat Priorität

In der öffentlichen Wahrnehmung wird die Region – und damit die kleinen sowie mittelständischen Unternehmen – meist vernachlässigt. Die Hauptaufmerksamkeit in Medien und Politik kommt den großen Konzernen zu. Dabei sind es gerade die Familienbetriebe, welche ihre Produktion nicht ins Ausland verlagern, sondern mit den Menschen in ihrer Region faire und nachhaltige Produkte herstellen. Diese Betriebe sind das Rückgrat unserer Wirtschaft.

Die Region bietet mittelständischen Unternehmen die für Wachstum notwendige Infrastruktur und Mitarbeiter. Region ist aber auch das, was die Mitarbeiter an ein Unternehmen bindet: Fühlt sich der Mitarbeiter – gemeinsam mit seinem familiären Umfeld – wohl, dann bleibt er auch.

Deswegen hat Region Priorität. Sind Sie als Unternehmer für Ihre Region da, wird Ihre Region auch für Sie da sein. Eine Win-Win-Situation. Bevorzugen Sie regionale Lieferanten. Engagieren Sie sich in sozialen Projekten, die der Region helfen. Sorgen Sie sich um das Umfeld Ihrer Mitarbeiter. Zahlen Sie die Steuern, die zu zahlen sind, dort, wo auch Ihr Firmensitz ist. Region hat Priorität: Die Liste ließe sich beliebig fortführen.

Um in Zeiten der Globalisierung Oberhand und Kontrolle zu behalten, heißt es, auf Klein statt Groß zu setzen, auf regionale Stärke und Verantwortung statt globaler Gewinnmaximierung.

Fallbeispiel TRIGEMA Inh. W. Grupp e.K.
Nachhaltige Mode – 100 % made in Germany

Exzentrisch, provozierend und wortgewandt. So kennt man Wolfgang Grupp aus den Medien. Seine Auftritte im Fernsehen sind teilweise legendär und sorgen in Zeiten sozialen Medien zu hohen Klickzahlen. Sein Standing in seinen medialen Auftritt ist seine Art Stellung zu beziehen und Transparenz zu zeigen. Durch seine öffentliche Meinung müssen Wort und Tat bei ihm übereinstimmen. Alle andere wäre untragbar und ein hohes Risiko für den Fortbestand des Unternehmens.

Aber Grupp ist nicht nur Medienstar. Als erfolgreicher Unternehmer erwirtschaftete er zuletzt einen Umsatz von 94 Mio. EUR. Seiner Aussage zufolge ist Trigema Deutschlands größter T-Shirt- und Tennisbekleidungshersteller. Das 1919 gegründete Unternehmen mit Sitz im schwäbischen Burladingen setzt auf qualitativ hochwertige Sport- und Freizeitbekleidung sowie Tag- und Nachtwäsche für Damen, Herren, Jugendliche und Kinder.

Legendär der Affe, der noch bis vor kurzem Millionen Bundesbürger ansprach: „Trigema produziert mit 1.200 Mitarbeitern nur in Deutschland. Wir werden auch in Zukunft nur in Deutschland produzieren und unsere 1.200 Arbeitsplätze sichern."

Für Wolfgang Grupp hat somit Region Priorität. Made in Germany – das ist seine Mission, seine Große Idee.

Bei Trigema zählen Werte: So, wie jeder Mitarbeiter ein Arbeitssoll zu erfüllen hat, muss auch das Management ein Soll erfüllen. Dieses orientiert sich allerdings weniger an Macht oder Marktanteilen als vielmehr an der Verantwortung für die Mitmenschen und besonders den eigenen Mitarbeitern. So gab es seit 35 Jahren keine Entlassungen, und allen Mitarbeiterkindern wird ein Arbeits- bzw. Ausbildungsplatz zugesichert. Das Unternehmen wurde für sein Engagement 2006 von der Initiative Ja zu Deutschland zur Firma des Jahres gewählt.

„Obwohl die Textilbranche in den letzten Jahrzehnten mit größten Schwierigkeiten zu kämpfen hatte, sind wir stolz, diese Jahre erfolgreich gemeistert zu haben", sagt Wolfgang Grupp. „Wir konnten bei Trigema nicht nur die Arbeitsplätze halten, sondern haben diese in den letzten Jahren auf 1.200 erhöht. Ich betrachte es als meine erste Pflicht, meine Mitmenschen in den Arbeitsprozess miteinzubeziehen und unsere Arbeitsplätze auch für die Zukunft zu sichern."

Gerechtigkeit und Beständigkeit spielen dabei eine elementare Rolle. Mit der Sicherung von Arbeitsplätzen in der Region als oberstem Ziel der Firmenphilosophie setzt Trigema in der Praxis genau das um, was ich meine, wenn ich vom Übernehmen gesellschaftlicher Verantwortung spreche.

So bringt Grupp seine Große Idee von „Made in Germany" auf den Punkt: „Wir dürfen nicht noch mehr Arbeitsplätze abbauen, verdiente Mitarbeiter auf die Straße schicken und der Jugend keine Perspektiven mehr bieten. Der Arbeitslohn ist in Deutschland nicht zu teuer, wenn die Arbeitskraft richtig eingesetzt wird, die Arbeitnehmer motiviert sind und die Leistung in ein verkaufbares Produkt eingeht. Bedingungen dafür zu schaffen ist die Aufgabe von uns Unternehmern."

Weitere Informationen unter www.trigema.de.

5.7.7 Nachhaltigkeit ist kein Marketing-Gag

Wie eingangs bereits gesagt, ist der Trend eindeutig: Eine wachsende Zahl an Verbrauchern kauft mit Blick auf Nachhaltigkeit. Es gibt eine starke Bewegung, die sich ehrliche, nachhaltige Produkte und Dienstleistungen wünscht – nachhaltig in ihrer Qualität, nachhaltig aber auch in Sachen Umweltbilanz. Die Sehnsucht der Menschen nach Ehrlichkeit wächst, das ist vielen Unternehmern und Managern inzwischen bewusst.

Dieses Wissen machen sich aber leider nicht nur jene zunutze, die es wirklich aufrichtig meinen. Plötzlich schreiben sich auch solche Unternehmen ein „grünes" Siegel auf die Fahne, die selbst alles andere als ethisch oder ökologisch wirtschaften: das schon erwähnte Greenwashing, bei dem es um die Konstruktion eines umweltfreundlichen Firmenimages geht, ohne dass dies in der konkreten Unternehmenspolitik begründet wäre.

Werbung und cleveres Marketing haben also immer noch ein sehr hohes Täuschungspotenzial. Die Täuschung findet oftmals innerhalb des gesetzlichen Rahmens statt, das aber macht sie nicht weniger unethisch. Denn: Manager und Unternehmen müssen sich aus einem eigenen Antrieb heraus anständig gegenüber ihren Kunden verhalten, und nicht nur deshalb, weil es der Gesetzgeber vorgibt – genau das ist Ethik.

Fallbeispiel Erwin Thoma Holz GmbH
Wir bauen Häuser – CO_2-neutral und ohne Umweltbelastung

Erwin Thoma baut Holzhäuser. Keine kleinen Blockhütten, sondern Mehrfamilienhäuser, Hotels und sogar Kirchen. Für die Gesundheit und den natürlichen Lebensraum im Einklang mit der Natur hat er ein unübertroffenes Holzbausystem entworfen und umgesetzt, frei von Lehm – 100 % reines Holz. Es ist patentiert und weltweit einzigartig.

Durch diese Bauweise erreicht das massiv verarbeitete Holz in vielen Disziplinen zertifizierte Bestwerte, beispielsweise beim Schall- und Brandschutz. Hinzu kommt: Thoma verwendet bei der Verarbeitung keine Holzschutzgifte oder andere chemische Hilfsstoffe. Dadurch ist es ihm möglich, den Primärenergieverbrauch beim Bauen um 50–80 % zu reduzieren und den Menschen gleichzeitig eine gesündere Umgebung zu liefern: Das unbehandelte „Holz100" kann jederzeit wieder in den natürlichen Kreislauf zurückgeführt werden. Außerdem wirkt der natürlich nachwachsende Baustoff Holz, der ausschließlich aus nachhaltig bewirtschafteten Forstbetrieben bezogen wird, dem Treibhauseffekt entgegen: Holz bindet CO_2.

Persönlich bin ich von diesem Menschen begeistert. Seine gelebte Verbindung zur Natur überzeugt, der Funke springt sofort über. Die Geschichte, wie ihn sein Schwiegervater für den Holzbau und die Verwendung von Mondholz – also Holz, das gemäß alter Traditionen ausschließlich bei abnehmendem Mond geerntet wird – begeistern wollte, berührt emotional.

Ihren Technologievorsprung sieht die Thoma Holz GmbH als Chance und als Verantwortung. Thomas Große Idee ist es, Wohn- und Lebensraum in Einklang mit der Natur zu bringen, indem nachwachsende Ressourcen für den Bau von Häusern genutzt werden. Erwin Thoma sagt dazu: „Die Zukunft der Menschheit in Würde, Freude und Liebe auf unserem Planeten ist ohne Natur nicht mehr möglich."

Weitere Informationen unter www.thoma.at.

5.8 Zukunft denken? Manager, bewegt euch

Ethisches Handeln ist gar nicht so einfach. Wer weiß in einer so komplexen Welt mit Millionen von Angeboten schon, ob nicht irgendwo ein kleines Bauteil, eine minimale Nuance eines Produktes oder ein Aspekt in der Lieferkette nicht doch von den eigenen ethischen Ansprüchen abweicht und so eben nicht den allerhöchsten Wertmaßstäben genügt? Was schadet letztlich nicht der Umwelt oder basiert vielleicht auf dem (momentanen) Unglück eines anderen Menschen? Unsere Kleidung kommt aus Fernost, unsere Fahrzeuge bestehen aus tausenden Einzelteilen aus aller Welt, und jede Technologie hat ihre Schattenseiten. Wie können wir überhaupt ethisch sein, wenn wir noch Gewinne erwirtschaften wollen? Und wird mir als Unternehmer nicht jeder Fehltritt gnadenlos vorgeworfen werden, wenn ich behaupte, besonders ethisch zu sein? Sollte ich nicht besser schweigen und das kleine bisschen tun, das in meiner Macht steht? Oft sind es diese

Fragen, die Unternehmer davon abhalten, sich selbst als ethisch zu bezeichnen und lieber nicht den Weg in die Öffentlichkeit zu suchen.

Aber ist das richtig? Nein, es ist nicht richtig. Richtig ist, das vermeintlich kleine bisschen zu tun, das jeder in der Hand hat. Nicht richtig ist, über dieses kleine bisschen zu schweigen. Denn genau das ist es, was andere Unternehmen nachahmen können und das so aus dem „bisschen" eine Bewegung machen kann, die größer und größer wird. Wer kann sich schon an Apple, Google, BMW oder Krombacher orientieren? Sicher kein kleines Unternehmen. Und ist der Verbrauch seltener Erden in iPhones nicht unethisch, wenn dafür in China massive Umweltschäden entstehen? Auch dann, wenn das gleiche iPhone Menschen hilft, Hilfsaktionen zu organisieren, die ohne den erwirtschafteten Umsatz nicht möglich gewesen wären? Oder was ist mit der Regenwaldrettungsaktion von Krombacher? Werden hier nicht Bäume gerettet, zugleich aber vielleicht Menschen in den Alkoholismus getrieben? Was nutzen die tollen Arbeitsbedingungen bei Google, wenn wir zugleich zum gläsernen Konsumenten und Bürger werden? Ethik ist also nicht so einfach. Jeder kann eben nur das tun, was er kann. Und keiner wird allein die Welt retten.

Doch es sind ja die kleinen Dinge, die als Vorbild für andere fungieren können, die vielen Einzelaktionen, die, auch verbreitet über die Medien, für ein neues Bewusstsein sorgen. Es müssen nicht immer die höchsten Ansprüche sein. Im Gegenteil: je kleiner und konkreter, desto beispielhafter und nachahmenswerter. Das ist die Chance, gerade für kleine und mittlere Unternehmen. Statt in millionenschwere CSR-Konzepte zu investieren, haben kleine Firmen es sogar leichter, einfach zu beginnen. Pragmatismus statt „Wolkenkuckucksheim", mit kleinen Schritten starten statt auf Perfektion zu setzen, es einfach tun, statt lange zu planen – das macht die Welt, oder zumindest das eigene Umfeld, besser.

Voraussetzung dafür ist ein neues Denken, das damit beginnt, den Widerspruch aus Rendite und Ertrag auf der einen und ethischen Grundsätzen auf der anderen Seite aufzulösen. Nur wer wirtschaftlich erfolgreich ist, kann auch ethisch handeln. Verantwortung ist die Kehrseite des Erfolgs. Beides bedingt einander. Das müssen auch die Medien begreifen. Hundert Prozent wird es nicht geben. Menschen sind Menschen und Unternehmen sind Unternehmen. Eine schlechte Tat, vor allem eine, die nicht mal in der eigenen Verantwortung liegt, macht nicht hundert gute Taten zunichte; sie macht nicht eine einzige gute Tat zunichte. Was gut ist, muss auch gut bleiben dürfen – sonst entmutigen wir die, die Ethik pragmatisch umsetzen möchten.

Es geht auch darum, dass Unternehmen Strategien entwickeln und durchsetzen müssen – und zwar nicht als wildes Durcheinander sinnloser Entscheidungen, sondern als Element verantwortungsbewussten unternehmerischen Handelns. Eine unternehmerische Entscheidung kann moralisch, auch im Sinne einer gesellschaftlichen Verantwortung – Stichwort: Erhalt des Unternehmens – sogar geboten sein, um die Handlungsfähigkeit des Unternehmens zu erhalten. So gesehen sind unternehmerische Entscheidungen, die beispielsweise dazu dienen den Gewinn des Unternehmens zu sichern, nicht per se unethisch.

Und darum geht es, um pragmatische Ethik: Statt falsch verstandener Perfektion lieber viele kleine Dinge tun und Fehler akzeptieren. Im Laufe der Zeit werden die Dinge besser. Nichts ist von Anfang an perfekt. Lernen und experimentieren sollte auch in Sachen Ethik erlaubt sein – ohne gleich den erhobenen Zeigefinger gezeigt zu bekommen. Der Anfang ist wichtig, das vorbildliche Handeln im doppelten Wortsinn: vorbildlich in Sachen Ethik und Vorleben nachahmenswerter Projekte, die auch andere umsetzen können.

Ethik ist kein lästiges Hindernis – Ethik ist unsere Zukunft.

5.9 Über den Autor

Jürgen Linsenmaier ist Ethik- und Reputationsexperte, Marketingprofi, Vortragsredner, mehrfacher Buchautor sowie leidenschaftlicher Werber für unternehmerische Freiheit mit ethischer Verantwortung.

Ethisches Handeln und wirtschaftlicher Ertrag – ein Widerspruch? Im Gegenteil, weiß Jürgen Linsenmaier: Es sind zwei Seiten derselben Medaille.

Pragmatische Ethik heißt das Erfolgsrezept – ein Handeln, das gleichermaßen den wirtschaftlichen Interessen und der Gesellschaft dient. Jeder kann pragmatische Ethik in seinem Betrieb umsetzen. Jürgen Linsenmaier hat sich zum Ziel gesetzt, dabei zu helfen.

So ist er Vortragsredner, Berater und Gründer der ETHIK SOCIETY. Dieser Zusammenschluss kleiner, mittlerer und großer Betriebe befasst sich mit Ethik und Best Practices.

Aus der Praxis für die Praxis: Seine umfassende Expertise erwarb Jürgen Linsenmaier in seiner langjährigen Tätigkeit als Geschäftsführer und Vorstand eines renommierten Medienhauses. In seinen Vorträgen begeistert er die Zuhörer mit seiner authentischen und praxisorientierten Art der Wissensvermittlung: pragmatisch ethisch, reputationsfördernd und umfassend verantwortungsbewusst. Weitere Infos unter www.juergen-linsenmaier.de.

Literatur

Bertelsmann Stiftung (Hrsg.). (2016). Trau, schau, wem! Unternehmen in Deutschland. https://www.bertelsmann-stiftung.de/fileadmin/files/BSt/Publikationen/GrauePublikationen/Studie_BS_Trau__schau__wem._Unternehmen_in_Deutschland_2016.pdf. Zugegriffen: 18. Mai 2018.

IHK Ostbrandenburg (Hrsg.). (2012). Der Ehrbare Kaufmann lebt! https://www.ihk-ostbrandenburg.de/blob/ffihk24/servicemarken/Ehrenamt/Initiative-Ehrbarer-Kaufmann/2409096/406fcf27dec-2dfaf98b33d6d8a638f11/Der-Ehrbare-Kaufmann-lebt-data.pdf. Zugegriffen: 18. Mai 2018.

Kwasniewski, N. (2014). Die Deutsche Bank kam mit leeren Händen. http://www.spiegel.de/wirtschaft/unternehmen/deutsche-bank-agrarspekulations-konferenz-enttaeuscht-foodwatch-und-co-a-964891.html. Zugegriffen: 18. Mai 2018.

Plakos (Hrsg.). (2018). Ethik Wissen und Definition – Was ist ethik? https://ethik.plakos.de/. Zugegriffen: 18. Mai 2018.

Spindler, E. A. (o. A.). Geschichte der Nachhaltigkeit: Vom Werden und Wirken eines beliebten Begriffes. https://www.nachhaltigkeit.info/media/1326279587phpeJPyvC.pdf. Zugegriffen: 18. Mai 2018.

Stolz, R. (2008). Der ehrbare Kaufmann. http://www.tabvlarasa.de/34/Stolz2.php. Zugegriffen: 18. Mai 2018.

The Economist (Hrsg.). (2009). Triple bottom line – It consists of three Ps: Profit, people and planet. https://www.economist.com/node/14301663. Zugegriffen: 18. Mai 2018.

Zeit online (Hrsg.). (2016). Deutsche Bank weltweit in etwa 7800 Prozesse verwickelt. https://www.zeit.de/news/2016-05/19/deutschland-deutsche-bank-weltweit-in-etwa-7800-prozesse-verwickelt-19162604. Zugegriffen: 18. Mai 2018.

Manager ohne Mitarbeiter 4.0 ist wie Erfolg ohne Geld

6

Welche Anforderungen Manager und Mitarbeiter erfüllen sollten, um auch in Zukunft gefragt zu sein.

Zusammenfassung

Dieser Beitrag wendet sich an die Nachdenklichen. Die zukünftigen Anforderungen an alle Menschen, die sich in der Arbeitswelt bewegen, bedeuten Klärungsbedarf. Es ist das dominierende Thema der Literatur über Unternehmens- und Mitarbeiterführung. Sie gibt uns allen wertvolle Strategien und konkrete Tipps mit auf den Weg, wie wir es schaffen in diesen hochdynamischen Zeiten leistungsstark zu bleiben und sich motivierend zu verhalten. Dabei ist nicht immer der gedankliche Schritt nach vorne allein ausschlaggebend. Vielmehr ist der Moment, sich neben sich zu stellen und die individuelle Sinnhaftigkeit des (beruflichen) Lebens zu hinterfragen, zielführend. Der Wandel ist unaufhaltbar – der Umgang damit erlernbar.

In der frühen Industrialisierung des 19. Jahrhunderts lag die Befehlsgewalt bei dem Fabrikherrn. Das Lohngefüge war niedrig, die Arbeitszeit unbegrenzt. Da es ein Großteil der ländlichen Bevölkerung vorzog in den Städten ihr Glück zu suchen, gab es ein Überangebot an Arbeitskräften. Die Arbeitgeber bestimmten deshalb die Arbeitsverhältnisse nach eigenem Gutdünken und verfügten über ihre Arbeiter wie über sachliche Betriebsmittel. Sie wurden ausgenutzt und ausgebeutet. Gesetzliche Regelungen, eine Art Arbeitsrecht, existierten nicht. 1839 wurde in dem preußischen Regulativ über die Beschäftigung jugendlicher Arbeiter in Fabriken erstmals ein Gesetz erlassen, wonach Kinder unter neun Jahren nicht in Fabriken beschäftigt werden und für Kinder von neun bis zwölf Jahren die Arbeitszeit auf zehn Stunden täglich bemessen wurde.

1848/1849 nahm der wirtschaftliche Ausschuss der in der Frankfurter Paulskirche tagenden verfassungsgebenden Nationalversammlung, eine gesetzliche Regelung der Beteiligung von Arbeitnehmervertretern bei der Gestaltung von Arbeitsbedingungen in den Entwurf einer Gewerbeordnung auf. Für jede Fabrik sollte danach von deren Arbeitern ein Fabrikausschuss gewählt werden. Der Entwurf wurde jedoch nicht Gesetz. Die Arbeitgeber traten weiterhin als Alleinherrscher in ihren Betrieben auf.

Nein – Sie sind nicht im falschen Buch gelandet. Aber als ich mit meinem Beitrag für Management 4.0 begann, fragte ich mich: Was war eigentlich Management 1.0? Und wann werden wir bei Management Perfekt angekommen sein?

Die Entwicklungen der letzten 200 Jahre sind enorm. Die Umwälzungen brachten extreme Arbeitsverbesserungen, Mitbestimmung und Eigenverantwortungsübernahme, zudem Möglichkeiten der Selbstverwirklichung mit sich, wovon die ersten Fabrikarbeiter nicht mal im Ansatz zu träumen wagten. Das ist vielleicht nur mit dem Fliegen vergleichbar – denn wer hätte damals schon geglaubt, dies sei jemals möglich? Und nun scheint es, wir stehen wieder vor Entwicklungen, die nicht unserer Zeit, aber unserem Vorstellungsvermögen weit voraus liegen. Wir haben Wünsche und Erwartungen an unsere Arbeit und unser Arbeitsumfeld, an unsere Verdienstmöglichkeiten und Formen der Absicherung – wir haben eine Ahnung davon, wie es sich anfühlt, gerne und ausgefüllt und mit Hingabe dem Beruf nachzugehen. Nicht nur routiniert einen Job abzuliefern, sondern in ihm aufzugehen. Uns an ihm zu reiben, aber auch uns darin zu entwickeln. Das haben wir gelernt, das können wir – aber nun? Nun kommen da Tsunamientwicklungen auf uns zugerollt, von denen die Wenigsten überhaupt auch nur die Gischt als das erkennen, was sie ist, geschweige denn auf ihnen gleiten können. Wie gehen wir damit um und vor allem: Wie können wir sie sogar mitbeeinflussen? Lassen wir uns mitreißen? Und wenn ja: Sind wir begeistert oder ertrinken wir?

Unsere Arbeits- und Sozialministerin Andrea Nahles schreibt dazu im Weißbuch Arbeit 4.0:

> Wo haben die Fahrerinnen und Fahrer, die Ärztinnen und Ärzte, die Briefträgerinnen, Kassiererinnen und Bauarbeiter in der digitalen Welt (und jenseits davon) ihren Platz? Sitzt der LKW-Fahrer von heute auf seiner Route morgen zwar nicht am Steuer, aber als Pilot in seinem Führerhaus und überwacht die elektronischen Instrumente? Hat er übermorgen seinen Platz in einem Logistikzentrum, von wo aus er mehrere selbstfahrende LKW aus der Ferne kontrolliert? Oder kann er das vielleicht von zu Hause aus erledigen? Hat er dabei mehr Freizeit als früher, kann er gesünder leben, seine Familie häufiger sehen, sich die Arbeit mit seiner Frau teilen? Hat er noch einen Bezug zu seinem Unternehmen? Kann er darin mitwirken und mitbestimmen? Hat er die Solidarität seiner Kolleginnen und Kollegen? Oder fühlt sich unser Fahrer überflüssig und findet keine Arbeit mehr? Hat er vielleicht die Chance ergriffen, etwas ganz Neues zu machen? Hat er dabei die Unterstützung unserer Institutionen gefunden? Die Revolution des Digitalen erfordert eine behutsame Revolution des Sozialen (Bundesministerium für Arbeit und Soziales o. A.).

Man mag von ihr denken, was man will, aber hier stellt sie mal die richtigen Fragen. Ich werde sie gewiss nicht alle beantworten können – doch versuchen mich ihnen zu nähern.

6.1 Unaufhaltbarer Wandel

Die amerikanischen Wissenschaftler Carl Frey und Michael Osborne haben über ihrer Studie The future of employment: How susceptible are jobs to computerisation? errechnet, dass in den USA in den nächsten zwei Jahrzehnten bis zu 47 % aller Jobs von intelligenter Software übernommen werden könnten (2013). Im Auftrag von Andrea Nahles hat die Übertragung durch das Mannheimer Forschungsinstitut ZEW auf Deutschland das Ergebnis von 12 % Automatisierungswahrscheinlichkeit für konkrete Tätigkeiten gebracht. Das wären ca. fünf Millionen gefährdete Arbeitsplätze. Dies seien jedoch nur annähernde Werte, da das technische Potenzial überschätzt sein könne und die Anpassungsfähigkeit der Menschen letztlich nur schwer einschätzbar und von vielen Faktoren abhängig sei. So bleiben die ZEW-Forscher denn auch bei der ziemlich wagen Aussage: Insgesamt bleiben größere Gesamtbeschäftigungseffekte durch zukünftigen technologischen Wandel eher unwahrscheinlich. Mehr Bildung könne jedoch nie schaden, um bevorstehende Anpassungen an das „Arbeiten 4.0" zu bewältigen (Bonin et al. 2015).

Nun ist Bildung ja tatsächlich nie verkehrt, doch drängt sich in dem Zusammenhang die Frage auf: in welcher Richtung? Wo liegen die Alternativen für jene, die ihre Arbeit an Roboter verlieren bzw. deren Produktionsmittel und -zweige auf breiter Ebene ersetzt werden durch Innovationen, die der Menschheit auf anderer Seite wiederum das Überleben mittels technischen Fortschrittes sichern, wie bspw. das Elektroauto. Aufzuhalten ist dies alles nicht. Und per se schlecht ist es auch nicht. Außerdem wird die Digitalisierung auch weiterhin viele neue Jobs schaffen oder bestehende Arbeitsplätze sichern helfen.

Da ist zum Beispiel Matilda, die 76 Fragen in 30 min stellt und dabei nicht nur die Antworten registriert, sondern auch das Minenspiel des Bewerbers (Odrich 2016). Dabei agiert sie frei von jeglichen Vorurteilen oder persönlicher Stimmungslage. Keine Voreingenommenheit, keine Ermüdung und auch beim hundertsten Interview noch genauso motiviert und frisch am Start, wie beim Allerersten. Das nennt sich: fair, gleich, gerecht! Der Roboter Matilda spult sein automatisiertes Interviewprogramm mittels einer Software ab und gibt den menschlichen Personalern nach Auswertung der Datenträger wertvolle Tipps für die Auswahl.

Sind Sie nun schockiert oder dergleichen Meldungen schon gewöhnt? Es ist, wie es ist: Computer werden künftig nicht nur Bewerbungsunterlagen auswerten, sondern auch Bewerbungsgespräche führen. Während wir uns noch versuchen damit abzufinden, dass unsere bekannten althergebrachten Verfahren langsam aber sicher abgelöst und Interviews per Skype oder anderer Messenger gängige Praxis werden, ist man entwicklungstechnisch in Australien schon viel weiter, denn genau dort wurde Matilda kreiert.

Ja, die Vorstellung, dass künftig Roboter mitentscheiden, welcher Bewerber in die nächste Runde kommt, mag gleichermaßen erschrecken wie faszinieren. Ich bin mir ehrlich gesagt noch unschlüssig. Anonymisierte Verfahren hin oder her – der künftige Mitarbeiter wird ja nicht anonym bleiben. Er wird in ein Team zu integrieren sein, in das er hineinpassen muss oder das er sogar übernehmen oder verändern soll. Da ist das Geschlecht oder das äußere Erscheinungsbild vielleicht nicht der schnurgerade Wegweiser, aber spielen sie nicht auch eine Rolle? Was ist mit den menschlichen „Antennen", der langjährigen Erfahrung, des Bauchgefühls? Kann ein digitales Programm überhaupt jemals in der Lage sein, einen Bewerber umfassend zu beurteilen? Oder anders gefragt: Sollte es das jemals können? Wollen wir das überhaupt? All das Fragen, die man sich durchaus stellen sollte, gerade um im augenblicklichen Diskurs um schematische Bewerberinterviews und angeblich fortschrittlichem Denken, früh genug eine Meinung zu haben, mit der man dann im jeweiligen Fall umgehen kann.

Was ist Erleichterung – etwa die Auswertung der Antworten – und was birgt Gefahr von kommunikativen Robotern – etwa die Abgabe von mitmenschlicher Verantwortung.

Da es noch lange nicht so weit sein wird, dass Roboter standardmäßig Einzug in die Konzerne halten, stellen wir mal kurz die Zukunftsmusik etwas leiser und bleiben noch bei der Welt von heute, die sich allerdings auch bereits enormen Veränderungen ausgesetzt sieht und stellen muss.

Wir befinden uns mitten in einer Zeit des Wandels – nicht nur der Arbeitswelt. Die wichtigsten Einflüsse kommen dabei von mehreren Seiten: Der demografische Wandel sowie die Globalisierung und Digitalisierung führen zu neuen Arbeitsweisen in und für die Unternehmen. Die Marktchancen und -risiken der Zukunft benötigen agilere und flexiblere Reaktionsmuster, was sich wiederum auf das Personalgefüge auswirkt.

So sind Mitarbeiter schon heute anspruchsvoller und erwarten häufig mehr von ihrer Arbeit als ein gesichertes Einkommen. Etwas zu erreichen gilt immer noch als erstrebenswert, doch nicht mehr im Rahmen einer klassischen, jahrelang gelebten Karrierekultur des „nach oben Strebens". Stattdessen sieht man in selbstbestimmtem und sinnerfüllten Arbeiten eine Art Selbstläufer. Im Antrieb, das was man tut nicht zu tun, weil es getan werden muss, sondern weil man es gerne tut, den ersten wie auch den letzten Schritt. Das zu erkennen und darauf einzugehen, wird Personalabteilungen und besonders Führungskräfte herausfordern, um nicht abgehängt zu werden.

Eine wichtige Voraussetzung dafür ist die Schaffung von Verhältnissen, in denen sich niemand ausgebeutet fühlt. Und schon gar nicht systematisch, d. h. in Form eines automatischen Systems. Ich spreche bewusst vom gefühlten ausgebeutet sein, da dessen faktische Nichtexistenz noch lange nicht bedeutet, dass dies nicht trotzdem so empfunden wird!

Umdenken und querdenken auf Management- UND Mitarbeiterseite sind nicht nur erwünscht, sondern strategisch notwendig. Das mag manchmal anstrengend und langwierig sein, doch notwendig um althergebrachte Denkmuster abzukratzen, die selbst an dem frischen Gedankengut der nachwachsenden Generationen immer noch kleben, da auch sie sich nicht komplett von den Prägungen ihrer Vorbilder freisprechen können.

Die Y-Generation ist vielerorts gestrandet und sucht nach neuen Wegen den Anforderungen künftiger Arbeitswelten zu begegnen ohne sie als Gegner zu verstehen. Gesucht wird die Vereinbarkeit von Privat- und Arbeitsleben; gebraucht werden wahrhaft ganzheitliche Ansätze, die keine künstliche Integration notwendig machen. Wer in seinem Arbeitsleben wertgeschätzt wird und gleiches tut, bekommt nicht nur ein Gehalt, sondern es verzinst sich zusätzlich mit gehaltvollem Output.

Sinnbasiertes und wertschätzendes Management ist insofern eine Herausforderung, die viel zu lange nur in Coachingseminaren Raum einnahm und nun endlich in die Unternehmen nachhaltig einziehen sollte. Denn die sechste Lange Welle nach Kondratieff steht an! Die nächsten Jahrzehnte werden die der Biotechnologie und der psychosozialen Gesundheit sein. In unserer Industriegesellschaft hatten bislang Produktivitätsverbesserungen Priorität, denn sie standen und stehen für Wirtschaftswachstum. Insofern kam es ebenso vorrangig auf den effizienten Einsatz von Maschinen und Energie an. Der Maschinenbediener spielte dabei sehr lange eine eher untergeordnete Rolle. Wenn auch die Arbeitnehmerverbände an Macht gewannen, und die Slogans von Gerechtigkeit heute immer mehr in Richtung Gleichheit mutieren, so blieb doch die Produktivität der Maschinen und Menschen im Vordergrund. Das ändert sich nun insofern, als dass die Maschinerie zunehmend nebensächlicher wird und als das sich der menschlichen Produktivität anders genähert wird. Der „Mittel zum Zweck"-Mitarbeiter hat ausgedient. In Zukunft geht es in den Führungsetagen also immer noch primär um Fach-, aber doch weiter zunehmend um Methodenkompetenz in der Zusammenarbeit. Es geht um so filigrane Dinge, wie darum, die „Stimmung" im Unternehmen wahrzunehmen, es geht darum „echt" zu kommunizieren, es geht um wirkliche Einsatzbereitschaft jenseits von nackten Kennzahlen – am und mit dem Menschen.

Eine noch andere Dimension wird das gesellschaftliche Zusammenwirken in die Arbeitswelt hineintragen, denn die psychosoziale und damit auch, je nach Mensch und Menschenbild, die spirituelle Gesundheit, werden unsere Arbeitswelt erheblich beeinflussen. Der Zugang zum geistlichen Leben und die Bedeutung des Glaubens haben keineswegs abgenommen in den letzten Jahrhunderten. Sicher gab und gibt es Verschiebungen und Verwerfungen. Doch sehen wir gleichzeitig auch so etwas wie Rückbesinnung. Wenn auch der christliche Glaube in unserem Kulturkreis weiterhin den Kern ausmacht, so nimmt doch die, im weitesten Sinne, Esoterik, einen immer größeren Stellenwert ein und nähert sich gleichzeitig ihren Ursprüngen der ganz alten Mythologien, aus denen wiederum die monotheistischen Weltreligionen entstanden sind. Man könnte den Eindruck gewinnen, alles strebte immer schon in einen Zyklus, der in der Gegenwart in die Vergangenheit mündet. Wobei das selbstverständlich nicht den Blick auf fundamental geführte und blutige Glaubenskriege verschließen darf, doch auch die, sind in ihrer Vehemenz vielleicht Ausdruck dessen, was man vermuten kann: dass die Sinnsuche des Menschen immer exzessiver wird.

Wer sich mit Kondratieff näher beschäftigen möchte, findet ganz bestimmt wertvolle Ansätze, wie dies funktioniert und wie dies in konstruktive Wege umgesetzt werden kann, damit zunächst alle Beteiligten im Alltag und am Ende das Unternehmen davon profitieren (Nefiodow und Nefiodow 2014).

Das Management darf dies nicht außer Acht lassen: Der Mensch sucht diesen Sinn schon lange nicht mehr nur im Privaten. Bei näherer Ansicht schlägt das reine Wohlfühl-Pendel jedoch ganz schnell wieder zurück, denn es wird darum gehen Gesundheit auf allen Ebenen „zu denken und umzusetzen". Wenn der Lebensstandard erhalten bleiben soll, indem sich die Gesellschaft derart selbstverwirklichende Gedanken leisten kann, muss das Wirtschaftswachstum selbstverständlich erhalten bleiben bzw. ausgebaut werden.

Das braucht ein Innovationspotenzial, das im Hinblick auf die zunehmende Sensibilität für Umweltzerstörung, negative Technologiefolgen, Mobbing am Arbeitsplatz und übermäßige Stressreize, aktiv wird. Ein ausgeprägter Sinn für Gerechtigkeit, Menschlichkeit, Beziehungsorientierung, Intuition und Einfühlungsvermögen, sind da alles andere als hinderlich. Die Fähigkeit zum Konsens, basierend auf Kooperationsbereitschaft und der Fähigkeit Situationen gut zu erfassen, gepaart mit einer hohen Kommunikationsfähigkeit – werden in den nächsten Jahrzehnten gebraucht, um Erfolg zu generieren. Dies gilt es im reinen Wortsinn wahr-zu-nehmen.

6.2 Erfolgreich Netzwerken

Wer erfolgreich sein will, dem empfehle ich dringend intensiv zu arbeiten. In seinem Job und an sich. Halten wir zunächst fest: Erfolg lässt sich nicht objektiv messen. Weder mittels monetärer Zielgrößen, schicksalhafter Begünstigungen, noch in Macht oder gar Gefühlen. Aber sind subjektive Maßeinheiten, wie Zufriedenheit oder reine Erfolgswahrnehmungen jenseits ökonomischer Erfolgsgrößen, überhaupt von allgemeinem Interesse? Ja. Externe Faktoren, wie die allgemeine konjunkturelle Lage, auch unter Einbeziehung der aktuellen Wirtschaftspolitik und nicht zuletzt der Standort, spielen sicher eine große Rolle. Aber, wer in Zukunft erfolgreich führen will, sollte nicht nur in den Erfolg verliebt sein und sich an harten Kennzahlen orientieren, sondern es wäre gut, wenn er sich gut in die Menschen, seine Mitarbeiter einfühlen kann, deren Kernkompetenzen, all ihre anderen Fähigkeiten und Besonderheiten und auch ihre problematischen Seiten kennen und vor allem erkennen lernen.

Für erfolgreiche Karrieren gilt ähnliches: sich nicht nur auf den eigenen Schreibtisch fokussieren, den Blick nicht nur über das Team, die Abteilung, das Unternehmen, sondern auch über die Branche hinaus schweifen lassen – auf dem sogenannten Laufenden bleiben. Der Fokus gehört auf die eigene Kompetenz gerichtet, diese stetig weiterzubilden ist enorm wichtig. Teil von Netzwerken zu sein, die beweisen: Man ist umfassend interessiert. Denn genau das weckt wiederum Interesse!

Eine dieser wertvollen Formen modernen Netzwerkens habe ich vor einigen Jahren bei Toastmasters (https://www.toastmasters.org/) kennengelernt. Dabei handelt es sich um eine nichtkommerzielle Bildungsorganisation, die ihren Mitgliedern ein Trainingsprogramm zur Verbesserung der Kommunikations- und Führungsfähigkeiten anbietet.

Die Toastmasters unterstützen jedes Mitglied dabei, seine eigenen Kommunikations- und Führungsqualitäten zu verbessern. Jedes Mitglied bestimmt selbst, worauf es seinen Fokus legen will. Das Führungsteam der lokal organisierten Clubs wird jährlich neu festgelegt. Jeder kann eine Rolle übernehmen und wird durch erfahrene Toastmasters (Mentoren) unterstützt. Die wichtigste Aufgabe eines Toastmasters-Club besteht also vor allem darin, eine gegenseitig unterstützende und positive Lernumgebung zu schaffen. In dieser Umgebung kann jedes einzelne Mitglied seine Kommunikations- und Führungsqualitäten entwickeln und so sein Selbstvertrauen stärken und sein persönliches Wachstum fördern. Diese vier Grundwerte bilden die Basis für Toastmasters: Integriät (Integrity), gegenseitige Wertschätzung (Respect), Unterstützung (Service) sowie Spitzenleistung (Excellence).

Jeder Club trifft sich alle zwei Wochen für ca. zwei Stunden. Das Ziel ist, so viel wie möglich zu kommunizieren. Zusätzlich werden vorbereitete Reden gehalten und jeweils von einem Toastmaster bewertet. Hierbei steht das positive Feedback im Vordergrund und die Punkte, die der Redner noch verbessern kann. Der Aufbau neuer Clubs schult in Organisation und Führung und wirkt sich so nachhaltig auch auf die Position im Beruf aus. Zusätzlich werden auf regionaler, nationaler und internationaler Ebene Redewettbewerbe veranstaltet. Wer Mitglied bei den Toastmastern ist, kann weltweit an jedem Clubtreffen teilnehmen. Gäste sind jederzeit willkommen. Wer kennenlernen will, was Veränderung bedeutet, wie es sich anfühlt und wie es selbst organisiert funktioniert, sollte unbedingt Mitglied bei den Toastmasters werden. Aber auch hier gilt: Wirklich erfolgreich ist nur, wer auch nachhaltig zufrieden mit seinem Leben insgesamt ist. Wie man zu dieser Zufriedenheit kommen kann, möchte ich Ihnen im Folgenden näherbringen.

6.3 Zweck der Existenz

Jeder Mensch fragt sich irgendwann einmal in seinem Leben: Was ist der Sinn? Des Lebens. Unser aller Lebens. Meines Lebens. Manch einer kommt zu einem Ergebnis, andere halten es mit Bob Dylan und überlassen die Antwort dem Wind. Aber ich möchte Sie etwas ganz anderes und doch ähnliches fragen: Glauben Sie, dass der Zweck die Mittel heiligt? Bedingt – wäre vermutlich die mir am häufigsten darauf gegebene Antwort. Und sie ist nicht nur diplomatisch, sondern auch weise – hält sie sich doch alles offen. Doch geht es mir ja nicht darum, die Antwort auf alle Fragen zu finden, sondern nur auf die eine, auf die es wirklich ankommt: Was ist Ihr Zweck der Existenz (ZDE)? Was ist Ihr ZDE? Vielleicht sind Sie schon mit diesen drei Buchstaben in Berührung gekommen – immerhin ist *Big Five for Life* von John Strelecky (2009) ein wahrer Bestseller. Vielleicht haben Sie ihn gelesen, fühlten sich berührt oder auch nur angesprochen. Und haben das Thema bereits nach ein paar Tagen wieder vergessen. Vielleicht haben Sie es aber auch verinnerlicht und sich tatsächlich diese drei Fragen gestellt und vor allem auch beantwortet:

- Warum bist du hier?
- Fürchtest du den Tod?
- Ist dein Leben erfüllt?

Denn meine Erfahrung ist – und da nehme ich mich selbst durchaus mit hinein – man liest so viel, so viel Schlechtes ist dabei, aber auch so viel wirklich gute Gedanken, und doch integriert man sie nicht in sein Leben, weil man schon im nächsten Moment wieder auf dem Weg zu einem neuen Gedanken ist. Weiterentwicklung ist nie verkehrt, doch sie braucht auch Zeit und Raum um sich zu entfalten. Und diesen Raum möchte ich Ihnen jetzt im Rahmen unseres Themas Management 4.0 ganz bewusst einräumen. Indem ich Sie dazu aufrufe: Beschäftigen Sie sich mal ein paar Seiten nur mit sich selbst. Nehmen Sie sich eine *Anzeit* für Ihre Selbstexploration und lassen Sie es und sich daraufhin wirken. Denn es wird wirken, ich bin davon überzeugt! Ich möchte Sie auf einen Weg führen, den John Strelecky selbst entwickelt hat, um die drei Fragen zu präzisieren. Stellen Sie sich vor, Sie sitzen nun ganz entspannt in einem seiner Vorträge und lernen gleichzeitig Ihren Kern kennen. Ihren Zweck, Ihren Sinn in diesem Leben.

6.3.1 Erkennen Sie Ihren Zweck der Existenz oder suchen Sie wenigstens danach!

Ihr ZDE ist wortwörtlich zu verstehen. In ihm liegt der Grund Ihrer Existenz. Ist er klar, erlaubt er die klare Sicht auf das Leben, man kann ihn wie einen persönlichen Kompass benutzen. Jede Frage, die Ihnen begegnet, jede Entscheidung, die ansteht, alles kann dann im Licht des ZDE abgeglichen und die Wege entsprechend angepasst werden. Die erste Frage: Warum bist du hier? ist dafür maßgeblich. Es werden keine Entschuldigungen mehr notwendig, keine Rechtfertigungen mehr erforderlich sein. Weder vor sich selbst und schon gar nicht mehr vor anderen. Kommt sie demnächst, die Frage: „Hallo, was machst du so?", dann beschreiben Sie künftig was Sie tun. „Und wozu?" „Es hilft mir den Zweck meiner Existenz zu erfüllen." Punkt.

Dazu muss man diesen Zweck des Hierseins ergründen. Hat man ihn gefunden, wird dies sich kraftvoll auf unser Leben auswirken und – es einfacher machen.

6.3.2 Angst ist ein schreckliches Gefühl – lassen Sie sich nicht davon beherrschen!

Zum Thema Angst ließe sich sehr viel sagen. John Strelecky beschränkt sich auf den Rat, den wir seit Dale Carnegie kennen: sich vorzustellen, was das Schlimmste ist, das realistisch gesehen passieren kann. Dies nimmt die Lähmung vor eingebildeten Schreckensszenarien. Außerdem ist es fast nie so, dass Entscheidungen vollkommen irreversibel sind. Unabhängig davon, dass die Wahrscheinlichkeit, dass der Eintritt des denkbar Schlimmsten sehr gering ist, können wir fast immer zu dem zurückkehren, was wir vorher taten, bevor wir etwas Neues versucht haben.

Also lassen Sie sich nicht von bloßen Wahrscheinlichkeiten abhalten. Wenn Sie das Versagen fürchten, fürchten Sie den Erfolg. Wer erst gar nichts versucht, überlässt anderen die Kontrolle über sein Leben – oder sogar der Angst.

6.3.3 Entweder wir leben als ein Abklatsch in bedeutungsloser Existenz oder wir verleihen unserem Leben einen Sinn!

In einer sternenklaren Nacht beträgt die Anzahl der Sterne, die wir sehen können gerade mal 3000 Stück. Dabei gibt es allein in unserer Galaxis 100 Mrd. Sterne und inklusive Planeten und Monde kommen wir auf die bescheidene Zahl von 6,3 Trillionen. Vielleicht sind es auch ein paar mehr oder weniger rauf oder runter – was bei ca. 100 Mrd. ähnlich großen Galaxien wohl kaum eine Rolle spielen dürfte. Manch einer mag sich aus dieser Perspektive heraus betrachtet ziemlich winzig vorkommen. Unwichtig. Nicht mal „staubkorngroß". Und deshalb also auch bedeutungslos? Ich habe die Erfahrung gemacht, wer für sich herausfindet, welches sein Lebenszweck ist und ihn mit Leben füllt, dem gibt dieser Wert Anleitung und Sinn. Und der ist unabhängig von Maß und Größe.

6.3.4 Verstehen, dass etwas uns erfüllt, weil wir uns entscheiden, dass es erfüllend ist, nicht weil jemand anderes uns sagt, dass es so ist!

Die Herausforderung ist es, einen Sinn zu finden, ohne dass externe Marketingspezialisten ihn uns eingetrichtert haben. Es geht einzig und allein darum etwas zu finden, das für uns persönlich erfüllend ist. Wirkliches Selbstwertgefühl und Selbstbestätigung kommen nicht vom Außen. Erfüllung findet, wer für sich beschlossen hat, dass es erfüllend ist, nicht weil wir die Erwartungshaltung von jemand anderem erfüllen.

6.3.5 Seien Sie dankbar und nutzen Sie die Vorteile, die Ihnen das Leben in diesem Land bietet!

Uns sind erstaunliche Möglichkeiten in die Hände gegeben, allein dadurch, dass wir in diesem Land leben. Und alles, was wir getan haben, um diese Möglichkeiten zu bekommen, war, zufällig hier zur Welt gekommen zu sein…

6.3.6 Schauen Sie auf das kleine Bild, aber mit einem weiten Blickwinkel!

Unsere durchschnittliche Lebensspanne beträgt 28.500 Tage. Um sicher zu gehen, dass Sie ein Leben führen, das Ihnen Freude macht, sollten Sie jeden Tag etwas tun was Sie lieben, was Ihnen wirklich Freude macht. Klingt einfach. Und ist so schwierig für die meisten. Ein wichtiger Schritt dahin ist es, nicht danach zu leben: „Betrachte das große

Ganze." Sondern indem der Fokus auf einem kleinen Ausschnitt aus dem Blickwinkel Ihrer wahren Intentionen liegt. Welche das sind? Die Antworten auf folgende Fragen: Was ist der Zweck Ihrer Existenz? Was ist es, was Sie in Ihrem Leben tun möchten? Warum sind Sie hier?

6.3.7 Machen Sie Nah-Lebenserfahrungen!

Nahtoderfahrungen kennt man, wenn auch meistens nur vom Hörensagen. Ob die wirklich vom Blinzeln ins Jenseits berichten oder ins Reich neurobiologischer Erklärungsmodelle gehören, wird dann uninteressant, wenn wir uns voll und ganz auf das Leben konzentrieren. Nah-Lebenserfahrungen nennt Strelecky die Zeiten, in denen man genau das tut, was man möchte. Das kann bedeuten, einen nahestehenden Menschen zu umarmen oder ein gesetztes, schwieriges Ziel zu erreichen. Sie entstehen, wenn sich der Zweck Ihrer Existenz erfüllt. Dann ist man von Glück umgeben und erfüllt. Durch diese Momente wunderbarer Erlebnisse entstehen Gefühlserfahrungen, die aufeinander aufbauen. Die sich nach mehr sehnen und insofern sowohl senden als auch empfangen.

6.3.8 Wählen Sie Ihren eigenen Maßstab für Erfolg!

Der wichtigste Gradmesser für Erfolg, ist das, was Sie glücklich macht. Die Kriterien dafür bestimmt im Idealfall jeder für sich selbst und sollte sich nicht von gesellschaftlichen Konventionen oder Ansprüchen leiten lassen. Nur dann entwickelt sich daraus auch eine Antriebskraft.

6.3.9 Handeln Sie, als ob Ihr Leben von Ihren Entscheidungen abhängt, denn es ist so!

Alles, was wir tun und erfahren in unserem Leben, hängt von unseren täglichen Entscheidungen ab. Nicht das Leben entscheidet über uns, nein, Sie entscheiden über Ihr Leben und wie Sie es gestalten wollen. Das mag sich simpel, weil selbstverständlich anhören, aber fragen Sie sich einmal selbst: Ist das genauso in Ihrem Bewusstsein verankert?

Lassen Sie nicht andere darüber entscheiden, was Sie erreichen können und was nicht.

6.3.10 Wählen Sie Tätigkeiten, die Sie begeistern, und Ihre Leidenschaft wird immer dabei sein!

Wir verbringen ca. drei Viertel unserer wachen Zeit mit arbeitsrelevanten Tätigkeiten. 70 %. Muss ich mehr sagen?

6.4 Big Five for Life

Im Laufe der Jahre stellte John Strelecky fest, dass die drei Fragen alleine vielen Menschen nicht ausreichen, um für sich daraus ihren einen *Zweck der Existenz* zu definieren. Deshalb hat er sein Konzept wie oben skizziert weiterentwickelt und zudem die Big Five for Life-Metapher hinzugenommen. Sie gibt eine handhabbare Größe für das, was für einen Menschen der Vorstellung eines *„erfüllten Lebens"* und damit der Beantwortung der dritten Frage am nächsten kommt.

Mit The Big Five bezeichnet man in Afrika: Nashorn, Elefant, Büffel, Leopard oder Löwe – die Tiere, die man auf einer afrikanischen Safari unbedingt sehen möchte. Und so stehen die Big Five for Life für die fünf Dinge im Leben, die Sie in Ihrem Leben unbedingt tun, sehen oder erleben möchten. Bei den Punkten auf der Big Five for Life-Liste kann es sich um nur einmalige Erlebnisse handeln oder sie können auf Dauer angelegt sein. Sie sich wirklich bewusst zu machen und sie schriftlich festzuhalten, hilft, den Fokus des Lebens auf die eigenen Lebensträume zu legen. Das hängt von den täglichen Entscheidungen ab. Sie bleiben niemandem erspart. Wichtig ist, dass Sie sich ihrer bewusst sind und sicherstellen, dass SIE entscheiden was Sie tun und nicht über sich bestimmen lassen.

Inzwischen hat die Big Five for Life-Konzeption eine ganz eigene Dynamik auch in der Richtung entwickelt, wie sich der private Erfolg mit dem unternehmerischen oder beruflichen verbinden lässt. Nur der Erfolg, der sich mit dem eigenen Zweck der Existenz in Einklang bringen lässt, ist tatsächlich ein Big Five for Life-Erlebnis.

„Alles hängt mit allem zusammen" und wenn Unternehmen nur Mitarbeiter einstellen, die mit ihren wirklich wichtigen Zielen im Leben (Big Five for Life) und ihrem ZDE verbunden sind und all dies mit den Zielen des Unternehmens zusammenpassen, arbeiten alle an einer Sache, zur Erfüllung der eigenen Ziele und damit auch der Ziele der Firma. Dadurch wird es keine Arbeit mehr sein, sondern Selbsterfüllung.

Noch sind Firmen, die nach diesem Prinzip arbeiten absolute Exoten. Noch glaubt „man" nicht, dass *echtes Business* so funktionieren könne. Es rechne sich einfach nicht, Menschen ihre Big Five for Life leben zu lassen, wenn sie arbeiten. Doch glücklicherweise sickert die Gewissheit so langsam auch in die Führungsetagen der Unternehmen durch, dass materielle Anreize und Strafen in der heutigen und vor allem morgigen Welt nicht mehr als alleinige Motivatoren taugen. Im Gegenteil: Sie führen bei vielen Menschen zu eher schlechteren Ergebnissen! Und damit liegt das Konzept der Big Five for Life in Kombination mit dem ZDE genau auf der Höhe der Zeit.

Menschen, die in ihrer Arbeitszeit die eigenen Big Five for Life verwirklichen können, also ihrem intrinsischen Drang, die eigenen Talente zur Entfaltung zu bringen und damit auch bzw. gerade auf beruflicher Ebene einem sinnvollen Zweck zu dienen, erbringen Spitzenleistungen.

John Strelecky gibt noch einen wichtigen Impuls: Was wäre, wenn jeder Tag im Leben und jeder Moment aufgezeichnet würde? Wie man sich gefühlt hat, was man gemacht hat, mit welchen Menschen man zu tun hatte, wie man seine Zeit verbracht hat.

Dazu stelle man sich vor, am Ende des Lebens würde ein Museum errichtet, das dieses Leben genauso zeigt, wie es der jeweilige Protagonist erlebt hat. Alles, was Spaß gemacht hat, was lästig war, ärgerlich oder traurig.

Das Hineinversetzen in die Vorstellung, am Ende des eigenen Lebens durch dieses Museum zu gehen, birgt Aha-Erlebnisse. Die Videos zu sehen, Aufnahmen zu hören und Bilder zu betrachten, weckt Gefühle. Nicht von Versagen oder Erfolg. Sondern von Ansporn und weiter so. Der nächste Schritt, sich imaginäre Zuschauer vorzustellen, geht noch tiefer. Wie behalten andere Menschen mein Leben in Erinnerung? Definitiv so, wie es wirklich war. Gefällt es mir, wie es augenblicklich ist? Und wenn nicht – was sollte und was kann ich wie ändern.

6.5 Management 4.0 braucht Mitarbeiter 4.0

Das Management sollte immer seine Mitarbeiterschaft im Fokus haben. Viel zu oft läuft dies anders herum und die Führungsetagen versuchen ihren Mitarbeitern getroffene Entscheidungen über deren Köpfe hinweg in selbige zu implementieren.

Gutes Management beginnt bereits mit der Art und Weise des Recruiting und des Teambuilding. Beides wird zukünftig immer wichtiger und vielleicht auch anspruchsvoller, wenn man sich alleine auf die Demografie fokussiert. Diversity ist dabei mehr als nur ein Schlagwort. Wer diese mit aufgeklapptem Visier von Anfang an einbezieht, kann auch daran erstarken.

6.5.1 Recruiting in einer digitalisierten Welt

Früher war alles viel leichter. Ein Personaler schaltete eine Stellenanzeige und wartete ab. Bewerbungen trudelten ein, die man sichtete und aussortierte, Kandidaten kamen und gingen, weiter selektierende Interviews taten ihr Übriges, Sympathien und Fachkompetenz schwangen in die richtige Balance, vielleicht noch ein schickes Assessment-Center hintendran, die Entscheidung fiel: Herzlich willkommen im Job.

Heute ist es doch etwas komplexer – auch das eine Folge des digitalen Wandels, der sowohl Wirtschaft als auch Gesellschaft permanent und tief greifend verändert. Die damit einhergehenden Umwälzungsprozesse sind für Unternehmen mit großen Anstrengungen verbunden, das bekommt jeder mit, aber es hilft nichts: Wer langfristig erfolgreich bleiben will, ist gut beraten, sich dieser Herausforderung zu stellen und sie zu meistern.

Qualifizierte Young Professionals sind heiß begehrt und „die wissen das". Sie für das eigene Unternehmen zu gewinnen, ist eine der großen Herausforderungen an das Management und ans Recruiting. Nicht nur, weil diese Generation, wie wir bereits gesehen haben, etwas anders ist als die vorherige bzgl. ihrer Bedürfnisse und Ansprüche an die Arbeit. Sie kommuniziert auch anders.

Deshalb braucht es mehr als klassische Stellenanzeigen und herkömmliche Jobmessen. Statt nur auf Bewerbungen zu warten, gilt es für Recruiter, Kandidaten aktiv zu suchen, auf sie zuzugehen, sie zu umwerben – und dabei die technologischen Möglichkeiten und Plattformen von heute zu kennen und zu nutzen. Wer in Sachen Digitalisierung noch hinterherhinkt, ist gut beraten, schnell aufzuholen, denn wenig wirkt so unattraktiv auf junge, zukunftsorientierte Kandidaten wie ein altmodischer, unbeweglicher Arbeitgeber.

Ausschreibungen via Crossmarketing in den Sozialen Medien sind absolut notwendig. Die richtigen Recruitingkanäle sind das A und O. Einer davon ist das Mobile Recruiting. Die mobile Internetnutzung übersteigt schon länger die der stationären Nutzung. Weshalb das Mobile Recruiting an die vorderste Recrutingfront gehört – doch dort noch lange nicht angekommen ist. Die mobilen Strategien – sofern sie überhaupt existieren – sind nicht ausgereift oder gar bis zu Ende durchdacht. Und das liegt vor allem daran, weil dies den Personalabteilungen überlassen wird, die das „mitmachen" sollen. Das kann funktionieren, ist jedoch nicht ratsam. Eine Social-Media-Kampagne hat nichts mehr mit einer Print-Anzeige zu tun. Sie braucht eine breit aufgestellte Strategie, hinter der ein tiefes und grundliegendes Verständnis nicht nur der einzelnen sozialen Netzwerke, sondern auch der jeweiligen Techniken stehen muss. Und sie erfordert Zeit. Da heißt es: dranbleiben in konstanter Regelmäßigkeit. So etwas geht nicht „mal eben", dafür braucht es fachlich fundiertes Know-how.

6.5.2 Mobiles Arbeiten: Biete Flexibilität – erhalte Flexibilität

Intuition ersetzt nicht die innovativen Ideen. Der Mainstream von heute war die innovative Idee von gestern. Kommen wir also im heute an und lernen wir zu begeistern. Warten wir nicht darauf von Bewerbern „vom Hocker gehauen zu werden", sondern nehmen das Zepter in die Hand und kehren den besonderen Geist des Unternehmens nach außen. Den haben Sie nicht? Nun, dann wird es Zeit, den zu kreieren. Denn ganz genau den suchen die jungen Menschen, die das Arbeiten vielleicht nicht in dem Sinne erfunden haben, wie es noch die Generationen vor ihnen verstanden. Aber, die auch nicht davor weglaufen, wenn sie das Gefühl haben, nicht nur Mitläufer eines Arbeitsprozesses zu sein, sondern wichtiger Teil dessen. Und da ist es dann ganz egal, ob sie ein wichtiges Puzzlestück in einem jahrzehntejungen etablierten Unternehmen sind oder Mitgründer eines Start-ups. Letztlich verlangt die Globalisierung von jeder Firma in einem ständigen Start-up Modus zu sein. Nichts ist älter als der Wettbewerbsvorteil von gestern und zu einem guten Innovationsmanagement gehört deshalb vor allem, fortschrittliche Technologien nicht nur in den Werkshallen zu implementieren, sondern auch in die Personalarbeit zu integrieren. Das Angebot Mobilen Arbeitens und des Homeoffice ist nur ein Teil dessen.

6.5.3 50 plus

Doch seien Sie gewiss: Selbst wenn gefragte junge Fachkräfte mit lukrativen Angeboten und allen Finessen modernen Recruitings ins Unternehmen gelockt werden, sind sie unter Umständen schnell bereit, sich von einer möglicherweise noch attraktiveren Konkurrenz abwerben zu lassen. „Jung und Alt" bedeutet nicht: „Hin und weg", sondern Vergemeinschaften zum Wohle aller. Der Fokus sollte in den nächsten Jahrzehnten deshalb nicht nur auf der nachkommenden Generation liegen. Gerade die in der Vergangenheit gebeutelte Altersgruppe 50 plus wird immer interessanter. Sie einzustellen, bedeutet von deren Erfahrung, Rationalität und Motivation, die sie über viele Jahre erworben haben, zu profitieren. Und die damit eine im besten Fall hohe Sozialkompetenz mit präziser Risikoeinschätzung aufgrund wertvoller Berufs- und Lebenserfahrung mitbringen. Hinzu kommen die sich daraus ergebenden Synergieeffekte, die aus der Zusammenarbeit mit jungen Kollegen entstehen. Im Hinblick auf Urteilsvermögen, Zuverlässigkeit und Verantwortungsbewusstsein sind ältere Mitarbeiter den Jüngeren nicht selten überlegen. Wenn angesichts komplexer Entscheidungen manchen jüngeren Kollegen Erfahrungspotenzial fehlt, kann ein alterserfahrenes Teammitglied Gold wert sein.

Insgesamt ist Unternehmens-Diversity ein wichtiges Thema: Belegschaften, die sich aus unterschiedlichen Kulturen, Persönlichkeiten und Altersklassen zusammensetzen arbeiten besonders effektiv. Verzahnen sie sich, statt sich zu verhaken, profitieren Firmen nicht zuletzt auch bei der Aus- und Weiterbildung ihrer Nachwuchskräfte, wenn Theorie- und Praxiswissen zwischen Alt nach Jung effizient ausgetauscht wird. Das gilt auch für den Kontakt nach außen, zu Kunden und Geschäftspartnern: Ein älterer Bankkunde fühlt sich bspw. von einem älteren Berater besser verstanden als von jemandem, der 30 Jahre jünger ist als er. Ähnlich ist die Situation auch in anderen Dienstleistungsbereichen. Zudem haben ältere Mitarbeiter die Familienplanung inzwischen abgeschlossen, ihre daraus entstehende Flexibilität überwiegt bei weitem das Vorurteil in zunehmendem Alter steigender krankheitsbedingter Fehlzeiten.

Bei der Form der Personalauswahl sollten Unternehmen ihre bislang genutzten Maßnahmen allerdings auf den Prüfstand stellen. Einen lebenserfahrenen und gut qualifizierten älteren potenziellen Mitarbeiter noch durch ein Assessment-Center zu schicken – kann man probieren, könnte aber fehlschlagen. Gleichzeitig dürfte es Sinn machen, nicht nur auf die Bewerbungen älterer Arbeitnehmer zu warten, sondern aktiv die Fühler auszustrecken. Die Idee für einen Wechsel kommt nach vielen Jahren am gleichen Firmensitz nicht immer von alleine. Manch ein Arbeitnehmer mag sich in seiner Unzufriedenheit eingerichtet haben, mit Blick auf das letzte Arbeitsdrittel, doch öffnet man ihm die Augen, dass dies noch gut ein Jahrzehnt bedeuten kann – angesichts aktueller Rentenpolitik eher mehr – wird der Blick vielleicht auch wieder klarer für neue Herausforderungen, die die tägliche Motivation erneut steigern.

Alles in allem sollte Management 4.0 keineswegs nur auf junge Mitarbeiter setzen. Die Zeiten des Investments, um die Menschen ihr Leben lang in einem Unternehmen zu halten, sind lange vorbei, auch wenn es sehr viele Vorteile hätte.

6.5.4 Personalarbeit erfordert strategisches Denken

Die künftigen Veränderungen stellt die Personalarbeit also vor enorme Herausforderungen. Momentan wird allerorten viel getestet, reflektiert und optimiert. Wie organisieren sich Arbeitgeber selbst und wie ihre Beziehung zu den Mitarbeitern. Eines ist sicher: Sie sollten es besonnen angehen. Und direkt danach wird klar: Karrieren verlaufen nicht mehr stringent, sondern setzen sich aus vielen, manchmal kleinen Teilen zusammen. Arbeitsplätze sind mit der aktuellen Lebensphase verknüpft und nicht mehr umgekehrt. Sie müssen sich eingliedern lassen. Das hat nicht nur Vorteile, sondern fordert von den Arbeitnehmern neben der von ihnen selbst gewünschten Flexibilität und Offenheit, vor allem Vielfältigkeit. Unterschiedliche Aufgaben, Funktionen und Einsätze, als auch zeitlich begrenzte Einsätze in Projektteams verlangen in gleichem Maße fluktuative Kompetenzen, wie sie sie schaffen. Ein im besten Falle positiver Kreislauf, der nicht zentrifugal wirkt oder gar im Strudel nach unten zieht, sondern nach oben führt. Man nennt dieses Karrieremodell der Zukunft Mosaikmodell. Viele Arbeitseinsätze ergeben wie Puzzlestücke ein Ganzes. Brüche im Lebenslauf gibt es gar nicht mehr, denn es sind eher Neuorientierungen und Weiterentwicklungen, die die Entwicklung neuer Kompetenzen fördern. So manch brachliegendes ungenutztes Talent kann so entdeckt werden.

Wer mehr Verantwortung für die Karriere übernimmt und nicht nur auf die Förderung durch den Arbeitgeber wartet, wird sich auch viel eigenständiger reflektieren. Die Auseinandersetzung mit den Interessen und Talenten, die am Beginn dieser neuen Denkrichtung steht, wird im Laufe des Berufslebens gerade gebraucht, um vorwärts zu kommen. Nur wer diesen Weg eigenverantwortlich standhaft weitergeht, hat eine Chance. Penetrant seine Egoismen einfordern und unrealistische Lebensbilder kreieren, führen zu und ins Nichts. Die neue Arbeitnehmer- und Karrierewelt ist nicht für Traumtänzer und Möchtegerngewinner. Eigener Antrieb und Fleiß werden niemals obsolet. Gleichzeitig sollten Mitarbeiter unbedingt wissen, welche Karrieremöglichkeiten bestehen und wie sie sich weiterentwickeln können. Deshalb ist auf Managementseite Transparenz sehr wichtig. So greift alles ineinander: Vorhandene Talente machen auf sich aufmerksam, können und müssen identifiziert und bekannt gemacht werden. Das braucht Führungskräfte mit einem klaren, professionellen Blick, die ihre Mitarbeiter fördern, indem sie ihnen Freiheiten einräumen und ihnen damit Entwicklungschancen ermöglichen. Es geht dabei schon lange nicht mehr ums „Abarbeiten", sondern darum, das Unternehmen mitzugestalten. In dieser Rolle sehen sich die meisten Führungskräfte leider noch nicht. Doch selbst wenn, so übersehen Sie leider zu häufig, wie wichtig es ist die Kollegen der Personalabteilung mit ins Boot zu holen.

Ich sehe seit Langem eines der größten Probleme darin, dass es Personaler gibt, die nicht den besten Mitarbeiter für den vakanten Arbeitsplatz suchen, sondern nach dem Kandidaten, der nicht für Kritik an der Personalentscheidung sorgen kann. Das mag sich auf den ersten Blick nicht unterscheiden, doch liegt darin sogar eine recht große Diskrepanz. Und die beginnt beim Selbstbild des sogenannten „Personalers". Human Resources als Berufsbild für sich zu wählen und zu studieren, kann viele Gründe haben.

Doch gehört ganz bestimmt dazu: Man möchte mit Menschen arbeiten und weiß, dass man in seinen zu treffenden Entscheidungen weitestgehend abgekoppelt ist von Betriebswegen, Vertriebsentscheidungen, Innovationssuche und Key-Performance-Indikatoren. Obwohl sie mit ihren Entscheidungen eine sehr große, ja fast exorbitante Verantwortung für die Entwicklung des Unternehmens innehaben, werden sie nur äußerst selten auch wirklich zur Verantwortung „gezogen". Wird für den Verkäufer sein Bürostuhl nicht selten zum Schleudersitz, dreht er sich für einen Personalverantwortlichen immer dann weiter, wenn er eine wichtige Voraussetzung erfüllt und die lautet: Ich kann jederzeit beweisen, bei meinem Auswahlverfahren nichts falsch gemacht zu haben!

Wir leben in Zeiten der Digital Natives. Lebensläufe müssen nicht mehr in Stein gemeißelt sein, sondern die gesuchte Flexibilität im Kopf erlaubt sogar gewisse Brüche und Auszeiten. So sagt man medial. So denkt man immer mehr in Führungskreisen. Und so sollte es sein. Nicht so jedoch im Handlungsbereich der Personalabteilung, denn die brauchen Unterlagen zur Beweissicherung ihrer Entscheidungsbasis. Sie „sammeln" Beweise! Und was wäre beweiskräftiger, als eine oder mehrere oder viele gute Noten auf so vielen Zeugnissen wie möglich. Wer wollte ihnen verdenken, jemanden zum Bewerbungsgespräch zu favorisieren, der mit stringent guten Noten von der weiterführenden Schule an aufwarten kann. Ist das Ganze auch noch mit Praktika, Trainee oder einem Auslandsaufenthalt unterfüttert – der Norm sind keine Grenzen mehr gesetzt. Bitte verstehen Sie mich nicht falsch: Ich habe nichts gegen Menschen mit einem sehr geradlinigen Lebenslauf, der ihre stringente Lebensplanung dokumentiert. Das können sehr, sehr wertvolle Mitarbeiter sein. Doch die Betonung liegt auf „können". Ob dies tatsächlich so ist und der Bewerber zu der ausgeschriebenen Stelle, ins Team oder gar ins Unternehmensleitbild passt, bemisst sich häufig an ganz anderen Kriterien. Die jedoch genauso häufig rein subjektiv sein können. Da ist alles dabei, von der Möglichkeit, dass ein Mittfünfziger, der immerhin noch zehn bis fünfzehn Jahre Arbeitsleben vor sich hat, sich noch einmal neu orientieren möchte und in eine andere Sparte wechseln – also vielleicht sehr viel motivierter ist als ein Prädikatsexamenskandidat, der noch keinerlei Lebensstandard zu sichern hat bzw. noch gar nicht wirklich weiß, was er eigentlich will. Bis hin zu der Spürnase, der Intuition, dass sich in dem Gegenüber weit mehr Qualifikationen verstecken, als seine bisher erlangten nur befriedigenden Zeugnisse erahnen ließen, da er bislang Pech hatte und immer in Bereichen mit Führungskräften gelandet ist, die sein Potenzial nicht einschätzen und er dieses deshalb nicht abrufen konnte.

Doch wer wollte sich schon auf sein Bauchgefühl verlassen, wenn das Schema F doch seit Generationen gesellschaftlich etabliert ist und die Portion Mut, es trotzdem einzusetzen, den Schleudersitz näherbringt. Würde ich im Zweifel für den vor mir sitzenden Kandidaten, der mir mit so viel Charakter und Elan und blitzenden Augen geradewegs den Arbeitsvertrag energetisch aus der Schublade zieht, aber sein Studium abgebrochen hat, um seine Mutter zu pflegen, den Kopf hinhalten?

Diese Form der inneren Haltung bringen viele Menschen mit. Natürlich auch oder gerade die, die Personalverantwortung tragen! Doch ist es wichtig, sie insgesamt in dem Unternehmen zu etablieren und zu leben. Von unten nach oben und umgekehrt. Sonst ist spätestens bei der Auswahl der neuen Mitarbeiter immer wieder eine Hürde eingebaut, die zur Bremse für die Weiterentwicklung werden kann. Perfekte Papiere dürfen nicht vor Lebensintelligenz, kommunikativer Stärke und kreativer Lernbereitschaft angesiedelt sein!

Doch ist neben der richtigen Geisteshaltung natürlich das wesentlichste Element, dass der Personaler überhaupt ganz genau weiß, was er sucht. Aber das ist doch logisch, denken Sie? Ja, das könnte man meinen. Ist aber nicht immer so. Im Gegenteil: Die Kommunikation zwischen dem Team- oder Abteilungsleiter, der sucht und der Personalabteilung, die findet, gleicht manchmal einem löchrigen Käse. Weshalb Letztere nicht insistiert, um nicht lästig aufzufallen und sich die nötigen Informationen besorgt, sondern auf das Erlernte zurückgreift. Sie ahnen es: Zeugnisse, Zertifikate, Stempel ... Und das heißt noch lange nicht, dass Person und ausgeschriebene Stelle auch zusammenpassen.

Wenn dann die ersten Bewerber zu den Interviews ihrem neuen potenziellen Vorgesetzten gegenübersitzen, ist die Überraschung oft groß. Auf allen Seiten. Und im Auswahlprozess der Personalabteilung sind schon etliche Bewerber durchgerasselt, die ansonsten eine gute Chance gehabt hätten. Werden als Herausforderungen an die Position nicht die üblichen Plattitüden abgefragt, sondern die tatsächlichen Erfolgskriterien ausgeschrieben, so ist dies schon die halbe Miete. Doch wenn diese den Personalern gar nicht bekannt sind, bleibt die Wohnung häufig genug leer.

Sollte man die Personalabteilungen deshalb abschaffen und jede Abteilung ihren eigenen Saft kochen lassen? Oder gar die Hoffnung auf Matildas legen? Nein. Das führt zu Fehlentwicklungen: Reine Fachkompetenz kann ganz genauso am Ziel vorbeischießen. Wichtig sind die gute und enge Zusammenarbeit der Abteilungen und das Vertrauen der Führungsspitze in die Menschenkenntnis der Personaler, die sich auch mal ohne gute Noten am Bauchgefühl manifestieren kann und vor allem darf. Ohne den absoluten Anspruch des perfekten Sixpacks. Irren ist menschlich und um Menschlichkeit sollte es immer gehen.

Wenn die Personalverantwortlichen erkannt haben, dass sie ein ganz wichtiges Instrument der Unternehmensentwicklung sind und nicht nur bloße Stellenbesetzer und Schreiber von Verträgen sowie Kündigungen, dann sollten sie da noch lange nicht stehen bleiben. Sie sollten sich sichtbar machen. Sicher damit auch angreifbarer. Doch das ist nun mal immer so, wenn man ins Licht hinaustritt. Dazu gehört, interne Strukturen mitzugestalten und vor allem die Digitalisierung im Wortsinn wahrzunehmen. Im abteilungsübergreifenden Dialog gemeinsam überlegen, welche Rolle die Personalabteilung einnehmen kann und sollte. Insbesondere im Kontext der digitalen Evolution bedeutet das, sich dieser Themen anzunehmen.

6.6 Cultural Fit – Der richtige Weg?

Wer verinnerlicht hat, dass die Bewerbungsunterlagen und deren Auskunft über die rein fachliche Eignung des Kandidaten oft nicht ausreichen, sich aber nicht alleine auf seinen Bauch verlassen will, dem könnte das moderne *Cultural Fit* sympathisch erscheinen. Es basiert auf der These, dass es künftig nicht nur darauf ankommt, dass sich Mitarbeiter in ihrem Arbeitsumfeld wohlfühlen, leistungsgerecht bezahlt werden und ihre Arbeit in einem ausgewogenen Verhältnis zu ihrem Privatleben steht. Auch sind es nicht mehr nur ausgezeichnete fachliche Fähigkeiten, die im Auswahlprozess eine Rolle spielen sollten, sondern die Kultur muss passen. Kurz gesagt, die Firmenkultur zum Lebenswandel des Mitarbeiters.

Dafür ist es für das Unternehmen zunächst einmal Voraussetzung selbst zu wissen, wofür „es steht". Alleine deshalb ist dieser Ansatz hochinteressant, weil er vielerorts endlich zur Reflexion zwingt. Leitbilderstellung gehört noch lange nicht zum anerkannten A und O unternehmerischer Grundlagen, ist aber für viele Bereiche sehr wertvoll. Es ist die große Frage nach dem Sinn des Unternehmens und die Antwort ist die Arbeitgebermarke.

6.6.1 Leitbild als Vorbild

Unternehmen müssen sich fragen, wofür es sie überhaupt gibt. Dabei geht es nicht um den Zweck, nicht um die Marktanteile und Produktionsziele, sondern um die Beantwortung der Fragen: Woraus ziehen die Mitarbeiter ihren Antrieb? Was beflügelt sie? Was macht die Kultur im Unternehmen aus? Wie ist sie definiert? Was ist das große Ganze, das Unternehmen Beseelende?

Welche Wertvorstellungen prägen das Unternehmen und die Arbeit darin? Man kann die Unternehmenskultur per Leitbild theoretisch herleiten und erfassen und zu implementieren versuchen. Im besten Fall entsteht sie aus der Gesamtheit der gelebten Werte und nicht nur aus der Denkweise eines Einzelnen oder des dafür abgestellten Teams. Doch dürfte dies selten sein, dass sich zufällig die gleichen ambitionierten Leitwerte unter einem Menschenbild versammelt haben. Wichtiger ist auch hier: eine klare Strategie! Was macht das Unternehmen, wozu, für wen, wie und wo will es mit seiner Belegschaft hin?

Die Fragen nach dem Sinn des Unternehmens können durchaus bis ins Philosophische gehen – müssen sie aber nicht! Ein klarer innerer Kompass reicht da schon. Eine Messnadel, die anzeigt, was richtig und was falsch ist und die langfristig für Begeisterung für alle Bereiche sorgt: Für Mitarbeiter und Führungskräfte und damit auch für die Kunden.

Hat man diese sogenannte Arbeitgebermarke herausgearbeitet, gilt es die dazu passenden Mitarbeiter zu suchen. **Der Weg dahin ist nicht immer leicht.**

6.6.2 9 Levels of Value Systems

Ein Schritt auf dem Weg dorthin kann es sein, sich mit wissenschaftlich fundierten Typologisierungen auseinanderzusetzen, die in ein Entwicklungs- und Wertemodell für die Persönlichkeitsentfaltung und evolutionären Fortschritte von Organisationen münden.

6.6 Cultural Fit – Der richtige Weg?

Das „9 Levels of Value Systems" von Rainer Krumm (2016) ist dafür besonders gut geeignet. Er beschreibt es selbst folgendermaßen: „Führungskräfte orientieren sich gerne an Zahlen. Zahlen geben ihnen die Sicherheit, die sie für Projekte, Entscheidungen und gegenüber Mitarbeitern und Vorgesetzten brauchen." So gründete er das „9 Levels Institute of Value Systems", ein auf Organisationsentwicklung ausgerichtetes Analysetool. Es basiert auf der *Integralen Theorie* von dem amerikanischen Professor für Psychologie Clare Graves. Graves hatte das Anliegen, die vielen, in sich nicht zu vereinenden Theorien der Psychologie zu vereinen.

Dass Menschen unterschiedlich sind, weiß jeder Manager. Doch dies nicht als gegeben hinzunehmen, sondern für sich zu nutzen, auf diesem Weg befinden sich noch immer viel zu wenige. Denn natürlich gibt es Schnittstellen und die gilt es aktiv zu suchen. Die Erkenntnis, es gibt keine falschen und richtigen Sichtweisen, es gibt nur gleiche oder andere, hilft dabei.

9 Levels bietet einen Zugang zum Menschen, indem es mittels konsequenter Ausformung und Beschreibung menschlicher Entwicklungsformen Wertehaltungen systematisiert und damit greifbarer macht. Die Analyse bringt wichtige Werte einer Person oder eines Unternehmens zum Vorschein und stellt unterstützende Maßnahmen zur Verfügung. Das so geschaffene Bewusstsein für die Prämissen, die das eigene Tun antreiben, taugt dann zum Abgleich, inwiefern sie zum Umfeld passen. Sind die aktuellen Werteebenen zielführend? Welche Verhaltensweisen und Denkmuster gilt es weiterzuentwickeln und welche eher anders zu bearbeiten. Die neun Stufen machen deutlich, dass alles seine Zeit braucht und sich Individuen und Systeme nur stufenweise verändern können. Das schafft Verständnis dafür, dass Menschen nicht nur unterschiedliche Sichtweisen widerspiegeln, sondern ihr Verhalten nur dann anpassen können, wenn sie den intensiven Austausch pflegen.

Es beginnt mit dem Level 1, dem reinen Existieren, in dem es nur um die eigenen Grundbedürfnisse, wie Essen, Trinken, Überleben und endet bei Level 8, dessen Wertematrix sich aus dem Ganzen, der Nachhaltigkeit und Rücksicht speist. Ja, es gibt auch ein Level 9, doch wirkt diese Kategorie fast transzendent. Solche Menschen und Unternehmensstrukturen mag es bereits geben, doch sagt Krumm selbst, dass sie in der Organisationswelt noch keine Rolle spielen. Diese Ebene ist gerade erst auf dem Weg der eigenen Entwicklung, um mögliche Probleme des Level 8 aufzufangen. Sie erinnert an das was die sechste Welle des Kondratieff ausmacht, an deren Anfang wir uns ja auch gerade erst befinden.

Insgesamt ein sehr spannendes Thema. Ob es sich nun um das 9 Level System handelt oder eine andere Art von Kulturfeedback: Leitbildentwicklung nach dem Motto: „Kannst du mal eben …", hat keinerlei Wert! Am Ende sollte ein ganz klar gezeichnetes verbales Bild von gelebten und anzustrebenden Leitwerten mittels typischer Verhaltensweisen im Unternehmen stehen.

Stehe ich der Leitbildentwicklung also durchaus positiv gegenüber, ist die Frage, ob der sich daraus entwickelte Gedanke, durch und durch homogene Teams zu bilden, der wegWEISEndste ist, eine andere.

Wie bereits dargelegt, liegt für mich unsere Zukunft eher in einer stabilen Diversity-Kultur. Schubladendenke von besser oder schlechter wird es nicht mehr geben dürfen, den Menschen nicht auf die Aufgaben zuschneiden, sondern seine jeweiligen Stärken effizient auf die jeweilige Aufgabe bezogen fördern und nutzen. Reibungsfaktoren sind da durchaus von Nutzen, da dies immer neue Ideen hervorbringt.

Genauso, wie streng hierarchisch geführte Unternehmen niemals das Maximum ihres wirklichen Potenzials ausschöpfen können, wenn sie sich nur auf das Wissen und die Stärken des Managements verlassen, ist ein permanentes Kochen im eigenen Saft nicht förderlich, um neue Rezeptideen auszuprobieren.

Ein Unternehmen ist immer ein komplexes System mit Strukturen, in dem verschiedene Projekte be- und abgearbeitet werden. Die sich daraus ergebenden Krisen und Herausforderungen sind von unterschiedlichsten Menschen in verschiedenartig zusammengesetzten Teams leichter zu bewältigen.

Wichtig ist für mich nicht, dass alle „gleich ticken", sondern alle ähnlich verantwortungsbewusst sind. Denn in jeder Arbeitsphase und auf jeder Hierarchieebene gibt es Aufgaben, die die Freiheit geben eigene Ideen einzubringen, um Prozesse zu gestalten. Das zu fördern und nicht gar aus Bequemlichkeit zu deckeln, ist das Gebot der Stunde.

Absolute Einheitlichkeit oder – wie man es auch nennt – ein harmonisches System, verhindert sogar häufig kreative Flüsse. Querdenker, sogar Störer können hingegen wertvolle Impulse liefern. Natürlich dürfen sie nicht von bewusster Disharmonie bestimmt sein, sondern von Kreativität.

Mitarbeiterentwicklung, die den künftigen rasanten Entwicklungen standhält, fängt also auch für mich durchaus bereits bei der Auswahl geeigneter Bewerber an, hört aber nicht bei Konformität auf! Mitarbeiterentwicklung braucht wertschätzende Führung und die wird ihrem Namen gerecht, wenn sie alle Mitarbeiter in ihrer selbststeuernden Mündigkeit unterstützt und dem Einzelnen seine eigene Entwicklung ermöglicht, ohne ihn dabei alleine zu lassen.

Cultural fit bedeutet für mich: Einen Wertediskurs überhaupt zulassen und führen und dann konsequent den Fokus nicht verstärkt auf die operative Führung legen, sondern auf die Wertehaltung.

Nicht der Führende entwickelt den Mitarbeiter, sondern der Mitarbeiter entwickelt sich unter wertebasierter und wertschätzender Führung. Dafür müssen die Menschen aber auch Teil des Systems sein. Bleiben sie draußen, bleiben sie unberührt und ineffektiv. Dafür ist es wichtig zu wissen, was in den Köpfen Resonanz findet. Es ist wichtiger, die Mitarbeiter zu kennen oder sie kennenzulernen, und zwar nicht nur ihre Fähigkeiten und Mehrwerte für das Unternehmen, sondern den ganzen Menschen, als bereits ans Wertesystem angepasste menschliche Roboter einzustellen.

Personalpolitik und -auswahl steht so nicht mehr unter der Prämisse der Zeugnisse und qualifizierten Bildungsabschlüsse.

Klare Regeln braucht es natürlich trotzdem. So bleiben dezidierte Stellenbeschreibungen genauso wichtig, wie Rollenverteilung von Projekt zu Projekt durchaus

6.6 Cultural Fit – Der richtige Weg?

variabel gestaltet werden kann. Aber in dessen Kontext durchgehalten! Strukturen geben einen stabilen Rahmen und damit Sicherheit für die Prozesse in der Organisation. Dies bildet eine solide Basis für das Führen ohne Macht und Weisungsbefugnis: Klassische Hierarchien spielen in der Zukunft keine Rolle mehr, sondern das Projekt steht im Mittelpunkt der Aufmerksamkeit. Wenn die Verantwortung für das Ergebnis wichtiger ist, als die disziplinarische, braucht es einen umfassenden Bewusstseinswandel auf allen Ebenen. Denn das disziplinierte Arbeiten bleibt ja nicht nur wichtig, sondern soll durch den neuen Ansatz des Prinzips der Selbstverantwortung ja gerade perfektioniert werden.

Führung lebte Jahrhunderte nach dem Prinzip: Wird nichts angewiesen, wird sich auch nichts tun oder zumindest nicht das Richtige. Und wer anweist, ist übergeordnet! Außerdem musste das Angewiesene stets kontrolliert werden, am besten doppelt und dreifach. Die Rede vom sich fügenden Mitarbeiter bildete die Grundlage funktionierender Unternehmen, deren Führungskräfte sich vornehmlich von ihrem Führungsanspruch leiten ließen und weniger davon, was das aktuelle Projekt benötigt.

In der Delegierung von Aufgaben sehe ich auch überhaupt kein Problem, doch dürfen wir es zukünftig dabei nicht belassen: ohne die gleichzeitige Übertragung von Verantwortung, also mit der Anweisung was zu tun ist auch das Wie hinterherzusenden, gehen wertvolle Impulstreiber verloren. Anweisung und Kontrolle als dominierender Führungsstil manifestieren Unselbstständigkeit. Ohne Entscheidungshoheit über die übertragenen Aufgaben, bleibt Arbeit Arbeit. Sobald Menschen aber ihre Arbeit beeinflussen können, sind sie sehr viel motivierter dabei und aus dem puren Abarbeiten wird viel leichter ein Anspruch über die Arbeit an die abzuliefernde Qualität. Die Zufriedenheit steigt.

Zudem verbindet wie gesehen, eine stabile Grundlage einer gemeinsamen Wertegemeinschaft und eine gut vernetzte Kommunikation und mündet in einen gemeinsamen Kanon. Eine Führungskultur, die Menschen Verantwortungsbewusstsein anleitet, schneidet die alten Zöpfe der Marionettenmitarbeiter ab. Freiraum zur Entfaltung macht dabei klare Strukturen nicht überflüssig. Ganz im Gegenteil, werden sie fast noch wichtiger. Auch werden Hierarchien erhalten bleiben, doch immer seltener, um das letzte Wort zu haben, sondern mit anreizenden Worten auf den richtigen Weg zu verhelfen und dann loszulassen ohne die Mitarbeiter fallen zu lassen. Wie geht das?

Es ist wichtig Freiräume zu schaffen, die Energien abfragen, aufbauen und dann fokussieren. Dazu braucht es gemeinsame Ziele. Noch besser, eine Vision, die es zu verwirklichen gilt. Diese Unternehmensstrategie hat ins Blut eines jeden Mitarbeiters überzugehen. Und das beginnt bereits mit der Wahl der Mitarbeiter. Bestenfalls liegt die Bereitschaft zur Verantwortungsübernahme bereits im Blut. Und auf der anderen Seite braucht es Führungskraft in doppeltem Sinne, die folgendes mitbringt:

- positives Bewusstsein des eigenen Wertes – unabhängig von der jeweiligen beruflichen Situation, sozialen Stellung oder materiellen Ausstattung;
- eine hohe Toleranz, Ambiguität oder mehrdeutige Situationen zu handhaben
- keine Angst, Dinge infrage zu stellen
- Offenheit für Feedback, aber keineswegs abhängig davon

- Bewusstheit der emotionalen Anteile an jeder Form der Kommunikation
- Befähigung, Dialoge auf Augenhöhe führen.

Selbstverantwortung braucht eine Leadershipkultur, die Menschen zu diesen Gedanken führt, die Freiraum zur Entfaltung bietet. Teams, die sich nicht viel zutrauen, werden häufig eingenordet oder bekommen extra einzwängende Vorgaben. Klare Strukturen sind wichtig, gar keine Frage. Doch noch viel wichtiger ist es, das Atmen an der Stelle zu belassen, wo auch Energie gebraucht wird. Hin und wieder mal eine Sauerstoffmaske ist o. k., Impulse sind wichtig, aber Verantwortung auch wirklich zu übertragen – das bedeutet Vertrauen und das gibt Energie.

Für den Erfolg eines Unternehmens ist es wichtig, diese notwendige autarke Energie vorsichtig, aber konstant und konsequent aufzubauen. Auch hier gilt oder hilft, wie so oft, ein gemeinsames Ziel. Ganz gleich ob es sich dabei um eine Vision, die es zu verwirklichen oder eine Bedrohung, die es zu bekämpfen gilt, handelt. Nur die konsequente Ableitung der Unternehmensstrategie und der mittel- und kurzfristigen Ziele aus der Unternehmensvision bewirkt, dass diese tatsächlich auch im Zentrum gelebt wird. Und so gewinnt der Begriff: „Zentrum der Macht" eine völlig andere Dimension. Nicht die obersten Managementetagen sollten sie innehaben, sondern sie darf von der Belegschaft ausgehen. Nicht fest zugeschrieben, sondern je nach Projekt und entsprechender Kompetenzverteilung neu vergeben. Mit diesem Ansatz wird die Verantwortung des einzelnen Mitarbeiters verstärkt und gleichzeitig der engen Zusammenarbeit im Team eine maßgebliche Rolle zugewiesen.

Statt Befehl und Kontrolle von oben nach unten, ein System, bei dem alle Mitarbeiter einen hohen Grad an Entscheidungsfreiheit zugesprochen bekommen. Führen, entscheiden und zusammenarbeiten auf Augenhöhe. Teams nicht zusammenstellen, sondern sich über interne Ausschreibungen selbst finden lassen. Dies bedeutet eine durchlässige und flexible und damit dynamische Abteilungsstruktur. Niemand muss mehr festzementiert an seinem Platz verharren, sondern kann sich gemäß seiner Qualifikationen, vorwärts bewegen. Das fördert den Mut dazu aus sich selbst heraus. Vielleicht auch durchaus mal seit- und vielleicht sogar rückwärts, wenn etwas derart reizt oder einen Gang zurückzuschalten gerade Sinn macht.

6.7 Machine Learning

Während sich die Menschen in ihrer Art der Zusammenarbeit also enormen Veränderungsprozessen ausgesetzt sehen und den Umgang damit vielfach erst noch lernen müssen, rückt gleichzeitig die „Entmenschlichung" immer mehr in den Fokus, die ich bereits zu Beginn thematisiert habe. So spricht manch einer heute schon vom „post-digitalen Zeitalter". Die Forschung arbeitet zunehmend daran, Maschinen und Roboter mit menschlichen Eigenschaften auszustatten, damit sie lernen autark zu agieren. Es geht nicht mehr darum jeden Tag eine neue geniale App- Strategie auf den Weg zu bringen und das schnelle Geld zu machen, sondern um Problemlösung. Künstliche Intelligenz und maschinelles Lernen sind aus dem Kontext digitaler Wertschöpfung nicht mehr wegzudenken. Selbstlernende Systeme lernen anhand von Beispielen und sind sogar in der Lage danach zu verallgemeinern. Kein Auswendiglernen, sondern es geht dabei darum Muster und Gesetzmäßigkeiten herauszufiltern. Kommen bis dahin unbekannte Daten ins Spiel, werden auch die beurteilt und es findet entweder ein Lerntransfer statt oder das System scheitert. Ob erkennbare Analogien zum menschlichen Gehirn uns nun wohltuend erscheinen oder wir dies eher abstoßend empfinden – Fakt ist: das Thema hat enormes Innovations- und Wachstumspotenzial. Die Cloud macht es möglich: Skalierbare Rechenleistungen riesiger Datenmengen bilden die Grundlage für das Systemtraining im Rahmen der Cloud-Robotik. Das Paradigma, wonach Roboter ihre gesamte Rechner- und Speicherkapazität an Bord haben müssten, ist damit aufgehoben. Das Internet macht eine neue Roboter-Generation möglich, die über weit entfernte Serverfarmen, aber mit gemeinsamem Speicher und gemeinsamen Prozessoren, alles speichern können.

Facebook, Google, Microsoft, IBM und Amazon Web Services haben im Jahr 2015 alleine zehn Milliarden Dollar in Forschung und Entwicklung investiert. Machine-Learning-Experten werden weltweit mittlerweile knapp. So gibt es neben technischer Herausforderungen auch die Strategischen beim Übergang in die (post-)digitale Welt. Auf die sich Management 4.0 einstellen sollte. Keimzellen digitaler Innovationen gibt es reichlich, irgendwann muss sich die mit viel Kapital angetriebene Forschung auch amortisieren. Der diesbezügliche Erwartungsdruck ist immens. Und dann wäre da noch – die Angst der Menschen. Vor der Übernahme ihrer Welt durch Computer und Roboter. Sich mit der Matrix im Philosophieunterricht zu befassen war für unsere Kinder vielleicht noch ganz erbaulich – doch je näher diese surreale Wirklichkeit rückt, umso größer wird das Unbehagen. Vornehmlich aus Unkenntnis gefüttert, denn wer von uns würde sich schon anmaßen die dahinterstehende Technik auch nur ansatzweise durchschauen zu können. Wir sind also angewiesen auf externes Informationsmaterial – wir müssen darauf vertrauen, dass die, die sich damit auskennen, uns trotz aller Fortschrittsgläubigkeit beschützen. Unser Menschsein quasi in Gewahrsam nehmen. Und wir dürfen durchaus neben unserem Gefühl, im innovativsten Zeitalter seit Menschengedenken zu leben und der Gefahr davon überrollt zu werden, es nicht mehr kontrollieren zu können, auch mal die Fakten ansehen: Schauen wir auf das beginnende 20. Jahrhundert zurück, so verdanken wir ihm: Röntgen-Strahlen, Automobile, Klimaanlagen, die Relativitätstheorie … Diese Fortschritte hatten enorme Auswirkungen auf die Gesellschaft, deren auf Arbeitsplätze und damit das tägliche Leben. In gewisser Hinsicht stellen sie die Technologien der letzten 20 Jahre in den Schatten. Es ist immer wichtig, unterschiedliche Perspektiven einnehmen zu können. Nur daraus erwächst die Kraft für Innovationen und daraus resultierenden Problemlösungen. Deshalb wird es in den nächsten Jahrzehnten vor allem darauf ankommen, das post-digitale Zeitalter nicht mit dem postfaktischen zu verwechseln und ganz im Gegenteil mit einem dynamischen Welt- und Selbstbild auch neue Verhältnisse zwischen dem Mensch und seinen Maschinen zu entwickeln. Ja, sie nehmen uns damit viel Arbeit ab. Aber letztlich stärken diese Prozesse die eigene Neugierde und wecken damit die Kreativität mit der wieder neue Initiativen ergriffen werden können. Multidisziplinäres Denken wird mehr denn je gefragt sein. Eindimensionalität gerät zur Einbahnstraße – schlimmer noch – führt in die Sackgasse.

Dabei haben deutsche Arbeitnehmer noch keinen Überblick darüber, wie sich die Digitalisierung auf ihre Jobs auswirken, wie stark die dir Arbeitswelt verändern wird. Schon der Begriff „Industrie 4.0" ist nur etwa einem Viertel überhaupt bekannt. Entsprechend sehen auch nur 10 % ihren Arbeitsplatz als gefährdet an. Wie aus dieser Sorglosigkeit in naher Zukunft eine Veränderungsbereitschaft erwachsen soll, bleibt wohl ein Rätsel.

Zumal sich diese Haltung durch alle Beschäftigungsbereiche zieht. Ausgerechnet bei den Beschäftigten in der Produktion, in der die künstliche Intelligenz und flexible Roboter die Automation vorantreiben, ist die Sorglosigkeit besonders hoch. Gleich dahinter kommt die Fehleinschätzung in höher qualifizierten Dienstleistungsberufen. Die Finanz- und Versicherungsbranche erachtete sich lange in trockenen Tüchern. Und dass, wo gerade den Banken ein grundlegender Umbau bevorsteht. Ob im IT-Bereich oder im Kontakt mit Kunden, der Stellenabbau ist vorprogrammiert. So hat die niederländische ING bspw. vor, eine Milliarde Euro in ihre IT zu investieren und dafür 5800 Stellen abzubauen (Handelsblatt 2016). Und auch die namhafteste deutsche Bank treibt nun die Digitalisierung voran.

Die Deutsche Bank kommt nicht aus den Schlagzeilen: schwankende Aktienkurse, Strafzahlungsbescheide aus den USA. Manch ein Börsianer zeichnet schon Untergangsszenarien, die Mitarbeiter machen sich Sorgen um ihre Arbeitsplätze und da werden mal eben so mir nichts dir nichts, 400 neue Stellen für die *Digitalfabrik* geschaffen. Die „digitale Transformation" ist damit in vollem Gange. Endlich – möchte man den Verantwortlichen zurufen – jetzt aber! Das Banking der Zukunft entsteht nicht einfach so, es braucht Entwicklung und Steuerung, das ist nun auch in den Führungsetagen angekommen und hat ein Budget von 750 Mio. EUR locker gemacht.

Mit ein Grund sind die sogenannten Fintechs. Start-ups, die digitale Lösungen für die Finanzbranche kreieren: Konto-Apps, Online-Kreditvergleich oder bargeldloses Zahlen. Dies wirkt sich auf unseren Umgang mit Geld aus und durchdringt die ehemalige Monopolstellung der Banken. Nichts scheint mehr heilig zu sein, so hat es den Anschein. Medikamente ohne Halbgott-Apothekerkittel, virtuelles Einchecken am Flughafen und nun wird auch der Umgang mit unserem Allerheiligsten, dem Geld immer fluffiger. Waren gefühlt noch vor Kurzem die Blogs voll von Warnsirenen, wie man sich beim Online-Banking vor Hackern schützt, wirkt alleine das Wort Phishing-Mail heute schon angestaubt. Fakt ist: Die etalierten Banken haben die Digitalisierung verschlafen, wie es einst Agfa und der Otto Versand taten. Schon das allererste Smartphone hätte 2007 Mobile Banking möglich werden lassen. Doch statt die neusten Trends zu wittern, war die Branche zu sehr damit beschäftigt, ihren ramponierten Ruf aus der Bankenkrise im gleichen Zeitraum wieder aufzupeppen. Da es bereits komplett virtuelle Banken gibt, wie die N26 mit 140 Mitarbeitern, wird es Zeit. Wenn es nicht schon zu spät ist. Denn die Newcomer müssen keinen Staub wegpusten, sie sind der frische Wind in persona: sie bieten Lösungen, die den Kunden in den Mittelpunkt stellen. Eine uralte unternehmerische Weisheit cool aufgepeppt, denn da heißt es: *Customer-Experience.* Und die verändert nicht nur das Banking, sondern die Bank!

Die Digitalfabrik der Deutschen Bank versucht sich nun im Balanceakt: Das Management (4.0) zwängt die Mitarbeiter nicht mehr in Abteilungen, sondern stellt agile Projektteams zusammen. Wo man früher für eine Neuerung bis zu anderthalb Jahre brauchte, sind jetzt vierwöchige Updates Normalität. Dass die Fintechs in die Geschäftsbereiche der Banken vordringen, ist nicht mehr abzuwehren. Doch profitieren Banken und Start-ups von einer Zusammenarbeit: die Innovationen kommen zwar von den Nachrückern, aber die Banken haben immer noch das Gros des Kapitals und der Kundschaft. Das zu nutzen und nicht von den Altlasten erstickt zu werden, ist dabei genauso schwierig, wie es für die Neuen eine Herausforderung ist, nicht ihren Esprit und Gründergeist mit Flausen im Kopf verpuffen zu lassen.

Oder sehen wir uns mal in der Zukunft von Kanzleien um. Von Matilda haben wir schon gehört, es gibt aber auch Ross: Ross ist ein Robo-Anwalt (Postinett 2016). Und er hat gut zu tun. Er wühlt sich durch Berge von Unterlagen, Gesetzbüchern, Notizen und Anträgen oder stellt alle relevanten Unterlagen zu einem aktuellen Fall zusammen. Und das Beste: nichts geht verloren, denn durch seine enormen Schaltkreise und Speicherkapazitäten, merkt er sich alles, was er einmal verinnerlicht hat und stellt sogar Verknüpfungen her. Seine künstliche Intelligenz lässt ihn von Fall zu Fall dazulernen und seine Antworten verfeinern. Ross ist mit einfachen Sätzen instruierbar.

Natürlich werden sich kleine Kanzleien keinen Roboter wie Ross leisten können, aber Dokumentenmanagement-Programme wie Kira und RAVN haben jetzt eine Marktreife erreicht, die sie intuitiv nutzbar macht und leicht trainieren lässt. Ein Technisierungsgrad, der anders als die erste Digitalisierungswelle, alle Praxisbereiche betrifft.

Waren frühere Softwarelösungen noch vor allem auf Spezialprobleme ausgerichtet und darauf, mehr Ordnung in einen begrenzten Arbeitsschritt zu bringen, sind die Programme nun so gestaltet, dass sie vom Nutzer auf alle möglichen Fragestellungen angesetzt werden können. Teure Arbeitszeit, in denen Helfershelfer Dokumente durchforsten, wird durch die Software ersetzt. Praktikanten, studentische Hilfskräfte, Referendare oder gar Junganwälte werden künftig nicht mehr gebraucht – bzw. sind direkt woanders einsetzbar. Denn warum immer schwarz sehen – wer einmal in einem solchen „Betrieb" eingesetzt war, weiß um die Monotonie von Aktendurchsicht und dieser Art Fließbandfleiß, der dem menschlichen Gehirn lediglich Kapazitäten raubt, statt es aufzufrischen. Junge Mitarbeiter direkt mit operativen und konstruktiven Tätigkeiten zu betrauen dürfte also weit mehr Sinn machen.

Trotzdem bleibt auch hier ein mulmiges Gefühl: Roboter, die mit ihren Krakenarmen tonnenschwere Teile aufs Fließband setzen, die schweißen oder am Hochglutofen dem Menschen dessen strapazierende Tätigkeit erleichtern, daran hat man sich gewöhnt und nutzt sie gerne. Roboter in Fabrikhallen die Fertigungsbänder übernommen haben, ein bekanntes Bild. Doch nun ziehen sie auch in die Büros der Banken, Hauptverwaltungen oder Kanzleien ein. Wo soll das nur enden? Wer weiß, vielleicht in einem gerechteren Rechtssystem, denn beispielsweise in den USA können sich nach Schätzungen bis zu 80 % gar keinen Anwalt leisten, selbst wenn sie ihn dringend brauchen. Stundensätze von 200 US$ sind die Norm, nach oben sind keine Grenzen gesetzt. Da erscheinen doch teilautomatisierte Kanzleien, die diese Praxis abändern könnten und trotzdem rentabel arbeiten, plötzlich sogar verlockend.

6.8 Die Zukunft sinnvoll mitgestalten

Zu Beginn des Zeitalters der Industrialisierung machte die Erfindung des automatischen Webstuhls Tausende spezialisierte Arbeiter arbeitslos. Der Siegeszug der Fließbandfertigung nach der Wende vom 19. zum 20. Jahrhundert bedeutete eine enorme Effizienzsteigerung in der Produktion und führte gleichzeitig zu einer erheblichen Steigerung der Produktivität relativ gering qualifizierter Arbeitskräfte. Im Gegensatz dazu haben die Computerisierung von Arbeitsprozessen, die Fortschritte in der Informations- und Kommunikationstechnologie, programmierbare Werkzeugmaschinen und andere Automatisierungstechnik, die seit den 1980er-Jahren immer dominierender geworden sind, Vorteile für hoch qualifizierte Arbeitskräfte mit sich gebracht und sich zu einem Impulsgeber für bestimmte Formen des technischen Fortschritts entwickelt, bei denen ein erhöhter Einsatz hoch qualifizierter Arbeit erforderlich ist.

Die Diskussion über die Verdrängung von Arbeitsplätzen durch die Substitution von menschlicher Arbeit durch Maschinen beziehungsweise Technologien ist also alles andere als neu. Gutes, zielgerichtetes Management, das die Augen ganz weit aufmacht für die Bedürfnisse der Zukunft, kann ein Netz spannen – sowohl für die Unternehmen, um wettbewerbsfähig zu bleiben, als auch für die Mitarbeiter, die bereit sind ausgetretene Pfade zu verlassen und sich den Herausforderungen zu stellen. Doch nicht als trotziges Bollwerk und auch nicht unterwürfig anpassungsbereit, sondern flexibel und beweglich.

Eine wichtige Frage dreht sich zudem gar nicht um die absolute Zahl der Arbeitsplätze insgesamt, sondern um die Anforderungen und Bezahlung der verschiedenen Jobs. Fortgeschrittene Volkswirtschaften können durchaus ohne größere Probleme Arbeitsplätze beider Extreme schaffen: Hoch bezahlte Tätigkeiten für Experten und ganz einfache Arbeit mit entsprechend schlechterer Entlohnung. Der Hauptgefahr ausgesetzt sind vor allem Arbeitsplätze, die dazwischenliegen, die eine solide Ausbildung brauchen und in denen man dann moderat verdient. Dadurch sieht sich die Mittelschicht vor einer schlechteren Ausgangslage. Gleichzeitig beginnt sich der Teufelskreis zu drehen, dass die Wirtschaft ihre stabilste Konsumentenbasis verliert.

Doch gehört das Schwarzsehen nicht zu meiner bevorzugten Blickrichtung. Das Besondere an der Situation in Deutschland ist sicher der relativ hohe Anteil an produzierendem Gewerbe (Automobilindustrie, Werkzeugmaschinenbau, Elektrotechnik und chemische Industrie). Mittelständische Unternehmen spielen nicht nur als Zulieferer eine wichtige Rolle, sondern auch als international agierende Produzenten, die sich in einer spezifischen Nische eine dominierende Position auf dem Weltmarkt erarbeitet haben.

Es gibt aber auch eindeutige positive Aspekte der Automatisierung, beispielsweise ihre deflationäre Breitenwirkung. Sie drückt die Preise, und das hat wiederum einen positiven Effekt: Durch die langfristige Reduzierung der Kosten sinkt der Preisdruck und die Produktpreise. Produkte und Dienstleistungen werden massenkompatibler.

Außerdem hilft sie den in Hochlohnländern, wie Deutschland, ansässigen Unternehmen wettbewerbsfähig zu bleiben und somit ganz im Gegenteil neue Arbeitsplätze aufzubauen. Der globale Wettbewerb hat ganze Industrien – wie zum Beispiel die Textilbranche – schon vor Jahren in den fernen Osten verdrängt. Sehr zur Freude des dortigen Arbeitsmarktes. Selbst mittelständische Unternehmen haben ihre Produktionsstätten in die östlichen Regionen Europas verlagert, um bei lohnintensiven Arbeiten Kosten zu sparen. Eine Möglichkeit, dieser starken Arbeitsplatzwanderung Einhalt zu gebieten, liegt in höherer Automatisierung. Es war schon immer die wichtigste Errungenschaft menschlicher Innovationen, mehr mit weniger Material und weniger Arbeitskraft zu schaffen.

Deutschland und andere Hochlohnländer agieren schließlich auch auf einem hohen technologischen und qualifizierten Niveau. Ein Know-how-Vorsprung, der genutzt sein will. Neue Entwicklungen, wie individualisierte Massenfertigung, hochleistungsfähige Logistik und intensivierte Produktions-und Servicenetzwerke, bieten ein großes Potenzial, um die Wettbewerbsfähigkeit weiter zu steigern.

Aber natürlich bleibt es dabei: Der Anpassungsbedarf wird sich in Zukunft erhöhen. Nicht nur innerhalb von Berufsgruppen und Unternehmen, sondern auch zwischen den Branchen und Regionen. Die diesbezüglichen Anforderungen nach Agilität in einem sich schnell verändernden Marktumfeld, flexible Formen der Arbeitsorganisation und die Anpassung von Qualifikationsanforderungen bilden enorme Herausforderungen für die Arbeitsmarktpolitik sowie für Berufsbildung, Fort- und Weiterbildung.

Was können wir aus der Vergangenheit lernen:

- Es trat keine weltumspannende Massenarbeitslosigkeit auf gesamtwirtschaftlicher Ebene infolge technologischen Fortschritts auf.
- Es wird immer Gewinner und Verlierer geben – Beschäftigte haben nun mal unterschiedliche Qualifikationen in unterschiedlichen Berufsgruppen, Unternehmen, Regionen und Branchen.
- Die Anpassungsprozesse sind für die beteiligten Unternehmen und Personen – ob Mitarbeiter oder Manager – meist anstrengend und kostspielig.

Wie hoch die Arbeitsplatzverluste in Bereichen eintreten werden, in denen Technologien menschliche Arbeit ersetzen können, bleibt indes eine offene Frage. Ingenieure könnten die technischen Möglichkeiten überschätzen. Es könnten uns noch bislang unbekannte ökonomische Präferenzen bevorstehen. Die Welt ist auch politisch stark im Wandel und die Medien reagieren auf Erkenntnisse, wonach 47 % der Jobs gefährdet seien, tendenziell mit reißerischen Überschriften und verlieren die eigentliche Problematik aus den Augen. Doch lebt verantwortungsbewusstes Management auch davon, im Gegensatz dazu darauf zu achten, krude Befürchtungen vor großflächigen Arbeitsplatzverlusten nicht unnötig zu befeuern.

Ein großer Pluspunkt unseres deutschen Systems der Arbeitsbeziehungen ist in diesem Zusammenhang sicherlich die enge sozialpartnerschaftliche Kooperation. So wird die innerbetriebliche Flexibilität, zum Beispiel in Bezug auf die Arbeitszeiten, immer weiter genutzt. Ein Paradebeispiel, das der deutschen Wirtschaft in der Weltrezession 2008/2009 über den Berg half. Insofern sind viele deutsche Unternehmen bereits gut vorbereitet.

Diese Erfahrungen machen deutlich, worauf es in erster Linie ankommt:

- Eine Weiterbildungsoffensive, weil sich Tätigkeiten in einem großen Ausmaß verändern. Wer auf weiterbildende Qualifizierungsmaßnahmen setzt, kann aus dem technologischen Wandel den richtigen Nutzen ziehen.
- Die Spirale nicht nach unten, sondern nach oben in Gang setzen und so vor allem stupide oder gefährliche Arbeitsvorgänge verlagern und gleichzeitig Tätigkeiten mit Spezialqualifikationen fördern.
- Die Wahl- und Ortsarbeitszeitoptionen weiter ausbauen und damit einer innovativen Arbeitszeitgestaltung Raum geben, die die persönlichen Zeitbedarfe neben denen der Erwerbsarbeit anerkennt und neue Vereinbarkeitslösungen unterstützt.

Die Veränderungen, die auf uns zukommen, sind also enorm. Die Ansprüche an Waren und Dienstleistungen wandeln sich, aber es entstehen auch viele neue Chancen. Solange Sie als Manager oder Mitarbeiter offen für diese Veränderungen sind, können Sie sie zu Ihrem Nutzen gestalten. Wer über den nötigen Weitblick verfügt und über den Tellerrand hinaussieht, wird schnell bemerken, dass die Übernahme von Verantwortung für sich selbst den Grundstock dafür bildet, in Zukunft gefragt zu sein. Sensibilisieren Sie sich für das Thema, aber lassen Sie sich davon nicht negativ beeindrucken. Organisationen strukturieren sich nicht mehr entlang von Organigrammen. Geradlinige Karrieren wird es zukünftig weniger geben, weshalb es Quereinsteiger leichter haben werden. Doch heißt dies nicht, dass Sie sich weniger Ziele setzen sollten – ganz im Gegenteil. Setzen Sie Ihre beruflichen Ziele in Ihren Lebenskontext und Sie sind gleichbedeutend mit Zufriedenheit. Wer seinen Zweck der Existenz gefunden hat, kann ihn authentisch leben und ist nicht nur ein Abziehbild einer Gesellschaft, die eine Nachfrage stellt. Der wird nachgefragt! Sinnstiftendes Arbeiten wird damit zur Normalität. Das wiederum fördert die Sicherheit der eigenen Positionierung und dieser positive Kreislauf wird zur Sie tragenden Welle.

6.9 Über den Autor

Oliver Wildenstein ist Dipl.-Ing. für Informationstechnik und seit 1998 in der IT des MLP-Konzerns beschäftigt. Sein beruflicher Werdegang führte ihn über Entwicklertätigkeiten und der Leitung einiger Großprojekte zu mehreren Führungspositionen.

Nach zehnjähriger Positionierung als Experte für IT-Governance und IT-Prozessmanagement, arbeitet er seit 2017 als Senior-Projektmanager. Er ist mehrfach zertifiziert und hat zahlreiche Auszeichnungen für sein IT-Engagement erhalten. Seines Zeichens Vorausdenker, begeistert ihn seit 2013 das Process Mining, ein führendes Rekonstruktions- und Analysetool des 21. Jahrhunderts für Prozessmanagement.

Weitere Infos per E-Mail an oliwildenstein@icloud.com.

Literatur

Bonin, H., et al. (2015). Übertragung der Studie von Frey/Osborne (2013) auf Deutschland. ftp://ftp.zew.de/pub/zew-docs/gutachten/Kurzexpertise_BMAS_ZEW2015.pdf. Zugegriffen: 10. Mai 2017.

Bundesministerium für Arbeit und Soziales (Hrsg.). (o. A.). Vorwort von Bundesministerin Andrea Nahles. https://www.arbeitenviernull.de/dialogprozess/gruenbuch/vorwort.html. Zugegriffen: 20. März 2018.

Handelsblatt (Hrsg.). (2016). ING streicht 7000 Stellen. http://www.handelsblatt.com/unternehmen/banken-versicherungen/niederlaendische-grossbank-ing-streicht-7000-stellen/14635120.html. Zugegriffen: 20. März 2018.

Krumm, R. (2016). *9 Levels of Value Systems: Ein Entwicklungsmodell für die Persönlichkeitsentfaltung und die Evolution von Organisationen und Kulturen.* Mittenaar-Bicken: Werdewelt Verlags- und Medienhaus.

Nefiodow, L. A., & Nefiodow, S. (2014). *Der sechste Kondratieff: Die neue, lange Welle der Weltwirtschaft. Die langen Wellen der Konjunktur und ihre Basisinnovation* (7. Aufl.). Rhein-Sieg-Vlg Nefiodow: Sankt Augustin.

Odrich, P. (2016). Jobsuche: Dieser Roboter soll künftig Bewerber interviewen. http://www.ingenieur.de/Fachbereiche/Robotik/Jobsuche-Dieser-Roboter-kuenftig-Bewerber-interviewen. Zugegriffen: 10. Mai 2017.

Osborne, M. A., & Frey, C. A. (2013). The future of employment: How susceptible are jobs to computerisation? http://www.oxfordmartin.ox.ac.uk/downloads/academic/The_Future_of_Employment.pdf. Zugegriffen: 10. Mai 2017.

Postinett, A. (2016). Die Robo-Anwälte kommen. http://www.handelsblatt.com/unternehmen/beruf-und-buero/buero-special/kuenstliche-intelligenz-die-robo-anwaelte-kommen/13601888.html. Zugegriffen: 20. März 2018.

Strelecky, J. (2009). *The Big Five for Life: Was wirklich zählt im Leben*. München: Dtv.

Über den Initiator der Chefsache-Reihe

Peter Buchenau gilt als der Indianer in der deutschen Redner-, Berater- und Coaching-Szene. Als ehemaliger Top-Manager in französischen, Schweizer und US-amerikanischen Konzernen kennt er die Erfolgsfaktoren bei Führungsthemen bestens. Er versteht es wie kaum ein anderer auf sein Gegenüber einzugehen, zu analysieren, zu verstehen und zu fühlen. Er liest Fährten, entdeckt Wege und Zugänge und bringt Zuhörer und Klienten auf den richtigen Weg.

Peter Buchenau ist Ihr Gefährte, er begleitet Sie bei der Umsetzung Ihres Weges, damit Sie Spuren hinterlassen – Spuren, an die man sich noch lange erinnern wird. Der mehrfach ausgezeichnete Chefsache-Ratgeber und Geradeausdenker (denn der effizienteste Weg zwischen zwei Punkten ist immer noch eine Gerade) ist ein Mann von der Praxis für die Praxis, gibt Tipps vom Profi für Profis. Heute ist er auf der einen Seite Vollblutunternehmer und Geschäftsführer, auf der anderen Seite Sparringspartner, Mentor, Autor, Kabarettist und Dozent an Hochschulen. In seinen Büchern, Coachings und Vorträgen verblüfft er die Teilnehmer mit seinen einfachen und schnell nachvollziehbaren Praxisbeispielen. Er versteht es vorbildhaft und effizient ernste und kritische Sachverhalte so unterhaltsam und kabarettistisch zu präsentieren, dass die emotionalen Highlights und Pointen zum Erlebnis werden.

Die von ihm initiierte Chefsache Serie beschreibt wichtige Führungsthemen der sogenannten Ebene 2. Dies sind hauptsächlich die weichen zusätzlichen Erfolgsfaktoren abseits von Umsatz, Finanzen und rechtlichen Gegebenheiten. Als Zielgruppe sind hier Kleinunternehmer, Vorgesetzte und Inhaber in mittelständischen Unternehmungen sowie Führungskräfte in Konzernen angesprochen.

Mehr zu Peter Buchenau unter www.peterbuchenau.de.

Ihr Bonus als Käufer dieses Buches

Als Käufer dieses Buches können Sie kostenlos das eBook zum Buch nutzen. Sie können es dauerhaft in Ihrem persönlichen, digitalen Bücherregal auf **springer.com** speichern oder auf Ihren PC/Tablet/eReader downloaden.

Gehen Sie bitte wie folgt vor:
1. Gehen Sie zu **springer.com/shop** und suchen Sie das vorliegende Buch (am schnellsten über die Eingabe der eISBN).
2. Legen Sie es in den Warenkorb und klicken Sie dann auf: **zum Einkaufswagen/zur Kasse.**
3. Geben Sie den untenstehenden Coupon ein. In der Bestellübersicht wird damit das eBook mit 0 Euro ausgewiesen, ist also kostenlos für Sie.
4. Gehen Sie weiter **zur Kasse** und schließen den Vorgang ab.
5. Sie können das eBook nun downloaden und auf einem Gerät Ihrer Wahl lesen. Das eBook bleibt dauerhaft in Ihrem digitalen Bücherregal gespeichert.

EBOOK INSIDE

eISBN
Ihr persönlicher Coupon

Sollte der Coupon fehlen oder nicht funktionieren, senden Sie uns bitte eine E-Mail mit dem Betreff: **eBook inside** an **customerservice@springer.com**.

If you have any concerns about our products,
you can contact us on
ProductSafety@springernature.com

In case Publisher is established outside the EU,
the EU authorized representative is:
**Springer Nature Customer Service Center GmbH
Europaplatz 3, 69115 Heidelberg, Germany**

Printed by Libri Plureos GmbH
in Hamburg, Germany